New Horizon:
Experience in European and
American Universities 2016

新视野：
欧美大学亲历
2016

主　编 ◎ 张连城　郎丽华

副主编 ◎ 赵灵翡

首都经济贸易大学出版社

Capital University of Economics and Business Press

·北京·

图书在版编目（CIP）数据

新视野:欧美大学亲历.2016/张连城,郎丽华主编.—北京:首都经济贸易大学出版社,2017.4

ISBN 978 – 7 – 5638 – 2631 – 5

Ⅰ.①新…　Ⅱ.①张…　②郎…　Ⅲ.①留学教育—概况—欧洲 ②留学教育—概况—美国　Ⅳ.①G649.508 ②G649.712.8

中国版本图书馆 CIP 数据核字(2017)第 054158 号

新视野:欧美大学亲历(2016)

主　编　张连城　郎丽华

副主编　赵灵翡

Xin Shiye:Oumei Daxue Qinli

责任编辑　孟岩岭

封面设计　砚祥志远・激光照排
　　　　　TFL: 010-65976003

出版发行　首都经济贸易大学出版社

地　　址　北京市朝阳区红庙（邮编 100026）

电　　话　(010)65976483　65065761　65071505(传真)

网　　址　http://www.sjmcb.com

E – mail　publish@ cueb.edu.cn

经　　销　全国新华书店

照　　排　北京砚祥志远激光照排技术有限公司

印　　刷　北京玺诚印务有限公司

开　　本　710 毫米×1000 毫米　1/16

字　　数　299 千字

印　　张　17

版　　次　2017 年 4 月第 1 版　2017 年 4 月第 1 次印刷

书　　号　ISBN 978 – 7 – 5638 – 2631 – 5/G・397

定　　价　40.00 元

挪威——共赴极光的盛宴

受邀去瑞典当地同学家做客，共享比萨盛宴

从陌生到熟悉，想念我在瑞典的好朋友们

一个课堂，两位老师同台授课，理论与现实相得益彰

瑞典林奈大学图书馆，我常去的地方

全班同学集体出游去滑冰

德国学校的国际文化节，我们的手工饺子令食客们赞不绝口

冬日里披上白纱的德国富特旺根

包磊老师与我们在法国第戎相逢

周末和欧洲的朋友们来一场羽毛球对决

法国第戎的研究生课堂，文化碰撞，启发思想

法国第戎，一座让人流连忘返的城市

我们和法国小伙伴之间的"五角星友谊"

开学时在克莱蒙高等商学院主校区教学楼前合影

制造年味，迎接属于我们的第一个海外春节

在法国学校，体验精彩纷呈的国际文化节

飘着咖啡香气的城市街头留下我们的欢声笑语

跟我的小伙伴们登上克莱蒙费朗最高教堂顶端

在法国朋友的帮助下，我很快融入了这里的生活

在巴黎，就要尽情领略博物馆的艺术之美

走过乔治城大学的盛夏，留下浮光掠影

乔治城大学毕业的老板很"鲜"，店里的甜甜圈很甜

夜晚的拉斯维加斯让人惊艳沉醉

洛杉矶地标 —— 好莱坞环球影城

迪士尼乐园之行，带我们重返童年时光

第一次过万圣节，比比谁更吓人？

美国课堂上的教授，时而严肃，时而幽默

第一次离自由女神这么近，幸福感爆棚

在纽约百老汇观看《歌剧魅影》

身处世界的十字路口 —— 纽约时代广场

圣迭戈动漫展（Comic-Cons）中酷炫的角色扮演者

参观"高大上"的微软总部

充满激情的甜甜圈创业者，带给人温暖和力量

美国街头公园，温馨的画面让人的心变软

风景如画的乔治城大学校园

安静的图书馆里摆放着琳琅满目的书籍

在美国，幽默风趣的教授们带给我别开生面的课堂

耳畔传来海浪声，夕阳就在我手中

驾着游轮出海，心在海面上徜徉

跟在圣迭戈分校照顾我们生活的房东合影留念

温暖有爱的圣迭戈寄宿家庭

拉荷亚热闹非凡的度假海滨

愿在圣迭戈分校留下我们最美好的笑容

加州大学圣迭戈分校结业合照，我们笑得很甜

目　录

双学位项目与学期交流项目

首都经济贸易大学经济学院与欧洲多所大学合作,开展了双学位交流和学期交流项目。

双学位项目是在与国外合作大学学分互认的基础上进行的,满足双方学校各自学位授予条件的学生,可以在规定的学制时间内,申请国内外两个学位。经济学院于 2005 年与法国 Advancia-Negocia[现已更名为诺凡希西(Novancia)商学院]签署了合作协议,2010 年,经济学院与法国 Clermont 商学院、Brest 商学院签署了合作协议(以上两项目简称为 2+1+1 项目)。截止到 2017 年初,我院共派出了 103 名学生赴法攻读双学位,其中 93 名学生已经以优异的成绩完成了在法国一年的学习。2011 年,经济学院与法国布雷斯特(Brest)商学院共同开展了面向大一学生的两年制双学位项目,截至目前,我院已选拔派出了 7 名学生参加该项目。

2005 年以来,经济学院与欧美十余所大学签署了学生学期双向交流协议,每年派出本科生和研究生到合作学校参加一到两个学期的交流学习,同时接受合作学校的学生来经济学院插班学习 1~2 个学期。截至 2017 年 3 月,经济学院共派出 113 名本科生和研究生参加各类交流和学位项目,接收国际合作学校交流学生与本科生和研究生 100 余人入院学习。2017 年 1 月,经济学院陆续派出 13 名学生前往德国、法国、芬兰、瑞典参加学期交流项目。目前,学院正在与法国、德国、印度的新的合作伙伴洽谈项目。

我在巴黎的一年

2015 年 9 月 5 日,我怀着激动的心情登上了从北京飞往巴黎的飞机,开启了我人生中的第一次欧洲之旅。刚到达戴高乐机场时我就震惊了,因为整个机场有一大半是黑人,而且身着"奇装异服"。这种体会在中国很少会有,因为中国较欧洲国家来说始终开放程度较低,人种的差异性也不大,所以突然被形形色色的黑人包围,心里着实惊诧了一下。而事实上,欧洲的人种也确实因为难民的不断涌入和非法移民的存在而变得十分混杂,导致欧洲的很多国家在就业、交通和环境上出现了很多问题(抱歉不小心扯远了……下面进入正题)。

我在巴黎所读的学校是诺凡希亚商学院(Novancia Business School),坐落于 15 区,紧邻蒙帕纳斯(Montparnasse)火车站和巴黎的地标性建筑蒙帕纳斯大楼,这里交通十分便利。在我们之中有一个说法,只要你能看见蒙帕纳斯大楼,即便走得再远也不会迷路。

诺凡希亚商学院是一所"体积"非常小的学校。小到没有操场,没有校园,只有楼后电脑房外的一小片空场地,供学生们午餐和休息。诺凡希亚的教学楼实际是由两栋风格完全不同的楼体拼接而成的。靠近里侧的一栋楼整体布满了可垂直旋转的百叶窗,颜色纷繁但明快。而外侧楼体主要为灰色和绿色,具有巴黎建筑沉稳和复古的明显特征。新老建筑在一个小空间内形成鲜明对比,给人的视觉带来强烈的冲击。

在诺凡希亚的第一学期有 10 门课,第二学期有 7 门课。课程比较实用,有大量的小组工作(group work)需要同学之间合作完成。由于班内都是来自世界各地的交换生,所以大家的思想文化差异很大。在这种情况下要想协调好每一名组员,让大家都有积极性去认真完成自己的工作,是一件蛮有挑战性的事。比如法国学生做事比较拖延,什么都喜欢赶在最后期限(deadline)前一天完成,而德国学生会在任务刚布置下来就马上着手。这样一来,早完成的同学对晚完成的同学就会有怨言。所以当矛盾出现的时候就需要大家坐在一起心平气和地把问题说开,就事论事,以达到团队效率的最大化。

一个班内学生大概是 15 ~ 20 人,第一学期有 80% 的国际生,第二学期则有 80% 的法国学生。法国学生和国际生的不同就在于当我们和法国学生一组时,他们习惯互相用法语讨论,如果我们感觉参与不进去就要及时打断他们,积极询问进程。很多时候并不是因为他们排斥或抵触说英语,而是意识不到自己说法语会给国际生组员带来不便。所以我们不能害怕说错,而是要有表现自己的欲望。在西方国家的文化里,大方地在别人面前表现自己,让别人更了解你是一件值得赞扬的事。记得刚到诺凡希亚做小组展示的时候,我失误了好几次,一方面是因为自己准备不够充分;另一方面是不够自信,害怕在那么多国家的人面前说错话。但后来经过一次次的锻炼,我慢慢意识到犯错误并没有什么丢人的,每个人都会犯错误。我们真正要做的是正视自己的不足并有勇气去克服,这样别人就会看到你的闪光点并发自内心地赞扬你的自信。

在巴黎生活,所有事情都要自己操持,不光要自己买菜洗衣做饭,还要学会把学习、生活安排得井井有条,做到两不误。我有一些朋友还在学习之余去打了零工,以补贴自己日常生活的开销。在巴黎的公寓,我是和另外三名女生一起合租的,其中一名女生是中国人,另外两名女生一个是捷克人,一个是法国人。四个女生在一起,文化背景差异固然大,又互不相识,所以在彼此尊重的同时相互了解是非常重要的。在相处的过程中,我们曾闹过一些矛盾,也有过在客厅的彻夜长谈,更有过在香榭丽舍的大街上一起撒酒疯。我非常感谢这些经历,让我们在相处的过程中彼此熟悉和理解。所以呢,不要害怕陌生,不要害怕未知。正是因为Erasmus的交换项目,才会有我们这些不顾一切出来闯荡的去探索未知世界的好奇宝宝。在学校或者生活中,只要你愿意去交流,就可以获取到很多有意思的体验。对于我来说,一天中的一大乐趣就是在午餐的时候跟朋友们一起围坐在长桌上聊天,探讨各个国家的差异,听不同的人讲述他们的故事。我们每个人的一生都很短暂,但静下心来,怀着一颗开放好奇的心去听听别人的经历,又何尝不是一件美事呢。

法国人是一个非常有意思的民族,他们一方面骨子里流淌着一种优雅和高贵,沉浸于自己的文化中;另一方面很多年轻人又十分推崇美国文化,美剧和星巴克在这里盛行。但是总体来说,如果你的法语不是很好,那在巴黎,或者说在法国就可能会碰壁了。大部分青年以上的法国人,如果你问他 Vousparlezanglais?(你说英语吗?)他很大程度上会回答你 Oui,mais un petit peu.(会,但是一点点。)但实际上他的英语并不一定比你差,只是不愿意承认,或是不想说英语。所以遇到不愿意说英语的法国人一定要表现出乐意交流的状态并尽量说法语,当他们真正看到你有难处的时候不会置之不理的。但我个人认为这是一件非常棒的事,这样的环境会强迫我去不断练习,去听,去说,而这也是学好一门语言的捷径!

对于欧洲人来说,派对(party)和酒是他们文化中相当重要的一个部分。欧洲人总能很好地处理工作和放松之间的关系。在工作中他们可以全情投入,会为了一个资源的引用格式或一处拼写错误而计较,而工作之后在 party 上又可以尽情地放松,做疯狂而真实的自己。其实可以说,不论在生活中扮演哪一种角色,欧洲人(在这里只是统称,不代表每一个人)都可以诠释得很好,而不是以浑浑噩噩的状态度日。这一点正是我十分欣赏的。我知道很多中国人会从心里排斥 party 文化,或多或少给它扣上一些负面性的帽子,然而我想说,世界上有千百条路,我们如果没有尝试过全部而只走过其中的一两条,又怎么能知道哪一条路是最适合自己的呢?巴黎,或者说诺凡希亚于我而言,就是一个文化的大熔炉,虽然我只住在一个城市,却看到了"整个世界"。这个"世界"的缩影还不够完整,但让年轻的我发现了更多的可能性,看到了更广阔的天地,看到了我们口中津津乐道的诗和远方。

除了巴黎外,我还利用节假日的时间游览了法国的其他一些城市,比如北部的斯特拉斯堡,南部的尼斯、马赛,西部的圣米歇尔,东部的阿尔卑斯山等,都让我对这个国家和生活在这片土地上形形色色的人有了一定的认识。走出这片六边形的土地,西班牙和意大利可以说是法国的兄弟国家,虽说距离非常近但又有着不一样的风土人情,地中海气候赋予了他们热情奔放的性格,哪怕一个人去旅行也会有绝对不差的体验。到了北欧四国,人们则相对安静内敛,这也和常年的冰雪气候有关。在挪威和瑞典,我有幸看到了极光,这份幸运全得益于和朋友在北极圈以里的阿比斯库(Abisko)小镇(12 月份昼长 3 小时,夜晚均温 −25℃,常住人口 150 人)顶着严寒等待了 3 个小时之久。虽然极光在短短的几分钟内就消失了,但光芒却映亮了整座湖面和村庄。遗憾的是因为当时户外太过寒冷,相机刚拿出几分钟就电量耗尽,只草草地用手机拍到几张并不明晰的照片,但这一段经历让我每次回想起来仍然内心澎湃。其实生活就是这样,很多美好的体验将它们记在心底就足够,照片若不去翻阅仍然没有存在的意义,重要的是此时此刻,活在当下就是开心。

在欧洲这一年的时间说长也长,说短也短。如果是作为学习,那么不到八个月的时间太短了。但如果看作是一场旅行,它已足够长。10 个月的时间踏遍了欧洲大大小小十余个国家,对于身体和心灵都是一场盛宴。现在有时回想起来,我会觉得我接收到了太多东西,一时无法消化。为了更好地迎接未来的旅途,我会做好休息和调整,并准备以相集和文字的形式记录。如果有兴趣听我讲更多的故事,欢迎邮件交流(mengli065@126.com)。

(作者:李薏　经济学院 2013 级本科生)

留学总结

出国交换的大三学年对于我来说是非常丰富多彩的一年,短短的八个月时间里,我各个方面的能力都有了很大提升,全新的学习模式、与国外同学的和睦相处、周游欧洲各国的所见所闻,都极大地开阔了我的眼界。这不仅是一段珍贵的求学旅程,更是一场难忘的人生体验。

我所选择的法国交流院校是位于巴黎市中心的诺凡希亚(Novancia)商学院,当初我选择这里有两个主要的原因,一是因为它处于法国的经济、文化、政治中心巴黎,这样的环境能让我有更多见识;二是因为它是一所全新的商学院,教学模式和教学设施都非常好。出于这两点考虑,我选择了诺凡希亚,而我的经历也证实了当初的选择是对的。

在刚开学时,学校安排了一次远足(walking tour),来到学校才知道,原来还有近100个像我一样来自世界各地的交换生,大家刚见面时都非常友善热情,互相问候对方。接下来的一个下午,我们就开始了巴黎著名景点的参观之旅,大家一边参观塞纳河两岸的景点,一边互相聊天,短短的三个小时里,我们不仅看到了巴黎最著名的那些建筑,还熟悉起了彼此,这也给我留下了美好的留学初体验。短暂的见面会之后,随之而来的是每天几乎排满的课程。小班教学、大量的英文案例分析、小组讨论、小组展示,这样的教学模式和国内完全不同。很多科目还预留了作业,有些还有期中测试,所以学习压力还是很大的,我经常回到家以后还要熬夜学习。起初我非常不能适应,总是跟不上其他同学的速度,也没有能力在课堂上及时发表自己的看法,这让我非常着急,生怕不能通过期末考试。所以,为了让自己的学习能力有所提高,我每天回到家之后再自学一个小时的英语,并把当天不懂的知识点再看一遍,尽量把课堂上的要点再复习好。在我坚持了两个月之后,不仅英文能力大大提升,而且课堂效率也提高了很多,期末考试也都顺利通过了。

在课堂上,同学们都喜欢积极发言,课堂氛围很活跃。在课堂外,同学们都喜欢互相交友聊天,经常一起出去聚会、游玩。我和一位日本女生就去看过LV的藏品和音乐剧《猫》,和一群国际生一起去巴黎地下古墓参观。在校园里,学生会几乎每周都会组织各种各样的活动,春节的时候还有有关中国文化的表演,平时也有小的跳蚤市场。学生会也组织户外活动,我大三下学期的时候就参加了阿尔卑斯滑雪,在著名的滑雪胜地体验了一番。

在生活方面,我是和一位一起参加这个交换项目的中国舍友还有两位外国舍友住在一套小公寓里。我们的宿舍很温馨,大家都互相理解、互相帮助。平日里大家都忙于学习,但是只要有空,大家就会一起聊聊天,一起谈论中法两国的经济、政治、文化、习俗。记得有一次我们一起坐在沙发上看球赛,边吃零食边聊天,舍友讲笑话,逗得大家哈哈大笑。在这日常的交流中,不仅大家的英语口语水平有了很大提升,而且大家的感情也日渐深厚。在饮食方面,由于学校不提供早餐和午餐,我们都需要在家自己做饭,这一年下来,自己的厨艺也有了很大进步。每到周六,我们都会去附近的超市买够食材回家,在经常满课的日子里就能回到家马上开火做饭。在有空的时候,我也会去中国超市买一些中国的特色菜和一些配料,好好琢磨着怎么煮出更好吃的菜;在家钻研菜谱,跟着网上的教程做菜,不仅好吃,还给生活添了一份乐趣。

在游玩方面,我最钟情于巴黎的博物馆和餐厅。巴黎的博物馆非常多,各种类型的都有,而且对于 25 岁以下的年轻人免费开放。比较有名的当然是卢浮宫、凡尔赛宫、奥赛博物馆等,每到有空的周末,我都会去感兴趣的博物馆参观。巴黎的博物馆馆藏比较丰富,参观起来会让人觉得很有趣。有时候巴黎的一些博物馆会举办展会,比如说巧克力展会、芭比展会等,这样的展会虽然是临时的,但却更有特色。参观博物馆能让我更好地了解巴黎和欧洲的历史,能让我更快地融入法国社会。在巴黎有各色各样的餐厅,而最吸引人的当然是正宗的法式餐厅,在那里,我们可以吃到价格便宜、味道极佳的法餐,直到现在,法餐的味道还让我念念不忘。除了法国菜,巴黎还有世界各地的美食,比如印度菜、阿拉伯菜、中国菜,味道都相当不错。在中国城里,我们这些留法学生可以吃到比较正宗的中国菜或者其他东南亚国家的特色菜。每到想家的时候或者同学小聚时,我们都会去那里下个馆子。

除了能在法国巴黎学习,来欧洲留学的一个好处就是可以去周边的国家旅游。利用法国的节假日,我还去了几个比较著名的国家,旅行的形式都是自助游。周游欧洲列国,大大开阔了我的眼界:比利时的教堂和广场、荷兰的风车、意大利的文艺气息、瑞士的静谧、希腊的蓝天碧海都给我留下了欧洲旅行的最美印象。在旅行途中,我遇到了很多非常热情的人,在我们需要帮助时,他们及时给予我们帮助,使我们的旅行能够顺利进行下去。

在诺凡希亚学习的这一年是非常宝贵的,我不仅在课堂上学到了很多与国内不同的知识,还丰富了自己的人生经验。在这过程中,虽然我遇到了很多很多困难,但是每次都能坚持着把它们克服下来,自己也变得越来越坚强独立,而世界观的改变也让我对未来学业、职业的选择有了更清楚的目标。

(作者:阮心明　经济学院 2013 级本科生)

法国学习感受

学校情况

校园不大,但是整体设施很棒,一共4层(法国有零层所以是0,1,2,3),有一处电梯和两处楼梯,每层都有卫生间、自动饮水机和自动咖啡机,零层还有供学生们进餐的小食堂。图书馆里有很多英文和法文的书供借阅,打印机用学生卡就可以免费打印。刷学生卡周末还可以进入校园自习或者搞一些小组活动。平日里校园比较安静,有活动的时候就会很热闹。老师和工作人员都非常友好,无论是课上还是课下,都十分乐意提供帮助。他们都很喜欢中国学生,毕竟我们比较勤奋努力又有智慧。但前提是要做到认真听课,不要缺勤,敢于提问和回答老师的问题,问题都不难,也没有对错之分,只要是你经过思考给出了答案,老师都会很欣赏。

国外课堂小组展示比较多,一定要选好一起工作的同学,不然落在你身上的担子就比较重了。学校的课程安排比较松,空闲时间很多,可以自由安排。课程也不难,认真听,一定要理解记忆,可以不背,因为国外的教学方式不像中国靠死记硬背,你理解了,自然就会应用。还有就是要习惯用邮箱,因为学校的所有通知都是通过邮件向我们传达,因此要养成及时查看邮件的习惯。老师有时会把课上的PPT发到邮箱,有时还有下节课要讲的内容,所以要及时保存附件,方便复习和预习以及整理笔记。

人文交流沟通

在校内可以用英语沟通,老师和同学都会说英语。尽量多和其他国家的同学沟通,不要拘泥于首经贸同学的小圈子,而是多认识些朋友。尽量参加一些活动和聚会,但前提是保证安全,不要接触一些不该沾染的东西。

我们几个人起初做小组活动的时候都是尽量避免在一组,而是去找不同国家的小伙伴,你会发现不同国家的人看问题的角度和思考问题的方式与我们真的不同,一起讨论挺有意思的,也很有收获。

我们和学校老师的沟通一般都会通过邮件,学校会给每个同学一个校内邮箱账号,有问题或者请假都可以给老师发邮件,老师一般很快就会回复。有时候学校一些负责国际学生的老师还会专门召集交换生开会,让学生针对学校的各个方面提意见,学生们完全可以畅所欲言,很多事情都非常人性化,有得商量,老师们也都很理解和体谅学生。

在校外就只能用法语了,不过也没有什么特别复杂的沟通,无非就是去超市买东西,去商场购物,去餐厅吃饭,去邮局和银行办理业务,而这些环境下的实用语言学校的法语课老师也会讲到。我们当时都是用非常蹩脚的法语和为数不多的词汇解决了各种问题,遇到不会说的也没关系,你可以查单词,甚至用手比画都没问题,让人理解你的意思了就好,主要目的是沟通,没有人会在意你的语法和变位是否正确。所以放心大胆地说吧,法国人民还是很友好的。

生活体验

起初到克莱蒙的时候真的是满满的新鲜感,对全新的未知的环境充满好奇,想到要在一个陌生的国度生活 9 个月,既兴奋又有些压力。毕竟生活环境与国内大不相同,需要一段时间慢慢适应。首先环境上,干净、空气新鲜是不用说了,这边气候出了名的好,温带海洋性气候你懂的,夏季最高温 20 几度,冬季最低温零下 10 摄氏度以内吧,所以穿大衣就好,羽绒服基本用不上。冬天还是挺漫长的,经常下雨,雪却很少见。春天和秋天很短,夏天应该非常舒服,不过我们来的时候是 9 月,走的时候是 5 月,完美错过了。友情提示,衣服别带太薄的,到了这边也尽量少买些衣服吧,不然走的时候装行李会非常头疼。对了,那边有一个跳蚤市场,每周日早上到中午,都是卖旧货的,我们有不用了的东西也会拿到那儿去卖,早一点到,租个摊位就好了,不过基本上卖不出去什么,卖出去的也是相当于白给的价格。刚到那边,最麻烦的就是一堆需要办理的业务,保险房补电费网费银行卡电话卡……然而法国的办事效率却是不敢恭维的,简单说,一张非常普通的借记卡,办了一个多月。

生活在克莱蒙,除了上学,与当地人的沟通肯定是必不可少的。我们住的地方离学校步行 15 分钟,离市中心步行 15 分钟。小城市不大,公交和有轨电车(tramway)也都很方便,所以平时没有课或者周末,我们就会去探索这个小城市。但要知道,周末出去,基本上各种商店都是不开的,尤其是周日。众所周知,法国是世界上工作时间最短的国家之一,法律规定每周工作不得超过 35 小时,因为周末是用来陪家人的。

其实在这里生活最不习惯的应该就是饮食了,这边多数以快餐类高热量食物为主,一开始我们还能吃吃比萨(pizza)之类的,后来干脆买菜买大米回家做中餐。大家都是厨艺零起点,到了法国都开始学着做菜、做意面,厨艺大有提升。过年的时候我们还一起包饺子,做了一桌盛宴,一起做游戏守岁。虽然离家万里,不过还是感受到了过年的气氛,真的非常满足。

关于消费,也是大家最关心的方面,法国物价确实是蛮高的。我们住在克莱蒙,相对于大城市的物价还算便宜一些。像我们刚过来那两个月,要置办很多东西,基本上每个月都过万(人民币)了。后来就是正常消费,房租、电费、买衣服、化妆品和吃的用的,基本上 5 000 ~ 6 000 元。还是那句话,少买东西,必需品可以正常买,衣服尽量少买。但是如果赶上假期出去玩儿,花销就要另算了。

游览经历

当初这个交换项目吸引我的不光是能得到双学位,还有就是终于有机会来个欧洲游了。前面提到过,学校课程安排不紧,假期还蛮多,所以最佳的假期利用方式当然是旅游。我和同学先后去了法国的里昂,葡萄牙的里斯本,西班牙的马德里和巴塞罗那,还有最迷人的北欧国家冰岛。后来我又为自己制订了一个单人旅行计划,从 2016 年的 5 月 1 日到 17 日,也就是回国之前,我从克莱蒙出发,到里昂搭飞机去了意大利的罗马,还到了罗马城内的梵蒂冈,之后在意大利境内乘火车去了佛罗伦萨和威尼斯。再从威尼斯搭飞机去希腊的雅典,再飞到圣托里尼。在圣托里尼给自己放了个假,休息了 4 天,又飞到土耳其的伊斯坦布尔,最后再飞回巴黎,玩了两天乘大巴车回到了克莱蒙。

我觉得这次出国交换,我最大的收获就是这趟为期 17 天的单人旅行,这也是我的第一次单人旅行,作为一个女生,在各个陌生的国家游走,除了欣赏风景游览古迹体验风俗之外,惊险刺激也是一个无与伦比的体验。很幸运,我完成了对自己的挑战,我为自己感到自豪。关于旅途中的趣事,真的是三天三夜也讲不完,感兴趣的话找我来聊天啊!

(作者:吕丹彤　经济学院 2013 级本科生)

克莱蒙费朗学习体会

首先,很感谢学院给我这次出国交流的机会,让我走出自己平时生活的小圈子,去国外体验不一样的生活,感受不一样的文化,也圆了我很久以来一直怀揣着的法国梦。从最初有这个想法,到报名,到准备材料,虽然过程烦琐,但我一直乐在其中,在拿到签证的那一刻,觉得所有的努力都值得啦!

在距北京8 000多公里以外的法国小城克莱蒙费朗,我开始了一段为期9个月的奇妙旅程。刚到克莱蒙费朗的时候,觉得那里太安静太安逸了,几乎听不到汽车鸣笛,街上也没有来来往往的人群。城市不大,几乎去哪儿都可以步行,而且可以享受在北京很难享受到的好天气。陌生人之间的微笑和礼让行人的汽车是最让我觉得温暖的,也是如果不亲身经历会令人很难想象和相信的。

我们第一次看着地图找到学校的时候,感觉学校真的太小啦,只有一栋楼和一个停车场。但是进去参观之后,发现真是"麻雀虽小五脏俱全",教室、图书馆、小食堂,还有咖啡机、零食贩卖机、桌式足球、乒乓球台等,这些都丰富了同学们的课余生活。不同于国内每星期固定的课程表,这边的课程表每周都是不一样的,在学校的网站上登录自己的账号,就可以查看每周的课程表,方便同学们安排自己的时间。学校给每个同学一个邮箱,有课程变动或者近期活动通知,都会通过邮件的形式告诉大家,非常方便。

开学前学校给国际生安排了几天的法语培训,但是老师不会说英语,是用法语来讲法语。最开始我真的很头疼,本来法语基础就不好,上课全程都很懵,只能抓关键词听,很费劲。但后来渐渐发现,这种方式真的可以帮助我们更好地学习法语,首先从语感上就有了很大的提高,其次也锻炼了我们的听说能力。从最开始刚到法国什么都听不懂,到最后可以运用简单的法语和当地人进行交流,当看到自己的进步时,真的很有成就感。

国外的课堂上是比较随便的,相比于国内的授课方式,这边更注重教授和同学们的互动和同学们之间的互动。很多知识都是以小组讨论的形式学到的,同学们自愿分组,去网上或者书上找资料,最后还需要整理出来,以小组的形式做演示(presentation),把学到的知识分享给大家。期末考试的形式也和国内的笔试不太一样,基本上每学期只有2～3门课程的期末考试是笔试,剩下的基本上是以小组形式交报告(report)或者做演示。老师会比较灵活地问问题,所以一定要保证课上讲的知识点都能理解。

我们班里大概有 30 多人,法国学生居多,还有来自德国、西班牙、比利时、意大利、哥伦比亚、墨西哥等国家的小伙伴们,大家都非常健谈,互相交流自己国家的文化。我们还邀请过不同国家的同学们来家里一起吃饭,让他们品尝中国的美食。不同于国内同学们喜欢聚餐,国外的同学们更喜欢在自己家里办 party,邀请大家一起听音乐、喝酒、聊天。总之,同学们都很好客,我们也很快习惯并且融入到了当地文化之中。

这九个月的生活中,我收获了一项重大技能——做饭。法国的饮食以面包、比萨、意面为主,吃几顿就会腻,所以很有必要自己做饭吃。最开始我只会煮泡面,后来慢慢跟着网上的教程,学会了很多道菜,自己也越来越喜欢做饭,喜欢研究好吃的。回国之前,我们每个人都有了自己的拿手菜,相约以后要经常切磋,一起做饭吃,哈哈!

我们赶上了在国外过春节,这也是我们第一次不跟家里人过春节,但我们 6 个在克莱蒙的小伙伴把春节过得有声有色,大家一起做饭,一起包饺子,热热闹闹的,一点都感觉不到身在他乡的孤单,这应该是我们一辈子都不会忘的春节啦!

学校的假期还是比较多的,虽然没有国内寒暑假那么长时间,但是零零散散的休假足够我们出去玩儿一圈儿啦。在那里的九个月,我去了很多国家,葡萄牙、西班牙、冰岛、意大利、梵蒂冈、荷兰、比利时、摩纳哥和希腊,当然,也去了一些法国比较著名的城市,比如巴黎、里昂、尼斯、马赛。虽然在每个城市的停留时间都不长,但也足够去感受当地的风土人情了。欧洲的城市普遍都不大,基本都可以步行游览,这也是我最喜欢的方式,感觉可以融入他们的生活。随便走一走,看看街景和大街小巷的商铺,很有意思。

回忆起任何一段在欧洲的日子,都觉得温暖且珍贵,总觉得像是做了一场很长的梦,幸好留下了照片,可以帮助我记录每一段故事。感谢学院提供的机会,也感谢一起出去的小伙伴们。现在,已经开始怀念属于我的那间可以经常看到彩虹的房间啦!

(作者:王宇涵　经济学院 2013 级本科生)

法国游学

决定去法国的一个重要原因就是我想挑战自己。我想拥有一段时光,拥有一段在人生经历中熠熠发光的记忆。在每天宿舍—教室—食堂三点一线的生活中,我已经渐渐被同质化了。我既希望自己能够开阔视野,感受新的东西,也希望能够因此活出自我,所以我选择去法国,去面对挑战。

记得自己第一天到法国的时候,一切看起来茫然又好奇,懵懵懂懂地接收并接受着眼前的一切。我收拾自己的房间,看着窗外那棵随风摇摆的杨树,心里想:你将要陪伴我很久,你将成为我在法国的家的代名词。我们还去了超市,我看着很高很蓝到了晚上八九点依然很亮很深邃的天空,又想:我真的到了法国啊! 那时的我不知道自己将迎接的是什么,也不知道如何去迎接即将到来的事物。但是我乐观,充满好奇,充满求知欲,"兵来将挡水来土掩",我相信自己可以应付一切。

我面临的第一个而且是一直到我离开法国时仍是一个挑战的事就是说法语。法语的语法很复杂,尤其是动词的时态语态变位。而中国的教育又往往是在注重语法的时候,忽略了听和说,而在实际生活中这两项恰恰又是最重要的。于是初来乍到的我,说着蹩脚的法语开始闯荡了。法国人不喜欢说英语,所以我到哪里办事都要翻译查好要说的话,想好应对的回答,与人交流的时候要集中注意力,努力倾听每个词,捕捉关键词。在说了无数次"Pardon"或者"Je ne comprend pas"后,终于办好一件事,我的脑海中此时只有两个字:心累。但同时,内心也会涌起一点点的成就感,而且也会很开心,因为自己的法语水平又上了一个小小的台阶。

刚来法国总是有很多琐碎事情要处理,办网、办电、银行开户、办理手机号、申请房补……忙着忙着就忙到了开学。那么,新的挑战就又来了:英语。中国人从小就学英语,但是由于过分强调语法的原因,我们输入型的听读很好,输出型的说写却很薄弱。我不由得想起来第一次小组讨论时的尴尬,所有人说的每一句话我都听懂了,我很想参与其中,无奈人家语速太快,空隙太短,我完全没有插嘴的机会,我唯一能做的就是附和着笑,表明你们说的意思我听懂了。我曾经以为我可以和国际友人打成一片,但是那时候的我却是如此无力。所以,我想,anyway,我要提高自己的英语口语。

我想之所以有时中国人给外国人我们很害羞的印象,其实是因为语言问题。我们不知道如何表达自己,我们不能像别人一样每回看完一个案例(case)就可以直接用英语概括出大意,于是渐渐我开始意识到自己来法国的两个最大挑战是什么了,那就是法语和英语。

语言的确是一大难关,不过实践出真知,我学会了通过另外一种方式来锻炼口语,那就是旅行。我想每一个来到欧洲的人都免不了旅行。欧洲每个国家都不大,但又充满不同的特色,拥有不同的语言,这时候英语便成了唯一的通用语言。所以说,这是一个很好的锻炼英语的机会。

在游览欧洲城市时,我最喜欢的交通方式是步行和骑自行车。我喜欢在城市的大街小巷留下自己的脚步,抑或是我车轮轧过的痕迹。在自己漫无目的地行走的时候,总是会在路边发现很多惊喜,比如有趣的小商店,比如某家装潢很有特色的房子。他们都会被我照下来,作为我对这座城市的记忆。而骑自行车的话,对于我来说更是其乐无穷。我是一个纸质版地图爱好者,每到一座城市必收集当地地图。我想,对一个城市的最大尊重莫过于记住每一条路都是怎么走的。我来过这座城市,我知道从火车站如何到市中心,我曾经在一天内从城南骑到城北。而且我的骑车技术不是很高,所以更喜欢多骑一骑车来锻炼一下自己。

来到欧洲还有一个让我兴奋的事情便是看球赛。我想这也是我来欧洲体验不同生活方式的一种体现吧。我终于不用再熬夜,不用再守在电视机前,一个人默默地看球赛了;喜爱的球队进球时我无法呐喊表达兴奋,喜爱的球队输球时我也无人倾诉表达悲伤。然而在这里,我有机会亲临现场,看到了我的最爱尤文图斯队,离我的偶像只有咫尺之遥,和万千球迷一起为我们爱的球队加油助威;进球了就是要欢呼,赢球了就是要呐喊!我还记得,在尤文图斯球场那次,在奏队歌时,所有主场球迷全部都站了起来,双手举着黑白相间的围巾,高声地唱着队歌,那种辉煌的气势和氛围,我想我永远也不会忘记。

有人说快乐的时光总是那么短暂,但其实辛苦劳累的时光也是熬一熬很快就过去的。在法国的学习生活中最累的便是期末的时候。在每个学期的倒数第二个礼拜,在各种最后期限(deadline)的催促下,每天写报告都要写到深夜一两点,第二天又要早起去上学,每天过得紧张又充实。最大的成就感莫过于当报告最终完成的时候,手上摸着厚厚的一沓纸,字里行间浸透着的都是辛勤与汗水。然后我还要展示我的成果,和小组的同学一起学习合作,共同做演示(presentation)。演示是一个向大家展示自己也是让大家更多了解自己的一种方式。自己第一次做的时候是有些紧张的。鉴于当时没有临场流利表达英语的能力,总是要提前写好稿子然后背诵很多遍,就是为了达到最好的展示效果。想想曾经那么努力认真的自己,现在还觉得很欣慰。

终于,学期展示结束了,期末考试也结束了。我们开始了疯狂的假期,首先就要开一个疯狂的派对(party)。然而,party 不光是给一个学期画上一个句点,也是给我们很多人之间的交往画上一个暂时的休止符。我们每学期都有人来有人走,大家有缘相见便是缘分。我在第一个学期末送走了很多朋友,在第二个学期初又迎接了很多新朋友。然而在四月份我们最后一门课关系营销(Relationship Marketing)考试结束后,我明白我也要离开了。我很感谢在这里发生的一切,也感谢在这里遇到的人。如果你问我来这里会不会后悔,我会说:我不后悔,为什么要后悔,我觉得能来这里我很幸运!

(作者:魏娜　经济学院 2013 级本科生)

法国克莱蒙生活学习总结

六个月就这样匆匆过去,仿佛昨日我还深陷准备签证的烦恼以及准备出国的喜悦中,而今日就已经归来。再次回到北京,回到首经贸,感觉一切是如此的熟悉与亲切,但自己的心情却又与之前有很大的不同。

最初,我很期待,对国外的生活憧憬又担心,还记得12月27日我拿到了去法国的VISA,开心地发了朋友圈,然后开始准备自己的法国之旅,背单词,背一些简单的日常对话,想象着与来机场接我的房东可能的对话内容……

1月1日晚,在室友的陪伴下到了机场,然后就是分别的场景,女生总是感性的,看着室友落下的眼泪,我也不知该如何安慰,再见了亲爱的,再见了北京……

1月2日,我到达了克莱蒙机场,还好人不多,所以一眼就看到了举牌子的我的房东,这一刻感觉很奇妙,因为以前只在电视里看到过这情景,没想到这一幕也会发生在我的身上,也会有人举着牌子在接我。他们人很好,也很优雅,感觉比我想象的要年轻多了,不过事实证明我在国内背的日常对话一句也没有用到,因为全忘了,到了关键时刻竟一句话也说不出,只后悔出国前没有好好学法语。1月4日,报到日,我们办了登记,国际教育办公室的老师向我们简单介绍了一下各项事宜,然后学生会的同学就带领我们逛了一下学校以及市中心,就这样,我开始了在法国的学习与生活。

因为是交流项目,所以课程双方学校都已经安排好了,我这学期修的课程是国际市场营销、跨文化管理、金融工具以及跨国公司国际战略,当然必不可少的还有法语和欧洲文化课程。

刚开始还有点不适应,因为国外老师的讲课风格和国内还是有很大不同的,就拿跨文化课程来说,虽然我在国内也选修过这门课,但在这边还是可以学到很多东西。国内老师讲跨文化管理大多是讲理论,讲课本上的概念,偶尔拿教材上的一些案例来做一下说明,所以学生很大可能是把理论掌握了,但一学期结束后也很容易忘记。而在克莱蒙高商,在讲课之前老师会分好组,然后把精选的论文发给各个组,上课之前先是学生在课下阅读论文,然后根据论文做PPT,到了课上,在他们展示PPT时,其余学生不仅需要听,而且老师会发下来一张纸,你需要记录下来他们PPT的主要观点,然后是不足的地方,而这张纸也要收上来作为你平时分的一部分。这样做我认为还是不错的,因为这样大家都会认真听讲,反之很多时候往往只有做PPT的人知道自己做了什么,而其他同学很容易不听,这样反而是一种时间上的浪费。

不过这样做会增加老师的任务量,一是老师需要提前备课,筛选合适的论文让大家去读;另一方面是课后作业的批改比较花时间。比起理论,国外教学往往更注重实践和案例研究。在跨文化课上,老师会经常印发一些案例,然后让学生们讨论,发表自己的见解,最后老师总结,发表老师自己的见解。只有当学生参与进来后,才会去主动思考,最后老师总结时,感悟也才会更深。

在这边最好的一点是你会接触到各个国家的老师,所以讲课风格如何也还是要看老师的,比如讲授欧洲文化课的老师,他是一个在法国生活了几十年的美国人,他喜欢让学生围成一圈来上课,美其名曰为了更方便交流,不过事实确实如此。课前,他会给学生们一些材料,布置一些问题,然后学生课下阅读做题,等到课上大家讲述一下自己读的材料的内容,因为大家手里拿到的材料都不一样,这样每个人都有发言的机会,并且也相对了解了其他同学阅读的内容,之后就是大家就一些问题进行讨论,讲一下自己的观点。与其说是一门欧洲文化课,倒不如说是东西方文化的交流与碰撞,因为在老师跟我们讲解欧洲和美国文化的同时,我们也会跟他交流中国的文化以及中国人生活、工作的现状。除此之外,老师还会找一些纪录片,让大家看完之后讨论一下感受,发表观点。在这个课上,大家都很积极主动地发表自己的见解,一改往日的沉默。而我最大的感受其实是中国学生并不是沉默的,只要课堂氛围营造起来,大家还是很乐意并且会积极主动地发表自己的见解的。

其次是我喜欢的跨国公司国际战略管理课,喜欢这门课是因为在这门课上真的学到了很多东西。这科课程的老师是位越南老师,虽然发音有些奇怪但是讲课确实很棒。还记得上课第一天,他先是把整个学期的课程安排介绍了一下,虽然所有老师似乎都会这么做,但真正把自己的课程安排完全落实并且贯彻得如此之好的却是少之又少。

这学期除了正常的上课外,还安排了两次案例分析课程以及一次圆桌讨论。在这门课上,先是老师把相关的理论讲述一下,随后就是案例分析,比如分析麦当劳、ZARA、沃尔玛和家乐福等,这门课程老师做得最好的一点就是案例和理论结合得恰到好处,并且把案例分析得很透彻,贵在精而不在案例的多少。一般老师会先把理论讲完,然后把分析公司战略的一般方法及步骤系统地讲解,之后是让学生实践——即两次案例分析课。老师会挑选几个国际化的大公司,然后筛选出一些对其有详细介绍的资料给各个小组,让学生阅读并且分析,之后再以PPT的形式展示出来,随后把讲解的内容整理成报告的形式。在做第一次案例分析时,老师会给出一个大致的纲领,然后学生按这个大纲把自己要分析的公司系统地讲解出来,其他同学提出问题和建议。

在做第二次案例分析之前,老师安排了一次圆桌会议,即各个小组先行阅读资料,查阅与此相关的其他资料,然后小组讨论列出分析方向和提纲,之后老师根据各小组的提纲给出意见,如果大致方向没有问题,各个小组就可以继续进行下一步,最后以 PPT 和报告的形式展现出来。在国内也会做很多 PPT,但大多数情况是老师布置一个话题,然后就是学生在下面去做,之后是展示,其实老师并没有做很多工作,学生也是一学期疲于做各科的 PPT,最后是追求数量而忽略了质量,一学期后,已经忘记了当初自己做了什么,并没有学到很多东西。而在克莱蒙高商,老师会跟进 PPT 的进展,不断给出修改意见,所以最后整体下来,你会感觉对于自己分析的公司已然了解得很深入。所以一学期下来,自己对于一些公司国际化所采取的战略以及其国际化进程已经有了一个清晰的认知。

来到法国之前,我以为欧洲所有国家的人似乎都是相似的,认为法国是一个浪漫的地方,但来到这里之后会发现,其实欧洲各个国家的人都是不同的,每个国家有每个国家的特点,比如法国人优雅、绅士、礼貌,还有点内敛。西班牙人多了一点奔放的感觉,很热情。而意大利人则很健谈,这里有着欧洲最古老的文明,历史古迹遍布罗马城。

说到法国人的优雅,如果你走在法国的街头,你会发现不管是年轻的姑娘还是八九十岁的老太太,几乎各个都打扮精致,衣装得体。这边的老人也是很会享受生活的,比如化一个精致的妆容,为自己添置一身得体或者是优雅的衣服,闲暇时刻整理一下自己的花园,约三五好友一起吃饭品酒,抑或去博物馆感受一下艺术的气息和去一些小城堡听听其曾经主人的故事,又或者进行一些自己喜欢的运动或去别的国家旅行,他们的生活就是如此的丰富多彩。如此丰富的生活当然会造就一些优雅的人。其次,他们的优雅也有一部分是来自于对书籍的热爱,在汽车、火车上,你会经常发现他们用于打发无聊时间的不是手机,而是书。在法国的火车上,你会经常看到这么一幕,不论年龄、性别,他们会手捧着一本书,尽情陶醉在书的世界里。

除了这些美好的事情,当然每个国家都有每个国家的问题,比如在法国去银行开户,就要提前预约,之后是等待,银行会把密码和一些注意事项邮递给你,前后过程大约两周。在法国,几乎你做什么都是需要预约的,饭店就餐、银行办理业务、CAF 申请房补、就医,等等,这是让人感到特别不方便的地方。而且当你要走时,需要注销银行卡、电话卡,前前后后又要差不多一个月,你会不由感慨这是一个用文件堆积出来的国家。

比较恼人的还有罢工,我想大家都会有一个印象,法国人不喜欢工作。是的,在法国，基本上周末下午你是买不到东西的，因为所有商店都关门了，而且他们还会经常罢工，一旦有什么令他们不满的地方，工会就会立即组织工人进行罢工，很多时候公交和火车也会因为罢工而停运。而这在法国是家常便饭，我也多次因为公交司机的罢工而不得不走着回家。

同学们会经常组织一些party，在party上，他们会演奏擅长的乐器，或者三五好友一起畅谈。又或者学校举办国际文化节，不同国家的留学生会参加并带来自己精心准备的美食与大家一起分享，然后互相认识和交谈，这也是很美好的。还记得第一次参加时我们学校的学生一起做了油焖大虾、糖醋牛肉、饺子，同学们吃得不亦乐乎，当然我们也很开心。

有时班里也会组织郊游活动，在克莱蒙有一座著名的火山名为多姆山，克莱蒙当地的很多建筑都是采自火山石建造而成。多姆山的春夏秋冬景色各异，于我而言，我最喜欢冬季的多姆山，尤其是漫山遍野被雪覆盖的时候，多姆山尤为美丽，这也是我们经常郊游的地方。4月份的时候，我们一起坐去多姆山的专线，从市区出发大约30分钟就到了，然后大家一起爬山，其中两个同学带了自制的饺子，不多一会儿就被大家争着吃完了，纷纷夸赞中国的饺子很好吃。之后是长达一个多小时的登山路程，在途中，虽然大家很累，但有些同学为了鼓励大家，唱起了很嗨的歌，就这样大家互相鼓励着登到了山顶，期间还玩起了自拍。

不管是生活还是学习，这6个月对我而言都是弥足珍贵的，不管是课程中学到的知识还是生活中的见闻，我相信这对于我来说都是生命中一笔宝贵的财富。在这6个月中我也开始思考生活，开始思考未来，原本迷茫的我渐渐找到了自己未来的方向，也多了一份淡然与宁静。

（作者：韩洁　经济学院2015级研究生）

克莱蒙费朗学习体会

2015 年 9 月至 2016 年 4 月,我参与了我校经济学院与法国克莱蒙高等商学院组织的本科生双学位交流项目,在法国克莱蒙费朗度过了充实难忘的大三学年。这篇总结既是我对大三学年丰富精彩的留法经历的回顾,同时也希望为更多对本次交流项目感兴趣、并期待在本科期间有出国交换经历的同学提供参考。

首先进行一下自我介绍,我叫刘佳明,是首都经济贸易大学经济学院国际经济贸易专业 2013 级国际班的一名学生。大学是人生中的一个重要的转折点,我对此深信不疑。在初入大学校园时,我便期望在大学四年的学习生活中,个人素质、综合能力能够得到显著提升,能够增长见识、开阔视野,德智体美全面发展。成长发生在对每次机会的把握中,对于学院提供的这次交换机会,我感到非常庆幸,大二下半学期开始时,我便投入到了申请交换项目的准备工作中。准备工作的内容除了填写一些必要的表格外,值得注意的是需要提前准备英语能力成绩证明及法语学时证明。英语方面,同学们可以提前复习并报考适合自己的语言考试(托福、托业、雅思等);法语则需要另报辅导班来学习,在此我得知我校已经开设了相应的法语初中级学习班,同学们可以在大一大二的课业之余报名学习法语,这为法语学时证明的准备工作提供了非常大的便利。除了语言能力证明之外,在校课程的学习也是不容忽视的。

接下来介绍一下我所在的交流学校及城市。ESC - Clermont(克莱蒙高等商学院 http://www. esc - clermont. fr)坐落在法国中部城市克莱蒙费朗,是一所办学严谨、师资优良、设施齐全的商学院。学校创办于 1919 年,具有高度国际化特征,在欧洲有着非常好的声誉。所在城市克莱蒙费朗是法国奥弗涅大区的首府和多姆山省的省会,也是米其林(Michelin)总部所在地,故因此得名"轮胎城";同时,也因其多火山的地质特征而被称为"火山城"。克莱蒙费朗环境优美、交通便利,在法国城市生活成本排名中名次较低,同时因其有两所公立综合性大学和十几所高等专业学院,被称为法国的一所大学城,是非常好的一个留法目标城市。

我所在的 BDD(business and digital development)班级中的同学来自多个国家,其中包括中国、德国、法国、意大利、西班牙、葡萄牙、墨西哥、哥伦比亚、秘鲁、智利、巴西等,多元的文化为我们进行多元文化交流提供了非常好的平台。交流期间的课程安排与国内的课程安排相比较为轻松,课时安排较少,周期较短,假期较多,同学们自行安排的时间较为充足。课程内容主要包括老师讲解和小组作业,小组作业大部分需要同学们进行课堂演示(presentation),这对同学们的英语表达能力有着很高的要求,建议大家在课余时间里,多多温习课堂内容,认真对待老师布置的课后阅读,多积累词汇句型,提高自己的英语理解及表达能力。交换期间的课堂用语为英语,尽管如此,学好法语也是十分有必要的。在学习商学院课程的同时,学校也为国际生开设了法语课程,授课语言同时为法语,这样做非常有利于同学们法语综合能力的提升,尤其是在听力和口语方面,会有很显著的进步。刚到法国时,大家的法语词汇量和水平都十分有限,到交流的后期,随着日常生活中和课堂上的积累越来越多,与法国同学的交流越来越多,词汇量会不断提升,大家渐渐地都可以用法语进行日常对话,办理业务,捕捉到生活中以前因为语言不通而不理解的信息,彼时,每个人都会有非常大的成就感。

课余时间的安排多种多样、因人而异,但是切记,务必要十分精彩。在学年开始时学校会下发一年的校历和课时安排,在一整年内,课程、考试及活动的时间安排基本不会做太大的调整,大家在拿到校历时,便可以初步安排一下时间较长的假期要怎么度过。在拿到课程表后,有些同学还会惊喜地发现在一些课程安排较少的周里还会出现小假期,这些空闲的时间一定要被充分地利用起来。在刚到法国的时候,空闲时间基本都在办理各种业务,例如办理银行卡、手机号、住房保险、房间里的 WiFi、房屋补助等,这些对初到法国的同学们是一个不小的考验。在熟悉适应了环境后,大家的空闲时间基本都在休闲娱乐,届时可以充分体验一下与我们以往接触到的完全不同的生活节奏和生活方式。时间较长的假期同学们可以提前做好出门旅游的计划,提前订好酒店、民宿、大巴票、火车票、机票等。克莱蒙的出行非常方便,如果想以最经济的方式出行,坐大巴是一个非常不错的选择,住宿方面最推荐的还是在 airbnb 上寻找房源,不仅价格实惠,还能亲身体验当地人的生活方式,旅行体验极佳。言归正传,无论是出门在外,还是在生活的城市中,最重要的还是要保证财产安全和人身安全,不持有大量现金,出门时锁好门窗,时刻保持应有的警觉性,学会保护好自己。不想自己安排假期时间,或者更想和其他国际生一起度过假期的同学可以多多关注学生会的活动安排,学生会会组织多种多样的活动供同学们选择,其中有面向国际生的,也有和法国同学一起进行的,形式、内容多样,鼓励有社交意愿的同学们积极参加。

一年的交流生活对于我的意义十分重大。在学习上,我合理地规划时间和精力,按时完成课业,学会与其他国际生、老师进行交流、合作;在生活上,我学会了更好地照顾自己、照顾他人,安排好自己的衣食住行,与邻居、房东和睦相处,遇事不慌乱,做到头脑清醒,冷静解决。在异国他乡学习、生活一年,给我最大的感触,就是要学会捕捉生活中的讯息,学会观察、学会思考,面对大千世界,要有包容万物的气度,并在一点一滴地吸取中,不断提炼,虚心学习,只有孜孜不倦地反思、学习,才能体会到所见之物真正的意义。这一年的经历,使我变得更加自信、独立,内心更加强大,使我更加有勇气直面自我、发掘自我、展示自我,激励我找寻内心深处的方向,在困难面前保持泰然自若的风度。古话说:读万卷书,行万里路。希望同学们都能够在青春尚好的时候,抓住成长的机遇,到达梦想的彼岸。

（作者:刘佳明　2013 级经济学院）

The Journal

Personal intercultural experience

Study life

- The style of teaching

Group work. Here in France, there are massive of group works both during the classes and after classes while in China, we barely have the group works.

Case study and discussion. There are also lots of case study and discussion in the class, which we don't have in China.

Reading before class. It seems that preview is a important activity in France. The teacher won't spend a lot of time explaining the theories and concepts in class, to keep up with the class, students have to read the material assigned. Otherwise, it would be awkward and it also makes who didn't read the chapters before class hard to follow. In China, the teacher spend most of the time explaining theories and concepts in the class, and will often assign some exercises to make sure the students understand.

In conclusion, in my opinion, the teachers in France value the practice more than theories, and in China, the teachers value more the theories.

- The student's performance and reaction in class(power distance)

Similarity:

①Seat. It's funny to see that students from any countries would love to choose the seats in the back in any class. When in China, students will come to the classroom earlier to occupy the "best" seat, and if someone is late, he/she would have to seat in the front, and nobody wants that. Before coming here, I thought things would be different in France, but now it seems that sit in the back is a universal phenomenon.

②Go out during the class. I see lots of people go out for no reason in the class both in China and in France. It's a little bit strange to me to see people doing this, back in high school, we're not allowed to leave the room during the class, now suddenly everyone is doing it. For me, it's disrespectful to the teacher, but it seems that I'm the only one on this.

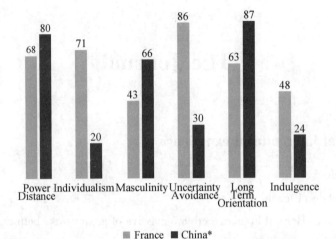

Difference:

①Activeness. In here, our classmates are so active in the class, and willing to share each other's opinion freely, and they really think about the question or subject the teacher asked seriously. To the contrary, to ask the Chinese students express their personal opinion is difficult. My classmates in China don't pay a lot attention in class unless the course is very important and difficult to learn. When teacher asks students to raise their hands for answering the question, a very little people will do it.

②Talking. It's great to see everyone in class discuss the question, but it's annoying to hear that people always talking and chatting in class, even when the teacher is speaking something important. We don't have this problem in China, people just have their personal conversation after class. For me, talking in the class is also disrespectful to the teacher, strongly. And I think that's a little bit strange because with a score of 68 in power distance, France scores fairly high on Power Distance, in this way they supposed to respect the teacher more, but from what I've seen, they're not.

• The time of single class

In China, we have maximum 4 classes a day, 8:00 – 9:50, 10:10 – 12:00 in the morning, and 13:30 – 15:20, 15:40 – 16:30 in the afternoon. Personally, it's better to have just maximum 2 classes one day, even the time of one single class is longer. Because the way in France, we can do more activities and digest the knowledge more throughly.

• Presentation

I guess that presentation is a typical class activity in the western world, in China, we don't have any presentation in class taught by Chinese teacher, but a lot in class taught by foreign teacher.

- Exam

Here, it's more important to participate during the whole semester, the case studies, the quizzes, the presentations…These all take big parts of the final grade. In China, most of the class's evaluation is 30% from the attendance and 70% from the final exam. I prefer the evaluation here, because it's fair for everyone to prove their ability in different fields, also it can make us to be motivative all the time, not just begin to prepare a week before the final exam.

- Value of time

When doing the group work or before the class begin, it's funny to see that people from a specific country or area would always be late. At the same time a certain group of people would never be late. By that I mean, the South Americans are always late, and the Germans are always early or on time.

Daily life

- Food

First, the time to have breakfast, lunch and dinner is different from China, usually we have meals earlier than the french, but whenever I enter any restaurant in China, it's always open, unlike in France, I can't have food after or before a certain time.

Second, when go to the restaurant it seems that French people prefer not to share food with each other, they just order one plat for themselves, while in China, people love to order different kinds of meal so everybody can share and taste more kinds of food. Also, it's regular to go dutch(split the bill) in here, but in China, "AA" can be seen as "lose face". It happens especially with businessmen, I witnessed like a thousand times that two men insist and argue to pay the bill. Personally I think that's stupid and funny, but it sure is a nationwide phenomenon in China.

Third, I heard that in France if your boss invite you to a dinner, it means he/she will pay for your bill. But in China, it will never happen, it's more likely for the subordinates to pay for their boss.

- Clothing

First, Chinese people will wear two pants in winters. The one inside we called "Qiuku" to prevent the coldness from legs. On the contrary, I see French people will sometimes just wear stockings or even let the legs naked when it's really cold for me, at the same time, they wear a lot in the top.

- Attitude towards people

The French people are very enthusiastic and friendly even with the strangers. I remembered the first day I was in Paris, after a long, tired journey from the airport to Bercy, we lost our way to the hotel. It's in the midnight, with 4 huge luggage, and we were so lost, helpless and desperate. Fortunately, a French couple showed up and saved our lives, literally. Even though our French is terrible and their English is not so good, they still insisted to help us, and asked around the address for us. Those other people were nice and patient too, they even helped us to put the luggage in the bus. I almost cried when we finally found the place. But to be honest, if I were them, I probably won't do the same thing as they did in China.

- Greeting

There are a lot of "bizous" every day, and when I enter supermarkets or shops the shop assistants would always say "bonjour" to me with a smile on their face. While in China, even with friends there are seldom physical touches, let alone conversations between strangers. A lot of times when I ask the ways in China, people just ignored me.

- Express feelings and opinions(high/low context)

The French people feel really freely to express their feelings, the expression on their face, the gesture they used...While in China, people would seldom express the personal feelings, and when express the opinions always by normally talking without gestures or images on face. I think that can be explained by the concept "high and low context" presented by Edward T. Hall, which refers to a culture's tendency to use high-context messages over low-context messages in routine communication. It's clear that Chinese culture is low-context while French culture is more high-context. In a higher-context culture, like France, many things are left unsaid, letting the culture explain. Words and word choice become very important in higher-context communication, since a few words can communicate a complex message very effectively to an in-group (but less effectively outside that group), and that is why sometimes I can't get the jokes or certain expression from French people or others who from western country. While in a. low-context culture like China, the communicator needs to be much more explicit and the value of a single word is less important. And sometimes I do have the feeling when some Chinese talk, they don't convey direct and clear message.

- Lifestyle(Masculinity and Individualism)

①The shops, supermarkets, restaurants and the government institutions and other public places only work a very short time a day, it often happen to me when I want to buy something or have to do some errands, they're closed. And it took 2 months for one of my friend to have the access of her internet from "Orange". I thinks that's related to that France has a somewhat Feminine culture. A low score(Feminine) on the dimension means that the dominant values in society are caring for others and quality of life. At face value this may be indicated by its famous welfare system (securité sociale), the 35 – hour working week, five weeks of holidays per year and its focus on the quality of life. So that explains why French are so inefficient, because they work to live. While in China, people live to work. At 66 China is a Masculine society—success oriented and driven. The need to ensure success can be exemplified by the fact that many Chinese will sacrifice family and leisure priorities to work. Service people(such as hairdressers) will provide services until very late at night. Leisure time is not so important. The migrated farmer workers will leave their families behind in faraway places in order to obtain better work and pay in the cities. Another example is that Chinese students care very much about their exam scores and ranking as this is the main criteria to achieve success or not.

②Also, France is famous for its strikes and parades. France, with a score of 71, is shown to be an individualist society. This means that one is only supposed to take care of oneself and one's family. So the strikes and parades are in order to make sure their interest and rights will be protected. The French prefer to be dependent on the central government, an impersonal power centre which cannot so easily invade their private life. While at a score of 20 China is a highly collectivist culture where people act in the interests of the group and not necessarily of themselves.

- Elderly drive cars

I see a lot of senior people driving cars in the road, it's a little bit strange for me because I never see anyone with white hair in China driving cars in the road.

- In general

China	France
Society, money and value	
Live to work	Work to live

27

China	France
Saving	Consuming
Love to ask about personal life	Avoid asking personal information
Extra work time	Strikes
Books are extremely cheap	Books are extremely expensive
Crowd street on Sunday	Empty street on Sunday
Habits, personality and view of life	
Complain	Bear
Express numbers by one hand	Express numbers by two hands
Just talking	A lot of gesture and expression while talking
Never sit in the ground	Feel freely sit in the ground
Very little female smoker	A lot of women smoke
Love, marriage, family	
Feel free to express the feelings to loved ones	Rarely express emotions
Family is important, so am I	Family is more important than me
Like to touch each other	Feel embarrassed to touch
Culture, believe and world outlook	
Love modern buildings	Love old, ancient buildings
Start from stage 1	Start from stage 0
Avoid to have conversation with stranger	Like to have conversation with stranger
It's hard to get in college but easy to graduate	It's easy to get in college but hard to graduate

Class activity

Opinions and cultural values

"I've never worked in a company before, so I'll link my personal life to these concept."

- Human nature: 2 yes 1 no

I ticked more yes than no in "white", which shows that I believe in the badness of human nature. After watching the TED video in the class, especially about what the infants act toward different situation, I change my mind a little. Now I see human nature is mixture of the "God" and the "Evil". In my opinion, there is no single man that is only good or bad, everybody has good and bad thoughts inside their minds. I believe that control and effort for people to do the right thing are absolutely needed, and basically they're from the environment of the society people live in, also the education of parents. And the influence from friends is also important. When I was a child, like under 10 years old, I used to spend a lot of time hanging out with one friend who would always do something exciting but also dangerous or a bit unethical. Now I thinks that's something to do with her parents being totally irresponsible on education to her. At first we just did something naughty, like rang the doorbell of neighbors and ran away, or fired the fireworks in a dangerous way…Then, things began to loose control, one day, she talked me into stealing a piece of chocolate. Although I knew that this's wrong but I just can't help. Luckily we didn't get caught, and the experience is really exciting. But I just feel that it can't be right, so I told my mom, and surprisingly she just expressed her disappointment to me but yelling at me. But since then I learned something, and started to think twice before I do something. We lost contact for each other now, but unfortunately I heard that she was in jail for rob few years ago.

- Person vs. Nature: 2 yes 1 no

I ticked more yes than no in "light orange", which shows that I believe in the harmony-with-nature.

I think the reason that I'm more nature-concerned is that my mother's profession is environment related, so I got influenced since a early age. Also, I'm from Beijing, and as everyone knows the air pollution is getting more and more serious in Beijing. I remember the winter in Beijing used to be wonderful, we can play with the snow and the air is clear and fresh. Now it's just…disaster. So I guess that humans can't never control the nature or rule the nature without hurting themselves.

- Time: 2 yes 1 no

I ticked more no than yes in "dark grey", which shows that I believe in the present. For me, I think the lyric from one of Rihanna's song called "Right now" can well explain my opinion, "Tomorrow's way too far away, and we can't get back yesterday, but we young right now, we got right now, so get up right now, cause all we got is right now."

- Activity: 2 yes 1 no

I ticked more yes than no in "light grey", which shows that I'm doing orientation.

Usually when I come up with some ideas, I'd love to conduct them as soon as possible before the ideas fade away. I believe it's the most effective and productive way to get things done and make a solution. But sometimes it can be reckless to do things before think straight. For example, and this example may not be very appropriate, but I think it's interesting. Yesterday, suddenly I want to have some borsch so badly, so after scanning the recipe online, I started to cook without any hesitate. Then I made a mistake during one step, suddenly the smoke was all around the house, and the smoke alarm kept beeping and beeping. And if I've read the recipe more carefully, then this incident won't happen.

- Relational:2 yes 1 no

I ticked more yes than no in "dark orange", which shows that I don't really value the relationships between people. I know it may be strange and odd, but most of the time, I prefer staying alone rather than be with a bunch of people. Social life can be sometimes painful to me, especially with those who are strangers and people I'm not interested in. At the same time, I know that most of my peers would love to be popular and they're proud of how intensive their network are, which makes me the minority. I guess it's a little bit sick for me to have this kind of thought.

Compromise

	No	Yes	Compromise
Human nature	A person is always innocent until proven guilty	Be careful when talking to strangers; they can be either good or bad	People can't be all bad, sometimes one should try to trust others
Person vs. Nature	Humans are nature's greatest creation, and they have a right to control and perfect nature	Human beings should always be very careful not to pollute their environment	The development of human nature can't exist without the help of environment, we have to explore the resources in a reasonable and friendly way
Time	Careful planning makes great things possible; a little sacrifice today will bring a better tomorrow	The person moment is all we have. Eat, drink and be merry, for tomorrow we die	It's good to plan ahead, but don't forget to enjoy the present moment too

	No	Yes	Compromise
Activity	A person is important because of who they are, not because of what they do	Life is a spiritual journey: you should reach a higher level before you die	It's important to achieve some achievements in one's limited life, but it's also wonderful to enjoy the present moment and the process, sometimes the process means more than the outcome.
Relational	The best form of decision-making is group consensus	Some people are born to lead; others are born to follow	Make decision through group work can be effective and unexpected in a good way, besides we have to make sure everyone's participation at the same time. 1 + 1 > 2

Globalize myself

- Intellectual capital

①I've been learning French and Spanish on a phone app called "Duolingo", which gives me a interesting and creative way to learn new language.

②I visited Spain in November. Before I was in France, I went to Indonesia, Australia, Canada for tourism.

③I watched BBC news from my cellphone every couple of days.

- Psychological capital

①I watched a French movie in September called "Qu'est-ce qu'on a fait au Bon Dieu?". In the movie, the three daughters are married to men, each one of a different religion and a different 'ethnic' origin: first daughter married a Muslim Arab, second daughter married a Sephardi Jew, and the third married a Chinese man. Great movie for people who have intercultural experience.

②I watched a football game in Barcelona. Learned a lot of Spanish words to curse people.

③I also spent a morning in Musée des beaux-arts de Lyon, and a afternoon in Gallo-Roman Museum of Lyon. What I have learned can't be explained in words. I can only say that humans are amazing.

- Social capital

I believe what I've been doing for the last 3 months is all about cross-cultural communications and negotiations.

Activity A1.1

Parameter	Value = 1	Value = 5	My score	Germany score
Time focus	monochronic	polychronic	4	1
Time orientation	past	future	2	4
Space	private	public	1	3
Power	equality	hierarchy	2	2
Structure	individualism	collectivism	1	2
Competition	co-operative	competitive	2	4
Communication	low-context	high-context	3	2
Action	being	doing	3	4

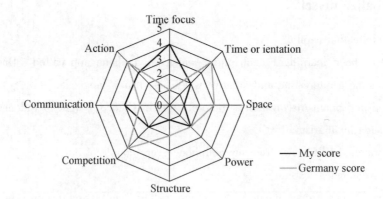

- What are the differences and the similarities in which parameters?

We have similar score in Power, Communication, Structure and Action. And we're different in Time focus, time orientation, Space, Competition.

Similarities

- Communication(high/low context): When applying this concept to cultures, the German is a low-context country, because the messages conveyed generally, usually clear and explicit. China, however, is a high context country, where the most important part of any information is 'hidden' in the text; the situation in which the communication takes place carries most of the information. But in this case, I guess there are some conflicts, because obviously I don't consider myself as "high context", which makes my own culture differentiate from the general Chinese culture. Because when I have conversations with others, it's more easy and comfortable to convey the explicit and clear message than letting people guess what am I thinking.

- Structure(individualism and collectivism): This is also another interesting case for me. Because with a sore 20 in individualism, China is definitely a collectivism country. Collectivism shows the extent to which the interests of the group prevail over individual interests. Each person in a collectivist society is encouraged to conform, to do what is best for the group and to avoid expressing opinions or beliefs that go against it. And I'm not agree with any of them, which makes me more a individualist differentiate from the general Chinese culture, again.

Differences

- Time focus: It's obvious that I'm totally monochronic, while the Germans are totally polychronic. In cultures where a monochronic perception of time prevails, time is experienced and used in a linear way. People tend to do one activity at a time and dislike having to move away from a schedule. And it's exactly how I felt and observed from the behaviors and meanings the Germans conveyed. In cultures where polychronic time is preferred, people tend to focus on several tasks and are less dependent on detailed information when performing these tasks, which suits me perfectly. Because I got distracted all the time, and always prefer listening music while working or cooking while doing the laundry…

- Competition: When competitiveness is valued, like in Germany, the culture is focused on acquiring wealth, performing well and achieving ambitions. The success of a project is determined only by the profit it makes. In other cultures, like my culture values, however, job satisfaction has less to do with making money and more to do with working in a pleasant environment. Competition is not so highly valued and not considered to be the main purpose of business. This is also another aspect that I'm differentiate from the general Chinese culture.

- What, in your view, are the critical issues when representatives of the two cultures profiled work together?

When working on the presentation and case study with the German classmates, I always feel stressful and under pressure. On one hand, sometime the stereotype about them is right, they're strongly serious and strict about everything. On the other hand, I have pressure not to disappoint them, and try hard to give in the best work they expect, which is also a opportunity for me to be better, and well-qualified.

(作者:德星瑶 经济学院 2013 级本科生)

My Experiences & Inspirations of Study and Life in France

General Introduction

This is along story since I decided to go a broad for studying in France, more specifically, ESC-CLERMONT(Ecole Supérieure de Commerce). Now, I expect to shift some of my inspirations with your readers about this stuff, because indeed I have gained enormously from this exchange program, and for

the greater great, I am delighted to present the benefits and weaknesses of this program.

Basically, I am going to offer some descriptions of the school, the method of education in France, the feeling about ESC-Clermont. Then the second section is about the culture differences, which is the most difficult barrier to overcome when you live in a foreign country. Besides, life experiences and travel tips are significant, there is no doubt that you should seize the opportunity to see around the world. What is more, some suggestions of finding an internship are attached as well.

ESC-Clermont and the Studying

When I settled down in Clermont-FD, the first plan was to visit the school, of course! Cuz finally I made the dream into reality. It was time to unwrap the gift. It took me about 15 minutes to walk there from my place(62 Léon Blum). The view along the street is shooting and pleasant, which is totally different with ours. It feels like you live in

an old small town but in a modern style. The first impression for the school is, C'estvrai? Is that all? It is too small to compared with the buildings of CUEB, but if you look at the school for the second time, mostly you will fall in love with it. It is not that big but it is most decent school I have ever seen.

The style of the building merges the element of modern style and classical French way. We get an information lab, a cute library, a multi-media studio, 2 teaching buildings, a parking place, a cafeteria. Even the school is built in a small scale, but it is capable of offering you with the abundant resources as you need. Speaking of the quality of the education, I really suggest you to study here where filled with passion and creativity. One of my mottos is that life is about the people you meet and the things you created with them.

Here, we got different professors come from different countries, major in different academic fields. They are awesome and expert at their studies and teaching method, instead tell you the answer, they always inspire you to think on your own. You can have a wrong idea but you are supposed to voice your ideas, then they will guide you to the right way of thinking, step by step, day by day, you update and modify your mindset. For instance, my professor of strategy and international development has changed me a lot. I was always wondering how I can comment a company from my perspective. At his class, from macro-analysis to micro-analysis, start with the history of a company, end up with a simple suggestion of development strategy, we took a month for investigating and researching, at the end of the first semester, I know SMOT Model, five forces of PORTER, PESTEL model, and whole system of analysis an enterprise.

When it comes to the classmate, during you walk along the corridor, you will see different ethnic students around there, and probably they are talking about the project of the course. Every time, they refresh your mind and make you feel brand new, but the influence power is invisible, one day, you just find your way of thinking has changed, some traditional thoughts formed from our family or culture turns out useless and wrong. Congratulations, you just make a success at the revolution of your value. At the start of the first semester, we commence to know some French, Columbia guys, Indian people, German, black friends. I admire Germany so much, not only for their reputation, but also because they are really careful about what they do, you can't imagine how focus they are when they are studying, they scan the text books, highlight all the points, give their own thinking, and reach out a decent conclusion.

The main method of education is about case study and group work, I still remember I spent a night for reading 13 pages of text book, prepare all the material I need for a case study of Business Ethics. Generally, every class, the professor ask us to launch at a case study and present our work with a PREZI, here are some tips, at the first, never ever work with the French, you can hang out with them, but sometimes they are not good collaborator. But in the next sector, they are the boss who can lead you to experience French culture.

Culture Differences

The culture difference, the first idea fades in my mind is that how I can overcome the language barrier, because this is a general truth that talking and communicating are the most effective way to know each other? I realized that I must use my voice to let the others get my opinions, no matter the goal is for the group work or just a casual talking. After you feel flexible and comfortable when you speaking English, the foreigner get their interests in your words, you are responsible for prompting their interests.

Language is important indeed, but beyond the language, there is a big gap you need to bridge, you need to pay a lot to concrete the relationship between you and your foreigner classmates. For example, when you hang out or participate a party together, we used to come back home at 11 p. m. , but which is the depart time for night club. The foreigners can sing and dance for the whole night. This is an interesting phenomenon that we are determined to leave while our classmates want to be crazy and get drunk. Barely, they invited us to their home for parties because they think we are kind of the party killer. So we are a bit disappointed, but I expect to change this situation, I don't want them to think we are weirdos.

To change that I invited some of my acquaintances to my place for Chinese dinner, we had great time and finally I start to know their thoughts. I ask many questions like, do you know the president of China, what kind of music is you in. It works, we know each other better than ever before. I can still remember that Lucas invited me to a bar for introducing his friends, and Paul text me for inviting me to a birthday party of his brother. I successful change their attitudes toward Chinese.

This is not just about party or fun, by doing this, I can experience a culture, French is very self-center, and they don't care that much, you need to take the first move. Since then, we can work together and talk like a real friend. They start to help you with my studies, even life.

At the last month when I was at France, I got some personal issues. There was an emergency that I need a place to live. I ask them for some help, I was that lucky, Lucas and Tarek let me stay with them at their home respectively; otherwise I would be a homeless man. I was so grateful and still we keep in touch with each other, every week, we text on Messenger, or post some fantastic photos on our Facebook Page.

I was touched that when I was ready to leave France, Lucas asked me if I want to go to a music festival together. I went there. We took the car to an old castle, nearly all the European came here for this fantastic festival, we danced in the rain, drunk whisky, over the night, we slept in the tent, the outside was pouring, we were too cold, and we seated together for the warm. I can never forget that night. In addition, the last night, Paul called me as usual, he asked me to see a movie, but when I was arrived at his place, I found everyone I knew of our little studio, they organized a farewell, tears nearly comes out from my eyes, they told me that they are surprised by me, always the Chinese exchange student can't get a real friendship with the French, but I was so special, they like me. I am sort

of regret for staying in my previous shit place for that long time, but somehow, no pain, no gain, I got some precious friends.

Life Experiences

As usual, I have never left my home for living, so this is a huge challenge for me to live alone. For example, the first thing is to handle you meal, we used to eat Chinese food, which is the best of the world, but when I got there, the only thing is baguette, I have no choice, at first, I eat half of one every day, but 3 months after, I eat one for a meal. Every day, I buy 2 baguettes for my meal. I missed Chinese food enormously. But It is interesting that after I came back, I want to eat baguette with 3 pieces of cheeses. Omg, there are about 200 cheeses in the French supermarket.

Besides, we need to contact with many facilities because we need to pay our bills, like Orange, insurance of the house, electricity fees, and so on. We need to make some calls to start the contract or cancel. Sometimes the officer there can't speak English, I can't understand them and vice versa, for example, before I came back, I need to cancel all the account I created in France, otherwise I need to pay a fine, the big problem is the office lady of the bank, she don't speak English so I need to prepare some words before I deal with my administration stuff. Indeed living overseas improves your skills of survival. In addition, I handle a lot of emergencies, for example, once upon a time, I found the water pawl is stocked, so I use the screwdriver to fix, the reason was that there are hairs in the pipe, and the water can't go down.

Travel around Europe

Holidays came, I decided to go out for a travel, I want to seize the opportunity to chase something beautiful, it can be a good viewpoint, it can a glories local food, then I spent a lot of time finding some new. During the holiday, I prefer to go outside alone, not only for the convenience but also for the feeling of living alone. In this procedure, you need to learn how to book tickets, check in, using the map without internet. You can use

some apps like Flix-bus or Airbnb for the travel. In addition, be careful with the passport and money all the time.

Here, I will share a little story about during the travel. I went Lyon for transfer the airplane, I rent a house at Airbnb, and the house owner told me a lot. She is a Doctor, she got her PHD for 5 years but she can't get a good job for her major, I was wondering how she made every important decision of life, because I was confuse with my future, I was not sure if I want to come back to France for my master degree. A simple word change me, "imagination", she told me that you don't have the imagination, you get no idea about what is goona happen in the next 5 years, even for next month, so don't be panic, just focus on your job now, someday, somehow, you can figure it out, you are so young, this is the advantage, you will be confused by a lot of thing, even you paint a blueprint, you can launch it perfectly. It refreshed me we talked about our dream; she told me that she wants to travel all over the world, and when it starts, it is impossible to stop. It makes sense cuz I have the feeling. Since then, I decided to sign up in Airbnb, meet great people, know the life of the others; you can get some hints of life.

Internship

I tried to find an internship over there but it is hard, we are the last choice of a local company, it makes sense that a company want to hire a native employee. But still I determined to do this even I know I won't find a job, but it helped me to know the job market of French, and get some tricks.

First I went Michelin, I asked them if I can work here, but they told me that the intern program is closed, and I need to wait about 3 months for the new turn. Then I went to CA, a French bank, they refused me because of language as well. But I got some notes for the next try. You can sign up in linked in, and post your personal info, then they will send your email, or you can choose some cross-culture companies, you must go to their place directly and leave your CV. The result won't make you happy, but this experience, makes you grow up and guide you a bright career future.

L'avenir

J'ai passé une année très importante en France. J'ai fait beaucoup d'amisfrançais, ilsm'ontaidé trop. Enoutre, J'aiappris les solidesconnaissancesenéconomieet commerce à l'école. Et Je ne savais pas comment vivre àl'étranger, mais, maintenantc'est simple pour moi. Donc après Je suisretourné chez moi, Je pense que J'aibesoin de rentreren France absolument. c'est non seulement pour m'étude, maisaussi pour jouird'une vie heureusement.

Voilà

（作者：李佳栋　经济学院 2013 级本科生）

法国第戎高等商学院留学总结

作为本科就读于国际经济与贸易专业研究生专业是国际商务的一名学生,我一直对跨文化交流深感兴趣,希望能从不同的角度了解和学习国际贸易的相关知识。学校和经济学院提供了一个良好的交流平台,与世界各地的高校建立了良好的沟通与联系,开展了丰富多样的长期和短期项目,开拓了学生的国际化视野。2015年的9月初,我通过了去法国进行交流的留学项目的选拔,非常荣幸地成为去法国第戎高等商学院交流的第一批学生,在法国生活学习了一个学期,可谓感受颇深,获益良多。

2016年1月8日,我清楚记得这是到达法国的第一天,当时感觉一切都很新鲜,同时对生活也充满了期待。第戎商学院非常用心地安排了接待的同学,帮助我们入住公寓和熟悉新环境,让我们尽快融入新生活。公寓里面住着的大部分都是各个国家的年轻学生,也经常举办一些活动,例如我们刚到法国的时候恰逢法国当地的传统节日国王节(fete des rois),传统的法国家庭会在新年的第一个星期日准备一种特色的馅饼和皇冠,其中藏着一个小小的装饰物,吃到的人就可以带上皇冠并且获得好运。除了这些传统节日以外,公寓最常举办的就是关于各个国家风俗人情的交流,每一段时间就会有来自不同国家的学生进行关于自己国家文化的小演讲,我对加拿大和捷克的同学关于历史文化的演讲印象非常深刻。有的时候公寓里还会举办小小的读书会和观影会,我有时也会参加,其中一次是关于"男人来自火星,女人来自金星"的话题,里面讲述了男人与女人性格不同的具体表现,还分析了造成这种现象的原因,有趣的是出现在我的高中英语课本上的这本书,在法国同样也非常畅销。

到了法国十天之后,学校生活就正式开始了,第一周是介绍周,主要是向交流的学生们介绍学校的基本情况,确认在新学期会学习的课程,如何办理保险和房屋补助。在此期间,学校还举办了一次短期旅行,参观了第戎周边的一个糖果工厂以及一个传统城堡。这次旅行的时间虽然很短,但内容却很丰富,最好的是这次旅行让我们这些国际交流的学生们互相交流,很快熟悉了起来。

第戎高等商学院的课程主要是由密集课和核心课构成,学生们可以自由选择自己感兴趣、想要选修的课程。我在第戎高等商学院就读的是管理学研究生一年级,因为是英语项目,所以班上有很多国家交流的学生,各个国家的同学都有。课程可以选择的范围很广,有关于经济和管理类的课程,也有一些比较有趣味性的课程,例如红酒品尝与红酒管理、犯罪管理等。教授课程的老师来自世界各地,有着非常丰富的教学经验。

第一周上的课程是微观金融,这是一门密集课程,在正式开始上课之后,授课老师不仅为我们讲授了微观金融的相关知识,还请了来自不同行业的拥有微观金融相关工作经验的专业人士为我们分享微观金融的实践运用。不仅是课上的内容非常丰富,老师还要求我们在课前都要阅读一本关于微观金融的书籍,让我们对其有一个基本的了解。同时,我发现法国教育与国内教育一个比较大的不同点就是小组讨论占了一门课的很大部分时间,在这门课上,我们分成了四个小组,每个组都进行了专门为贫穷女性进行小额金融贷款机构 LetSheGo 的案例分析,最终选择 LetSheGo 下一个可能进入的国家,并说明原因。我感受最深的就是在课堂上不仅仅是老师在传授知识,课堂氛围也非常活跃,同学们非常积极地与老师进行互动。上完课之后,基本上所有的小组都会留在学校进行小组讨论。当时我们组有皮埃尔(Pierre)、亨利(Henri)、盖尔(Gael)、玛利亚(Maria)、伊莉娜(Irina)和我 6 个人,每天都会在下课后找一个讨论室在一起登录 LetSheGo 的网站,查找相关资料,一起讨论整理出问题的每一个细节,并不断完善,直到做好最后的 PPT。小组讨论的时候,尽管大体上有所分工,但是每个人都会参加到所有问题的讨论中来。在刚刚开始的时候,因为我第一次处在这种全英文的环境中,比较紧张,同时不太能适应小组成员们不同口音的英语和较快的语速,所以第一次小组讨论时大多数时候都在听他们讨论,提出自己意见的时候比较少,但是小组成员们都非常友好,小组长皮埃尔一直很耐心地问我:"你的看法呢?"当我给出自己意见的时候,其他的成员也很积极地给予我回馈,让我能够很快度过适应期。在之后的讨论中,我有时也会提早到讨论的教室,多看看需要讨论的内容,更好地参与到讨论中来。玛利亚是小组中的记录者,每天都会给小组成员们意见反馈,从第一天给我的反馈是"可能还不适应"到中间的"开始更多参与到了小组讨论中来",最后的"有了很大进步,为小组贡献了很多有意思的想法"。对我而言,这也算是一种肯定。就这样,我们在上课和讨论中结束了这一周的课程,最后我们小组也拿到了第一的好成绩。

第二周上的是关于市场营销和销售的一门课程,老师拥有非常丰富的授课经验,给我们讲授了很多非常实用的关于市场营销的技巧。老师结合了他多年的实践经验,传授了我们很多实用的知识。例如,在营销的时候要尽可能使用开放式问题,而不是简单的封闭式问题,让顾客不能简单回答"是"还是"不是",而是深层发掘顾客的需要和想法,最终进行成功的营销。同时,这门课也有很多小组讨论的时间。在这一周的讨论中,每个组都要自己想出一个主题,并以这个主题为核心进行推销。我们组选择了万宝龙钢笔,有的组选择勃艮第红酒与文化相结合的体验,还有的组选择了推销第戎高等商学院,每个组的成员都会轮流在其他组的面前进行推销,所以到最后每个人的能力都得到了锻炼。在第戎高等商学院,老师们很注重多元化,我们小组的成员来自不同的国家,但是大家都非常认真地进行讨论,作为一个整体不断地进行思想的交流与碰撞,争取想出关于万宝龙完美的营销方案。其中有一个来自韩国的女孩子,她只在第戎高等商学院待一周,之后会接着前往伦敦进行游学,在我们放学之后进行小组讨论的时候,其他组有人提议她可以先走,争取时间多在第戎逛逛,但是她非常干脆地拒绝了,直到我们讨论结束才离开,这让我印象深刻。

"如何在北美进行贸易"这门密集课也十分有趣,可以说是和国际商务这个专业密切相关的。老师来自于加拿大的魁北克,所以非常了解北美地区。这门课也是老师授课与小组讨论相结合,老师先从一个宏观的角度向我们介绍了国际贸易在新时期的发展趋势,然后从加拿大的具体情况出发,用了很多具体的事实与例子,向我们介绍了如何能够在加拿大成功地进行国际贸易。我们的小组任务也是与这门课紧扣的:想出一个能在北美成功的商业创意并做出一个专业的演讲。我们组最后选择了在加拿大销售法国红酒,并针对不同的顾客群,细化了目标市场,提出我们自己的跨国贸易方案。老师也对我们的演讲给了很好的反馈。

我学习的课程还有新兴市场管理、跨文化管理、管理学和市场营销的策略和方案,每一门都让我受益匪浅,极大地开拓了我的视野,丰富了我的知识。这些授课老师教学都有非常独特的个人风格,例如"管理学"的老师来自于西班牙,讲课富有激情,也经常让同学们用辩论的方式进行讨论。而教"市场营销策略和方案"的老师的授课方式就与前者截然不同,这位老师知识非常渊博,在专业领域涉猎很广泛,更加注重数据与事实,我们在小组作业中用到的每一条数据都要标明来源和出处,保证文章的科学与严谨。

每周同时也会上法语课和法国文化课。法语老师查理(Charlie)先生非常耐心,授课也十分生动,给我们的法语学习打下了坚实的基础,也让我对法语学习产生了浓厚的兴趣。查理先生让同学们分成两个人一组,每个人都能充分锻炼到口语、听力、阅读、写作各个方面,学期结束后,大家的法语都有了一定程度的提高。

法国文化课上老师向我们介绍了法国的历史和当代文化,还有不同的节日风俗和这些节日的起源。期间,还举办了一些小活动。有一次老师带大家一起在学校餐厅品尝了法国奶酪和她自己烘焙的法国小蛋糕,并向我们介绍了不同的奶酪类型与产地,度过了一个非常愉快的下午。

我们和包磊老师在学期中旬还在第戎高等商学院有过一个短暂的碰面,我们谈到了在法国的学习生活，包磊老师给了我们很多实用的建议。

在第戎高等商学院，也有丰富多彩的业余生活。尽管我选修了九门课程，学习节奏比较紧张，但在我收到了学校发布的 MUNDO FUN 项目邮件之后，我还是积极报名参与了，这个项目是第戎高商和法国的初等学校一起主办的。这个项目的目的是让留学生们与法国的儿童进行文化交流，参加这个项目的同学来自世界各国。一个国家有 2~5 名留学生参加每周一次的交流活动。我和其他的中国同学一起向小朋友们展示了如何制作传统手工——拨浪鼓、简单的书写和使用中文，小朋友都非常积极和配合，在见到我们的时候还会用中文和我们问好。在活动结束后，这所初等学校还举办了一个留学生与小朋友及家长的见面交流会，这些家长都非常友好，还邀请我们去她们家里共进晚餐，感受法国家庭生活。

法国的生活与国内有很大不同，特别是巴黎以外的地区，生活节奏比较慢。以我生活的第戎为例，商店基本上每天晚上七点的时候就打烊了，周日也基本上全部不开门。除了工作给人感觉慢悠悠，法国人也给人特别会享受生活的感觉。不管是工作日还是周日，在街边的咖啡店都可以看到坐满了人。人们三三两两坐在一起，点上一杯咖啡或者饮料，和朋友们坐在一起聊天，一下午就这样悠闲地过去了。巴黎是一个非常国际化的城市，人们也是脚步匆匆，生活节奏很快。同时，虽然第戎高等商学院是一所非常国际化的学校，在校内使用英语完全没有问题，但在法国的日常生活中，在巴黎以外的地区，人们大部分还是会倾向于使用法语交流。所以，来法国学习可以适当地多学习法语，这样可以更好更快地融入当地环境。大部分的法国人是非常热心和乐于助人的。

可以说，这次在法国第戎高等商学院的交流让我从不同的视角学习了国际商务和管理的知识，完善了我的专业知识，锻炼了我的学术能力和独立生活、独立解决问题的能力，也让我了解到中法不同的文化和教学方式。虽然在法国第戎高等商学院的一个学期已经结束了，但我的学习、生活仍然在继续，而这次出国交流的经历也会成为我宝贵的人生经验。

（作者：黄浈　经济学院 2015 级本科生）

出国交流学习心得

——勃艮第－第戎高等商学院学习经历

浪漫悠久的法兰西文化不知吸引了多少人,不知令多少人为之神往。在这里短短的五个月时间,我走过了从充满好奇到满满收获的历程。作为一名交换生,我于2015年1月来到法国 ESC 勃艮第－第戎高等商学院进行学习。因为申请学校及办理各种手续持续时间长,且整个过程困难重重,去之前我甚至有过放弃申请的想法,但最终还是坚持下来了。在勃艮第首府第戎生活了一段时间后,我由衷地感到,如果没有参加交换项目,我绝对会为之深深懊悔,尽管交换生活短暂,但是此行却让我终身受益。

(一)学习篇

创办于1899年的勃艮第－第戎高等商学院,为法国高等专业学院会议(CGE)成员。学院每年有在校学生1 200人,其中150名来自25个不同国家的国际学生;共有专职教授40名,另有250名来自65所合作院校和机构的兼课或"客座"教授。学院从成立起便面向国际,目前拥有一个在世界各地任职的5 000名校友组成的网络。在诸多以发展体育、艺术、文化或人道计划为宗旨的大学生社团协会中,有一个名为"Melting Potes"(种族融合)的协会,专门致力于国际学生的适应融入,并协助学校国际关系处工作。学校为所有外国学生以及注册修读用英语教学课程计划的学生提供外国语法语和法国文化课程。

我参加的是管理(Management)专业的第一学期交换项目,课程大都是基础课,偏重理论。这里的教学方式有一定特色,不但来自各国的客座教授为留学生授课,同时也会邀请大企业的经理到课堂上来现身说法,以企业实例和面临的问题来做案例,还有的课程会利用教学模拟软件,让我们自己摸索和感知书本上的知识,这方面值得我校借鉴。

每门课的老师都会在开学前把课程的详细介绍发给学生,我早在8月初就收到了老师的邮件。个人认为这种方式比较好,在国内院校的学生都是在第一节课上才能获得这些信息,如果有了提前量,可以帮助我们从一开始就对整个课程的设置和走向有很好的把握。不过,大多数老师说英语带有较重口音,听课和交流有些累。除了上课,老师还会布置个人和小组作业,个人作业基本上是报告(report)形式,小组作业有报告也有演示(presentation)。最终考核成绩包括出席、作业和考试。学校不提供教材,老师会推荐一些书做参考教材,课程中会使用大量案例,老师们虽然都具有国际化视野,但是更喜欢用欧洲成功或失败的企业作为案例,有些企业我们根本就没听说过,但是如今社会发展、经济全球化不断加深,老师认为这些都是学生应该具有的知识。遇到一些问题时最好的办法就是找个英语好的法国学生,坐在旁边和他一起上课,有不懂的地方可以随时低声交流求解答,这方法我的体会是效果很好。

在勃艮第-第戎高等商学院,每门课的成绩都不光取决于书面考试,还有小组工作(team work),就是与5~6名同学一起完成小组案例(case),这一项通常要占30%的成绩。西方文化崇尚独立,这一点我们都知道,可是这并不意味着凡事都要单打独斗,还要求团队协作。在小组工作中,你和不同国家的人交流观点,大家讨论,最后交出一份小组报告。通过小组工作,我领教了法国人对于讨论的热衷及东西方文化的差异。中国人信奉沉默是金,没有绝对把握通常不开口,可是有些事情根本没有对错,一定要大胆说出你自己的观点。每个人都有发言的权利,面对冲突的时候一定不能主动放弃。法国人的思维是发散的,天马行空;而中国人的思维是集中条理化的,所谓各有千秋。法国人通常在讨论中会吵得面红耳赤,我在旁边弄得左也不是右也不是,后来习惯了也就好了。能够感受不同的文化和工作方式,的确对于以后我的学习、工作有莫大的好处。另外,勃艮第-第戎高商在培养学生的交流能力和自信心方面的确是技高一筹。小组案例通常需要做演示,要向老师和同学们讲清楚你们组的观点,这样会提高你的表达能力和交流技巧,树立自信心。我也通过几个月的锻炼,英语表达能力提高明显,随之而来的是社交圈的扩大,能够更快地融入留学生集体。

期末考试在法国确实不是轻而易举的事。与中国传统教育方式不同,法国的考试不能只靠死记硬背,如果没有完全理解这门功课并做到举一反三,是肯定不能及格的。期末考试通常是2~3小时的大型考试,基本上不出现简单的基本概念题、填空题、选择题,一般都是综合论述题或者综合运算题。只有准确地理解题目、正确严谨地组织答案才有成功的可能,所以学生要有对整个学科清晰、有条理及整体上思考的能力。另外,考试中老师都会要求对题目中的关键部分深入具体地论述,联系实际举例。可见法国老师都要求学生能够融会贯通所学的知识,并用自己的方式把问题阐述清楚。同班同学基本由两个部分组成,一部分是法国本国的学生,另外一部分是在本校读书或交换的学生,整体来看大家都非常友善,或许有的地方或者国家的同学与中国学生相比差异较大,比如中国学生一般表现较为内敛,而外国学生性格普遍较为直率。

刚入学的时候,由于环境的变化和学习方法的不同,我不很适应这里的教学模式。为了使自己能够顺利适应环境,每次上课前,我都会提前与老师邮件沟通,老师也很耐心地为我讲解。上课时,老师会为大家划分小组,以便大家互相帮助。另外,学校也会为我们提供帮助,联系学姐学长,帮助我们掌握学习方法,了解各门课程的重点,介绍参考书、考试形式和要点等,同时也帮助解答学习上的具体问题。学长、学姐们每次都会非常详细地解答我们的问题,还告诉我们每个教师的特点、考试喜欢出哪方面的题、哪本书比较重要等,全都是经验之谈,十分可贵,让我受益良多。

(二)生活篇

勃艮第 - 第戎高等商学院所在的第戎市(Dijon)是以文化和葡萄酒传统而闻名的法国勃艮第大区(Bourgogne)的首府。从第戎乘坐 TVG 高速火车至巴黎只需要 1 小时 40 分钟(每天 16 趟往返列车),至里昂 1 小时 30 分,至伦敦和日内瓦 3 小时。第戎市在生活艺术方面位居法国城市第二,尤其因它的历史遗产、建筑、文化生活和烹调而著名,是"一个生活和学习的好去处"。

相比巴黎、里昂等一线城市,第戎生活成本较低,物价类似北京,虽然成本低,但是作为学生,还是以经济适用为准则,因此推荐以后来第戎交换的学弟学妹们,租房可以联系学校老师帮忙,他们与非常多学生公寓和私人公寓的房源有联系,可以租到更便宜的房子,而且省去了直接与法国房主打交道、还要另找租金担保人的麻烦。例如,我就住在距离学校只有五分钟路程的类似于学生公寓的房子里。学校官网提供联系方式,跟老师确定无误后,和同学一起预订的 foyer de La Tremouiile,每月租金 298 欧元,附近就有银行、小家乐福和各路公交车,生活、出行都非常方便。最好的一点是,Tremouille 是女生公寓,住的都是女孩,楼里还配备有健身房、乒乓球桌等,非常方便与法国和来自其他国家的学生交流,每天晚上在各种欢乐中不知不觉就锻炼了法语口语,也增进了我们对彼此国家的了解。

我居住的房间隔壁的姑娘分别来自不同的国家,住在斜对面房间的女孩是来自加拿大的混血儿,我们有时会在一起上课,晚上下课比较晚,九点下课,结束后我们把学习用品放回房间然后就聚齐一起去附近的餐厅吃晚饭或者去酒吧和其他朋友小聚。这里酒吧非常普遍,是同学、同事聚会的明智选择,很有气氛,而且也会有一些适合学生参加的聚会,这样我们的课余生活也不会很单调。周末我也会约上几个国内外朋友一起去附近的城市或者国家去短暂旅游。从时间以及距离来看,适合周末短途的周围城市包括巴黎、斯特拉斯堡、布列塔尼、阿尔萨斯、科尔马等,如果我们有长假,那么适合的地方就更多,诸如尼斯、图卢兹、里昂、安纳西、格勒诺布尔、普罗旺斯、瑞士、捷克、摩纳哥等城市或国家。

其他的一些生活小提示(tips)也分享给以后来的同学们:手机上可以安装谷歌(google)软件,类似于中国的"百度地图",一般街区里的家乐福都属于"小家乐福",只卖日常食用品(蔬菜、肉类、奶类和零食等),如果刚到第戎需要装备日用品,需要到市中心的大家乐福去采购;吃不惯芝士、黄油和法式香料的,第戎有几家中国超市,米、面等应有尽有,服务很好。法国餐厅一般一顿正餐(Menu,包括前菜、主菜和甜点)20 欧元左右,单点一道主菜 15 欧元左右,平时学生一般小范围就餐,周末各国留学生经常聚会。

出国留学是人生中很宝贵的经历,它对于我们的人生观、世界观都会有很大的影响。通过留学我们除了可以学习到国外先进的科学技术,领略到国外先进的教育理念外,还可以体验到国外丰富的文化和风俗,丰富自己的人生阅历。出国留学对于我们来说是大有裨益的,从学习上来讲,可以掌握一门外语,而且还可以学习、了解到国外的历史文化等各方面知识。而且我们中国的学生大部分的独立生活能力都不如国外学生,出国留学可以很好地锻炼我们的独立思考能力与独立解决问题的能力,可以很好地锻炼我们自己,开阔视野,增长见识。这对于我们以后的工作和生活是很有利的。而且在独立生活的过程中可以不断锻炼自己合理安排时间、理财以及人际交往的能力。对于国家来说,21 世纪是信息时代,科学技术正在高速发展,我们与国外的差距是客观存在的,出国留学可以使我们接触到先进的科学和管理知识,将来回国之后可以大大提高我国的科学技术和管理水平,通过不断学习,可以不断缩小我们与世界先进国家的差距。时光飞逝,幸福的时光虽然短暂,但在法留学的这 5 个月时间将是我一生最难忘的回忆。

(作者:张然　经济学院 2014 级研究生)

留学总结

首先,我诚挚地感谢首都经济贸易大学经济学院和研究生部给我提供了去德国富特旺根应用科学大学留学交换的机会和资助,让我的人生多了如此丰富多彩的一段经历。这次出国是我第一次孤身一人踏入语言障碍重重、文化风俗习惯与中国大相径庭的国度,期间饱经泪水与欢乐、挫折与成功,生活时间虽然只有短短的半年,但是经历颇多,这将成为我以后人生道路上不可多得的宝贵财富。

不知不觉已经回国近 1 个月的时间了,现在,我已经回到了学校,回归到半年以前的生活,和同学们一起穿梭在校园中,去博学侧楼上自习,去三食堂吃饭……回忆在国外的这半年,总觉着像做梦一样,很不真实。用一个词来总结这半年的生活,"有得有失"这个词可能更加贴切一点。"得"——相比半年前的自己,我学会了从容平和地面对生活中出现的各种困难和挑战,面对各种琐碎的小事;我变得更加冷静,不再像之前那样莽撞、冲动地解决问题,内心变得更加强大。除此之外,我还结识了来自世界各地的朋友,了解到他们国家的文化,了解到他们对中国的认识。"失"——这半年,我渐渐蜕去了自己的一些不成熟,不再片面地看待人和事,而是更加成熟、更加全面地思考问题。当然,我这里所谓的"失",其实更是一种"得"。

准备篇

这次的交流项目 2015 年 10 月份就通知了,但是准备材料的过程是漫长和复杂的。最开始是向学院递交一系列的材料进行简单筛选和面试,包括动机信、简历、各项证书等。面试过后,很快学院就给了通知,确定我可以去德国富特旺根应用科学大学进行为期半年的学期交换。接到通过的通知后,就开始准备办理签证。当时的我对德语一无所知,而准备的材料当中需要用德语进行填写。为此,我和其他几个小伙伴们十分头疼,商量后,我们决定由一个小伙伴的同学帮我们翻译。除此之外,我们在准备签证材料的过程中,为了保证材料能够一次通过,尽快拿到APS 审核证书以及签证,我们几个小伙伴分工明确,积极询问德国 APS 审核部。在经过近两个月的等待后,我们收到了富特旺根应用科学大学的录取通知(offer)和签证。在拿到签证的时候,我们的内心是激动的,感慨我们这段时间的努力没有白费,递交的材料当中有很多琐碎的细节需要我们注意,但是我们没有出现问题,一遍通过,这多亏了我们这几个小伙伴的团结合作,也让我意识到团队合作的重要性,做事仔细、认真、主动,能够让自己的做事效率提高,事半功倍。

初来乍到篇

2016 年 3 月 1 日,是我离开祖国、飞往另一个国家的日子。当时我和我的小伙伴每人提着两个硕大的行李箱赶飞机。经过 10 个多小时的飞行,我们顺利到达了德国。下了飞机,正式踏入一个新的国家,周围的人,周围的物,周围的一切都是新鲜的,我既紧张又兴奋。在去学校的整个路途中,由于初来乍到,对车站不熟悉,我和我的小伙伴遇到了很多问题,于是我们就去询问路人,他们不仅没有不耐烦,反而给予我们两个外国人热情的帮助。有的人因为我们语言还不过关,亲自带领我们去我们要去的地方,有些人虽然自己不清楚,但是帮我们查地图或者帮我们询问其他人。他们一次又一次的热情帮助,消解了我心中的忐忑不安,给了我生活在人生地不熟、语言又不通的地方的勇气和信心。

刚到学校,国际中心就派学生送我们到宿舍,富特旺根应用科学大学是位于德国巴登－符藤堡州黑森林地区的公立大学,我的宿舍就被黑森林围绕着,周围环境迷人,打开宿舍窗户就能看到参天大树和绿油油的草地。宿舍不大,单人间,配有厨房、厕所、书桌、衣柜,每栋宿舍都配备了洗衣机和烘干机,方便留学生的日常生活。每栋宿舍还有一间酒吧,给留学生提供了交流的场所,大家可以在这里一起聊天、玩游戏、举行 party。在这个小小的宿舍楼里面,我结识了很多国家的留学生,通过跟他们聊天也了解到很多国家的文化和风俗,体会到了不同国家、不同文化间的交流和碰撞。

学习篇

刚到德国,休整了两天之后,就开始了为期三周的德语集训。这边的语言教学与国内完全不一样。在德语课程上,老师要求我们尽量不说英语,用学习的德语进行交流,并且老师在授课过程中也全程用德语,只有在同学们表示没有听懂的时候才用英语稍加解释。这次德语的集训课程让我深受打击,刚开始上课的时候,对这种授课方式特别不适应,集训课程之前,德语完全是零基础,授课语言又全都是德语,自己完全听不懂,只能靠猜和课后的复习。当时班里的同学全都是德语零基础的学生,有印度人、韩国人、西班牙人等。其中印度人的表现十分突出,同样是德语零基础的学生,他们可以准确地回答老师提出的问题。中国和印度同样是考试大国,可是我的表现却远远落后于这些印度人,这让我有很强的挫败感。为了让自己不落后这么多,努力适应新的教学方式,自己在课下主动复习德语,看一些教学视频,尽量跟上老师的教学进度。经过自己的努力,集训课程结束之后,虽说自己的德语水平没有提高很多,但是我能够听懂老师上课讲的一些知识,能够跟上老师的教学进度,并进行简单的德语日常交流。

德语集训课程结束之后,就开始了正式的德语课,当时选择了初级课程,有之前集训时候的德语基础,正式课程开始后,自己很快适应了这样的教育方式,在期末考试期间,自己跟着老师推荐的光盘练发音、做习题,最后自己的期末考试成绩是1.0,这在德国的评分标准里面是最高的。这段德语的学习经历让我认识到迅速调整自己适应新环境的重要性,同时也提高了自己的独立性、自律性,也让我认识到一分耕耘一分收获,只要努力付出就会有回报的道理。

除了语言课程的学习外,在德国我也修了2门专业课,一门是供应链管理,一门是会计。在进行专业课的选择之前,学院主任专门给我们这个专业的留学生开了个会,给我们详细介绍了学校开设的各个课程,建议我们根据自己的学历以及在母校学习的专业来选择适合自己的课程。根据学院主任的介绍,最后我选择了供应链管理和会计两门课程。我选择的这两门课程均是研究生课程,与中国的课程学分不同,德国每门课有6个学分,每节课课时是3个小时,每门课的课业负担要比国内课程重很多。

这边的课程采用英文授课的方式,学习多采用小组讨论方式,同学们都能积极地响应老师提的各种问题。在供应链管理这门课上,老师还让我们写了一篇论文,同时要进行演讲,向大家简要介绍自己论文的内容。这是我第一次用英文写论文,也是第一次进行英文演讲,在期末复习的那段时间里,我利用国外学校的文献搜索系统,阅读了大量的英文文献,同时认真准备了我的演讲稿,在正式演讲的时候,我很流利地向同学和教授介绍了我的论文内容。

在这段学习期间,我遇到了人生中的很多第一次,第一次听全英文授课,第一次用英文写论文,第一次用英语进行演讲,第一次学德语……从中我收获了很多,拓展了自己的知识面,我的英文和德文水平也得到了很大提高。

生活篇

富特旺根是位于德国西南部黑森林地区的一个小镇,周围被起伏的群山、青青的牧场所包围,充满着静谧的气息,是享受生活的好去处。但同时也因为它的地理位置较为偏僻,导致小镇的交通不是很发达,没有火车站,但有公交车通向临镇的火车站。在小镇,公共汽车是学生们出门的最佳交通工具。说到这里不得不提的是德国高度发达的公共交通。德国的公交有多种交通工具可供选择,价位也不尽相同,主要由城际火车、地铁、郊区火车和公共汽电车组成。每种交通工具都非常准时,包括公共汽车,严格按照时刻表运行,即使晚点也只有几分钟的时间,大大节约了乘客的时间,让乘客不用担心自己出门会错过车,也不用担心自己会在车站等上很久的时间。

在德国,人道主义情怀在车辆必须避让行人这一点上能够得到充分体现。在德国驾驶汽车,除了必须遵守的交通规则外,看到行人必须要减速行驶,避让行人。有很多次,我在从学校回宿舍过马路的时候,很多车辆远远地就开始减速,如果快接近你的时候你还没有通过马路,他们还会停下来,等你过去。

德国的饮食与中国相比差别很大,学校食堂只在每周的周一到周五提供午餐,第一次去食堂吃饭的时候,被其丰富的午餐给惊呆了:沙拉、主食、酸奶、饭后甜点、汤和水果,应有尽有。另外,德国午餐每份的量是很大的,最开始的时候,我和我的小伙伴俩人吃一份,后来慢慢地自己的饭量变大了,一整份吃完也没有觉着很撑。其他时间我大都自己烹饪,小镇有很多超市,并且超市就在宿舍附近,购买东西特别方便。此外超市每周都会有折扣,自己烹饪也省下了一大笔钱。通过自己在德国这段时间的独自生活,自己的独立能力得到了很大的提高,同时自己在这段时间慢慢地学会了做饭,基本的生活技能也得到了提高。

旅行篇

俗话说,读万卷书不如行万里路,除了在学校学习之外,我还利用假期时间和小伙伴们出去旅行以体验不同地方、不同国家的风土人情。令我记忆最深刻的是和小伙伴的第一次出国,去捷克游玩。为了省钱,我们提前制订好游玩计划,买车票、订旅店、收集资料做攻略。在捷克,我们需要用欧元兑换成捷克克朗,我们一下车就在火车站兑换,后来发现在火车站内进行货币兑换会收取我们的手续费。这时我们意识到可能被骗了,于是在接下来的行程当中,我们倍加小心,每次兑换货币之前都细细核对小票。另外,由于这是我们第一次出国玩,没有提前做好路线的规划,以至于我们这次旅行在问路找路方面耽搁了很多时间。通过这次旅行,让我意识到事前准备的重要性,做事要仔细小心。在接下来的几次旅行当中,我和小伙伴们进行分工,有人整理旅游景点的攻略,订旅店、订机票,有人整理路线、制订旅行计划。后来的一次次旅行,我和我的小伙伴没有出现问题,既享受了美景,也尝遍了美食。在这一次又一次的离开父母、全靠自己的旅行当中,让自己成长了很多,学会了随机应变,积累了经验。

个人感触

交换学习带给我的不仅仅是知识面的拓展和自我独立能力的提升,也让我感受到发达国家的风土人情和以人为本与高度法治和谐共处的社会形态。这次交换有幸见到了欧洲学校的招聘季,在学校里,众多公司直接来到学校进行宣讲,细心地给每位学生解答各种问题,学校给在校学生提供了一个很好的就业平台。另外,在学校的基础设施建设上以及教学质量上,跟他们相比,我们国内的学校还存在着一定的差距,我们的国际化程度还不够,还不能完全做到英文教学。

这半年经历的点点滴滴很难一笔道尽,从出国前的兴奋和不安,刚到德国的新鲜感,到逐渐熟悉、融入、享受在德国的生活,很多都是微不足道的小事,但是这些小事却构成了我回忆里不可或缺的一部分,成为我宝贵的财富。感谢学校给我的这一次交流学习的机会,也感谢这段时间给我帮助的很多人,每每回想,总是感慨万千。想起这难忘的半年留学生活,回想起稚嫩的自己如何在有着文化差异的异国适应下来,得到锻炼,万千思绪涌上心头。很感谢学校跟国外很多学校建立了合作关系,让很多学生拥有了走出国内学习、交流、锻炼的机会。此外,祝愿学校的交流工作越来越出色,向国际一流的大学迈进,成为一所有风格、有吸引力、有创新能力的一流大学。

(作者:李岩　经济学院 2015 级研究生)

难忘的德国学习经历

——德国富特旺根应用科技大学留学总结

2015 年下半年的某一天,我在学院主页上翻到了在我研一入学前官网上贴着的一则海外交换学习的通知。虽然那时我似乎已经错过了申报材料的时间,但是抱着试试看的心态,我还是拨通了经济学院的电话,询问相关事宜。当时是中午12 点,负责人赵老师还是给了我这个机会,让我迅速赶到学校进行下午 1 点的面试选拔,其他材料后补。面试前我没有任何准备,但是我尽力表现自然。十分幸运的是,我通过了面试,后续经过繁杂的补全手续和相关材料,终于于 2016 年 2 月踏上了前往德国的飞机。在此我真的十分感谢赵老师,还有在家乡紧急帮我办理护照等相关琐事的爸爸和妈妈,因为这次学习机会真的带给了我很大改变,我不仅开阔了眼界,学习了很多知识,英语口语水平有了很大提高,还收获了很多朋友,对这个世界有了更多新的看法和领悟。

富特旺根应用科技大学是一所位于德国巴登 – 符腾堡州黑森林地区的公立大学。根据 2014 年德国《经济周刊》和德国高等教育发展中心 The Centre for University Development(CHE)对德语区(德国、瑞士和奥地利)院校的评比,该校的经济管理类、计算科学类、机械工程类以及传媒类专业处于德国顶尖水平。富特旺根应用科学大学位于世界闻名的黑森林核心区域,这里风景优美,是德国的旅游胜地,因布谷鸟钟、黑森林蛋糕、黑森林火腿、蜂蜜和猪肘等而闻名,很多格林童话里的故事都发生在黑森林地区,十分梦幻。

一、适应环境篇

2 月份,我和首经贸一同来的同学们从法兰克福机场下飞机,用还不熟练的英语到处询问车站,经过几番倒车,终于来到了富特旺根小镇。2 月份的富特旺根还很冷,大雪纷飞,安静的小镇和黑森林被白雪覆盖,景色美得令人惊奇。

初来乍到,倒时差、饮食不适应、语言沟通不流畅、需要办理繁杂手续等,都给我们带来了一些小小的挑战。倒时差是首先面临的问题,最初有两个星期的初级德语全天课程,但我们感到整个下午听课效率都不算高,尤其下午 5 点后十分困倦。我们经常在 5 点的时候聚在一起聊天,以度过很困倦的这段时间。饮食上来讲,学校午休时间在下午一点左右,大家午餐也经常是很简单的凉三明治,这对于习惯吃热食的我们来说是一个问题。周围餐馆的食物口味相比较中国餐馆要重得多，十分咸或者十分甜，德国菜谱的点餐也颇具挑战，经常点到一些意外的食物，虽说不习惯，但倒也有很多趣味。语言方面，当地一些年纪偏大的人不太会讲英语，而我们的德语水平比较初级，有一些问题难以沟通，我们就用德语 APP 翻译词汇，一边比画，一边再加英语，或者找周围年轻的德国同学帮忙，慢慢地也不成问题了。在这边生活了大概半个月后，一些基本的德语日常交流我们也可以听懂一些，对周围的基础设施和生活用品相关情况也有了进一步了解，如超市一些设备的使用、垃圾分类、宿舍楼构造和设备维修途径，学校里打印设备的使用、图书馆柜子和查询系统的使用等，都比较熟悉了。办理手续方面，德国各方面手续办理比较繁杂，一些德语文件需要找德国同学帮忙处理，学校为每个交换学生配了 buddy，就是专门帮助你解决生活问题的德国伙伴，我的 buddy 在我刚到富特旺根之初给了我很多帮助。

总体来说，我们适应环境都很快，也都很顺利。

二、课程学习篇

由于我还有 12 学分的课程需要修够，因此我选了两门 6 分大课，高级会计和管理（Advanced Accounting and Management）和供应链管理（Supply Chain Management）。这两门课要求较高，相对 3 分课程来说比较难。

这两门课尤其是第一门的老师教得非常好，整学期课程规划和安排科学合理而且思路清晰，给了同学们预习和复习的清晰脉络，每堂课内容安排既充实又易于让人接受，使学生能感到稍有一些难度但又在可以掌握的范围之内，每节课课后都有学习了新知识和练习后的满足感。以前我一直觉得会计学很多地方没有入门、没有学通，但是这门课的德国老师讲得深入浅出，基础部分更加仔细，让我切实感到我的会计相关知识学习翻开了新的篇章。

供应链管理这门课上我第一次写作了英语论文，老师对这篇论文很重视，为了写好这篇论文我也下了很大功夫。我发邮件和老师探讨了我的论文框架，不断修改，和老师积极保持沟通，和同学们互通有无，交换材料和数据，写好后又寻求同学的帮助，请同学帮我修改语法问题。我想把这篇论文和这门课做到最好，因为这门课主要靠老师的语言讲述，对于英语基础相对薄弱的中国学生来说，接受知识的情况不如官方语言是英语的同学们好，所以前期中国学生在课堂上一直比较沉闷，我感到非常不甘心，我很想让他们见识见识中国学生的优秀和认真，我想让同学们知道中国学生也不差。抱着这种想法，我拼命准备这篇论文和答辩，每天早上 8 点在图书馆一直待到凌晨 2 点左右，就这样日复一日地度过了好几个星期，每天只吃水果和方便面还有节省时间的比萨。答辩前一个星期我已经写好了稿子并背得滚瓜烂熟,连演讲中间活跃气氛的梗都事先布好了、练熟了。记得当时我的德国好朋友找我去家里玩,我拒绝了,并表示我这周五要进行答辩,所以我必须为此做准备。我的德国朋友们一致表示你可以带着你的答辩素材来,我们大家一起帮你改进和练习。因此我在朋友家给大家演练,在大家的帮助下又一再修改了我的 PPT 和讲稿的细节。最后答辩那一天,结果远远超出了我的预期,同学们听得全神贯注,全部都给了我非常热烈的掌声和喝彩,连从头到尾都没有说过一句话的老师也微笑看着我说 good,那是答辩整天老师说过的唯一一句话,走下讲堂后我看到很多同学给我发信息说:"你讲得太棒了!""真为你骄傲!""我非常享受你的演讲。"课后,我的印度同学、新加坡同学、德国同学、巴西同学、越南同学等很多同学走过来和我拥抱握手,对我说"很棒的答辩!"这件事虽然不大,但是真的给了我很大的信心。我并没有觉得自己很棒,因为我知道我下了 150% 的功夫,为了 100% 的结果,但是我通过这次事情知道了自己即使在国际环境里,只要努力也能做到优秀,这让我进一步开始期待新的竞争和更棒的竞争环境了。

通过这一学期课程的学习,我的学习能力、快速阅读英文文献的能力、英语听力等都有了一定的进步,课程的知识也学得比较扎实。

三、英语口语篇

这半年我觉得最有收获的事情有两件,其一就是英语口语水平的提高。以前我的英语口语非常一般,虽然发音比较标准,夹舌音 th 和顶舌音 l 等都能发得很自然地道,但是我的英文造句能力真的很弱,还停留在脑中把句子从中文翻译成英文的水平。半年后,我的英语才真正成了一门可以讲的语言,不需要从中文翻译,而是直接说出来,造句也完全不需要过脑,甚至很多外国同学都表示:我说话太快了。

我英语口语进步很大,并不完全取决于在德国学习,也取决于我经常和外国朋友们在一起,我们一起做饭、跑步、打球、旅游、聊天,很少和中国朋友在一起,因此几乎完全没有讲中文的语言环境,全天 24 小时只能讲英语,打字聊天也是英语。最初也觉得很吃力,但是出于和朋友们对彼此性格的喜欢,我们即使交流困难也有说不完的话,有的事情甚至心有灵犀。我的墨西哥同学经常说我和我最好的朋友,一个西班牙女生,讲的是某种特殊的英语,靠眼神、比画、神情交流加英语的特殊英语。时间久了,基本的日常对话都没问题了,但是有一些深层次的话题比如涉及宗教、心理和性格方面,词汇量还是有些不够,而和好朋友们经常要聊这样的话题,所以我并没有感觉到我英语有进步。一直到偶尔和不太熟的新的外国同学聊天,我才发觉基本的日常话题我都可以聊得非常地道流畅了。许多其他国家交流的同学也对我讲过:"你的英语真的进步很大!我记得第一次见你的时候和你交流还有困难呢。"回国以后参加过两次英语角,大家都问我是不是在国外待过很多年或者是英语专业的,令我十分惊诧。我才发觉我英语口语进步了很多。

四、业余和交友篇

我这半年另外一个很大的收获,就是结识了一些非常好的朋友。我最好的朋友有两个,一个是一位西班牙女孩奈瑞拉(Naiara),另一位是一个德国女孩汉纳(Hannah)。西班牙女孩是我的邻居,德国女孩是我在合唱团里认识的朋友。起初我和西班牙女孩是因为邻里关系才开始相识的,后来发现性格和三观有很多惊人的相似之处,于是逐渐形影不离。我们一起计划旅游,一起自习、做饭、跳舞,开两个人的party,练习打乒乓球、跑步,在一起的时候总有说不完的话讲不完的段子。回国后的这段时间,我经常无法控制地对周围朋友说起"我在德国的时候,有一次跟奈瑞拉……",我非常想念她。我有些无法接受生活里不再有她陪伴的日子,这令我甚至认真地考虑过未来是否要移民西班牙。

我的另外一个好朋友汉纳是合唱团负责弹钢琴的,我们有一个约定,她教我弹钢琴我教她中文,我们每周上三节课,每次四个小时,就这样一个学期下来,我们就成了好朋友,后来逐渐和合唱团的德国朋友们都成了好朋友,我们经常一大帮人赖在汉纳住的地方打牌、做饭、聊天、看电影、听音乐、画画,有时候开车去隔壁镇吃冰淇淋。他们都是一些非常好的人,我们在一起试着做一些音乐,录一些节目,练习合唱,非常开心。后来我去汉纳家和她的妈妈和双胞胎弟弟们以及一只大黑狗一起住了两个星期,每天弹她家古老的木钢琴,叽叽喳喳地跟汉纳一起看动漫,很开心。他们都是一些十分简单而且有行动力的好朋友,我们一起度过了很多快乐的时光。

学校里经常有很多主题的派对(party),足球、拉丁美洲文化主题、音乐、食物、啤酒……我经常和朋友们一起去party。学校里可以参加的活动也很多,我经常参加的有尊巴(Zumba)舞蹈课,每周有两次,每次两个小时,老师教得非常好,一节课我也不愿意错过,而且和好朋友们一起跳舞也很开心。再就是我非常热爱的合唱团,我在合唱团认识了很多好朋友,他们大多数都是德国人,也有一些俄罗斯人和英国人。我们一起唱歌,偶尔也偷懒不排练跑出去烧烤。

五、旅游篇

在德国的半年,假期里去了很多国家,如法国、荷兰、西班牙、捷克、意大利等;去了许多我心心念念的城市,如巴塞罗那、巴黎、阿姆斯特丹、布拉格、柏林、米兰、佛罗伦萨、海德堡、巴登巴登……自己规划旅行真的是非常有意思的事情,要事先考虑好预算、行程和目的,虽然累但是很充实。此行我终于了却了一桩心愿,看了世界三大博物馆,看了许多我最喜欢的欧洲画家的作品,提香、凡·高、委拉斯贵支等,真迹实在比以前看的图片要好太多,实在令人叹为观止,大师真的是大师。这半年的欧洲旅行,我看的人文景观尤其美术馆非常多,我非常热爱艺术,即使我以前曾经认为那些名家佳作的照片已经非常动人了,真迹还是令我久久不能忘怀。欧洲不愧为艺术圣地。

这半年我在德国的所见所闻所感,远远不止这些,无法悉数表达。这半年的交换生活令我非常难忘,也令我有了很大的进步。非常感谢首都经济贸易大学经济学院给了我这次机会,我十分珍惜,也将不负母校希冀继续向前。

(作者:苏日娜 经济学院 2015 级研究生)

交流小记

弹指一挥间,已经过去了一个学期。紧张期待的填写申请表、办理签证、查找机票、敲定时间等一项项工作仿佛还历历在目。

再次翻阅曾经写下的日记,仿佛又一次带自己经历初到德国的林林总总。起初因时差导致的略略不适应,大概用了一周时间才调适过来。恰巧学校的各种活动把每天都安排得满满当当。如果有一天可以早回宿舍,而且还没有那么累,似乎成了一件奢侈的事情。所有的事情都要自己亲力亲为:自己在宿舍申请设置上网,饿了要自己在灶台煮面……凡此种种,疲倦但又有丝丝莫名的欣喜。

富特旺根(Furtwangen)的人很少,加上学校的 3 000 名学生,才勉强组成了这个只有 9 000 人的小镇。偌大的旷野、鳞次栉比的小屋子,很难想象只有一位年逾半百的老警长守护着所有的一切——宁静,安详。每个夜晚,下雪的声音都能够清晰听到。想念像一条藤蔓,不经意间生根、发芽。

这里的住宿条件是最让我喜欢的。向来不喜聒噪,兼之有些女生事情太多、躲之唯恐不及,单人宿舍实在是深合我意。这也为自己提出了一个挑战:一个人如何井井有条地经营一个房间。虽然一开始因此也吃过种种苦头,不过不客气地讲,经过一个月的磨合,我已经能够有条不紊地布置自己的空间了。每个人的宿舍属于自己的私密空间,纷繁多样,条理者有之,繁杂者有之,混沌者有之,素净者有之。其他人的空间自不容他人置喙,但是对于自己的空间,我比较忍受不了混乱与尘埃。德国虽然给国人的印象是空气清新,但其实作为工业大国,他们的雾霾天气也不容忽视。其中,斯图加特作为工业城市,兼之独特的盆地形貌,造成了雾霾天气,这也令德国人十分头疼。言归正传,不要被窗外看到的绿意盎然或白雪皑皑所欺骗,桌子还是要擦,地板还是要拖的。否则,稍微不注意,窗户上就会留下一层灰蒙蒙的土。万幸我的房间在阳面,正对山下,小镇风景一览无余。很要好的德国同学不幸分到面对森林的阴面,每天面对一片松树林让他颇感无奈,但是因此倒是省了挂窗帘。说到挂窗帘,在阳面有一点点不太好,就是德国的纬度较高,所以日出很早,夏令时四五点就开始升起太阳;日落很晚,我和朋友晚上九点相约跑步,会一直跑到十点,太阳方才落山。也是因此,早晨的懒觉是睡不成的,即便拉上窗帘,强烈的阳光似乎也要奋力透过织物的层层纹理呼唤你:快点起床吧!

初到富特旺根是三月,这个季节北京已经开始回暖,微风拂面,带来丝丝春意。

然而一到这个德国小镇，映入眼帘的是漫山遍野的皑皑白雪：我到了哪里，这是什么季节……负责接待的老师很热情，但是热情仅限于送你到宿舍，其他的事情就要你自己慢慢摸索了。这也许在我们眼里觉得他们有点冷漠，但这是他们的礼节——尊重他人的私人生活。初到宿舍，一切都是新奇的，新房间里的所有东西都被我拍了照片发给父母。

收拾好房间，打理好开学的种种事情，偶然空闲下来会陷入一种恐慌，这是哪里？这是真的吗？一个人在窗边会时常想起万里之外、亚欧大陆的另一端。会想起家里是几点了，爸妈在做什么，弟弟怎么样，男朋友忙不忙，同学都在做什么。原本在家一向无法无天、吵吵闹闹的弟弟，也开始时常留言问候我的近况，窗外还在下雪，即便已经接连下了两天了，心里还是暖暖的。

在德国的半年时间里，我始终没有调整电脑和手表的时间。倒是手机，很识时务地自动跳到了当地时间，虽然没有联网，也没有放置电话卡。两周之后是新生注册，所有交换生和国外来就读的研究生在一个教室里，自我介绍、填表、听宣讲后再填表。学习时代开始拉开序幕——早晨八点半的德语课已经悄然打响。早晨五点半起床，洗澡、背单词、做饭。等到 3 点回来，检查邮箱成了我回宿舍后的一大乐趣。我们的邮箱集体设置在一楼，楼门口后，左手边有一间小室，里面有每个人的邮箱，很小的邮箱，虽然能放下 A4 纸，却是扁扁的，甚是可爱。在此补充一句，德国的邮箱设置实在是太普遍了——每家每户都会有邮箱。甚至我和小伙伴去看牙医，也是根据邮箱找到的牙医诊所的地址。其中有一个小插曲，想来是学生宿舍一向住得满满当当，正所谓"铁打的宿舍流水的学生"。有一天，照例检查邮箱，发现收到了两封信，我大概看到楼号、房间号是正确的，就拿回了宿舍。但是回宿舍拆开信才发现，地址诚然是对的，但那应该是寄给我并不认识的一个男生的，算起来是这间房间的上一个主人。而我在无意间拆了这两封信，因此而在 facebook 上多交了一个朋友，也算是意外收获。这是后话，暂且不表。

德语课最初上起来还是很痛苦的，至少我没有料到老师会用德语讲德语。她很少说英语，导致本来词汇量就少的我连很多名词的意思都搞不清楚。用德语学德语比想象中要难。其实英语和德语还是比较像的，对于来自墨西哥、欧洲其他国家的人来说，学习德语并不难，他们的语言逻辑很像。甚至对于印度人来说都没有太大的问题：他们回答问题非常快，而此时我常常还在云里雾里。兼之分班考试在即，压力时时袭来。老师的上课风格很独特：她先说两句话（德语有四种格，每个词的用法有四种，她总是习惯两两合起来讲），然后就开始提问，要用她刚才讲到的德语回答。起初对这种方式的不适让我很是受挫。上课中间有一阵很压抑。但是仿佛跑步总要经过临界点，经过了一天的磨合，我好像突然有了质变，第三天上起德语课就已经没有了之前那么大的阻力了。

即便窗外天已经黑了,雪还是很白。来到的第一天,学校发的食品袋子里有意面,以及番茄酱、奶酪末和不明粉末的调料,对我来说这样的饭好难适应。尤其适应不了番茄酱——比国内的酸多了,几乎是山楂味道,完全没有甜味……食品袋子里勉强能下咽的三种巧克力,早就被我一扫而空。巧克力熔点很低,放在手里很快就融化了。另外还有一袋饼干,太甜了,偶尔吃点让我切身体会到德国人对甜品的偏爱。一小瓶果汁,早就喝完了,瓶子被我废物利用盛放洗洁精。此外还有笔、指导手册、各种表格。润唇膏也有发放,着实让我暗暗吃惊——德国的认真仔细可见一斑。

即便是德国人严谨认真的工作态度,经常下雪的天气里,可想而知,导致的地面情况也不乐观。考虑不周,仅携带了一双厚点的运动鞋,每天回到宿舍后,鞋都是湿透的状态。早晨去上课的路上就已经踩湿了,上午用体温烘干了点。下午上课后回到宿舍又湿一遍,这成了每天的常态。所幸国际中心的老师不厌其烦地一次又一次跑去问问题——厨房的问题因此得到顺利解决。去国际中心借炊具那天,我印象还很深,当时雪下得特别大,我已经不知道鞋湿了多少次了,身上很冷。超市买东西也挺费劲,因为都要用德语。但把它当作学习德语的机会,还是会感觉其乐无穷。在德国的很多超市里,我都能看到陈列着好多酒。应该说,无论超市的规模大小,酒水类在德国是一项很重要或者说不可或缺的商品。他们的酒真的是种类太多了,葡萄酒和威士忌更多。啤酒更像是饮料,陈列一壁,任君选择,不仅种类繁多,品牌更是数不胜数。找去超市的路,过程也很曲折,虽然在学校的时候提前问过其他交换生,沿着公路走,但就是找不到。原本还在路边犹豫何去何从,一个叔叔从路对面过来。他从密密匝匝的凛冽风雪中走来的那一刻,仿佛权力的游戏中琼恩·雪诺从北境的暴风雪中缓缓出现——救星来了。叔叔对交换生想来早已是司空见惯,隔着好远就开始很热情地打招呼,然后二话不说一个手势,就开始带我去超市。到了超市,我们去推手推车,手推车在超市外面,需要投币才能解锁。我正在犹豫投多少钱,一个哥哥走过来,投进去50分,示意了一下可以推了就走开了。我瞬间觉得他人好好,本来高大的身影瞬间更加高大了。初次进超市买完东西用了两个小时,出来的时候天已经暗了下去。雪很深了,踩下去,雪都能进到鞋里。回程需要爬山,因而显得格外艰辛。山太陡,一个超过四十五度的陡坡加两个缓坡。一口气走完心脏简直要受不了了,停下来回首看看走过的路,昏黄的灯光下,两行歪歪扭扭的脚印,格外别致。

宿舍建在近乎山顶上,窗外可以俯瞰整个小镇,星星点点的灯光格外好看。德国普遍分布的都是小镇,在这里,树木特别多,我从没有见过这么多、这么高、这么肆无忌惮生长的树。似乎没有人去修剪,满满当当,遍布枝丫,甚至横着长成一个正方形。没有尘土,雪里几乎没有看到过掺杂有黑色。但是车行驶极快,在路边走经常会被溅到,回宿舍看却不怎么脏,没有鲜明的泥点,很淡的灰色印记,冲一下就干净了。

正式进入上课阶段就显得有意思得多。选课的过程不再一一赘述,期间少不了询问其他同学,因此而交到了不少朋友。但是人与人之间的差异很明显:有些人是为了欧洲旅游,有些人是为了多修学分。还有一些人,我就不太明白他们来这里的意义了。虽然对于其他人选课的情况不完全表示赞同,但是我还是发现了一个很有意思的现象:妈宝不只是我们文化的畸形果实。有一个来自墨西哥的本科生,非常阳光帅气,高高大大的形象原本让人以为是很开朗活泼的男孩子。但是在我们每一次询问他的节假日安排的时候,他总是会说:我要问问我妈妈。甚至小伙伴邀请他一起结伴出行,大家讨论得不亦乐乎,最后他还是要补一句:我回去问问妈妈同不同意。尽管如此,小哥说西班牙语,对于在欧洲旅行还是很有助益的。德国的这所学校,研究生教育更加注重社会实践,理论性的课程很少。结课论文也很有意思,更加注重搜集资料、处理数据和总结的能力。所以我们国内习得的方法撰写他们的论文并不占有什么优势,甚至可能是并不怎么能够被接受。他们的会计课程和我们的差不多,但是内容更加注重实际,所以课程往往没有课本,通常是老师拿出来一份讲义,里面是各种案例分析。我还是很喜欢这种学习方式,非常有动力。在此吐槽一下他们的计算能力,真的不怎么样啊。我口算出答案的时候,旁边的印度叔叔在输 Excel 表格,尽管我后期也从这位叔叔那里学到不少 Excel 表格的快捷使用诀窍。而讲桌后的老师,总是要随身带一个计算器。好吧,我还是很喜欢这位老师的。还上过一门很有意思的课,主要介绍德国的历史和地理。教课的老爷爷是返聘的教授,他给出的继续来授课的原因是镇子太小,在家太无聊。老爷爷颇有故事,上课也是不拘一格,随时可以看到他坐在桌子上,来到我们中间,讲述过去战争的历史。

德国人对于本国在世界大战的表现似乎并不是很忌讳,反倒是我担心触碰到对方的民族自尊心而旁敲侧击一下。德国的小伙伴还是很冷静地主动讲述那段历史,让我觉得,这是个坚韧而智慧的民族,也有着远大的梦想,他们希望欧洲能够统一,得到更好的发展。

在德国的时光里,与家乡万里之遥,让我更加懂得珍惜来之不易的一切,爱真诚爱我的朋友和家人。

(作者:赵鲁月　经济学院 2014 级研究生)

留学总结

一、交流目的及预期目标

申请参加本次赴瑞典林奈大学的学期交流项目,一方面为了学习国外的经济学专业知识,接触国外的先进教学理念和授课方法,感受多元化的大学氛围;另一方面,努力提升自身的英语能力,在听力和口语方面实现更大的突破,同时学习瑞典语,作为第二语言,为今后的求职就业奠定基础。此外,国外交流的经历还可以扩展我的国际化视野,快速适应环境以及提高自主学习能力。

通过参与交流项目,加深对经济学基础理论的理解与把握,在独立研究撰写论文方面有所提高;加强团队合作和与人沟通的能力;提升英语听说能力,为雅思考试做好准备;了解瑞典文化,具备瑞典语基础,争取在今后考取相关证书;养成吃苦耐劳的精神。

二、课程内容

学期交流项目计划时段为 2016 年 1 月 15 日至 2016 年 6 月 18 日,共选课 37.5 学分,包括四门商学院经济学课程和一门瑞典语课程,每门课程均为 7.5 学分。学期共分为四个阶段,每阶段持续五周,每周 40 个小时的课程学习(100%)。课程结束后参加考试。根据学校课程的安排,时间最晚截止到 8 月 30 日。

1. 商业关系(100%)

第一阶段(2016.1.18 - 2016.2.21),主要学习客户、供应商和分销商之间的商业关系和供应链网络以及经营技术与战略在其中的地位。

在这一门课程中,我主要学习了商业关系管理,企业家与业主的不同,创新和创造力的产生条件,企业家精神,创业的准备条件,技术对企业的影响等。教授在课堂上对比了瑞典和中国公司以及两国企业家的不同,分为距离因素、个人团体文化、男权影响、阻碍不确定性、长期或短期的起源、开放以及限制的对立等几个方面,对我的理论学习有现实的指导意义。学习了如何有针对性地分析客户需求、资源,以及如何确定市场策略。我们的课堂学习形式采取了教师授课、学生小组完成工作任务的形式。我在小组学习中提高了自己的英语表达能力和创新能力,加强了团队协作精神和不同文化的包容能力,小组学习的形式同时加强了同学的参与性。在期末考试中采取上机英文考试的形式,分为选择题和简答题,由于题量较大,作为国外学生在阅读和写作方面有一定的困难,我通过了此次考试,在后续学习中再接再厉,争取取得更加优异的成绩。

2. 瑞典语一级(67%)

第一至第二阶段(2016.1.18 – 2016.3.28),掌握瑞典语的基本知识,学习瑞典语基本词汇和结构,适应瑞典文化,重点学会讲瑞典语。

课程分为两个程度,低级课程在一、二阶段讲授,我们的课程采取循序渐进的形式,教授十分注重课堂的口语练习,重点培养学生的实际应用能力。在学习语言的同时我们了解了瑞典的文化,包括瑞典的历史、地理、政治经济发展、文化人物、知名企业等。语言方面学习了日常交流用语,通过课下作业的形式得到了强化,在口语考试中进行了考核;学习了时间、季节、月份的表示;情态动词、频率副词、名词单复数形式、特指泛指、动词时态、人称代词、反义词、比较级最高级、介词等。我们共学习了近 10 个单元,通过课堂练习的形式加强理解。教授平易近人,鼓励我们多提问,我们在学习中得到了很多的鼓励。考试有一定难度,和国内考试形式相同,我针对前两年的试卷对考试进行了有针对性的复习。多掌握一门语言对今后的工作和学习有益无害,但是短短两个月的时间不足以让我真正达到应用的程度,今后会找机会多尝试和瑞典当地人交流,达到活学活用的程度。

3. 瑞典语二级(67%)

第三至第四阶段(2016.3.28 – 2016.6.5),为今后的择业考虑,我在完成了第一程度的学习后,选修了高级课程,在第三、四阶段,我们学习了更深入的瑞典语语法知识,譬如时态延伸到现在完成时和过去式,这类似于英语的语法,不同的是瑞典语的动词分为四大类,根据动词形式在不同时态的相应变化分类,既具有一定的规律,也需要分类记忆,尤其是一个动词从原形到现在时、不定式、完成时、过去时、现在将来时的变化,是学习的难点;在基数词基础上学习了序数词的表达,两者有相应的联系和变化;名词作为地点,始发地和目的地的不同形式,这点在英语中是没有的,可见瑞典语在难度上比英语有过之无不及。在上一阶段基础上学习了转折、因果、承接等连词;名词的变换、不定和确定、单数及复数的搭配,这些需要找规律记忆。常用的口语表达,需要实际运用;量词可以对比英语记忆。从句的使用为另一大难点,分为宾语从句、原因状语从句、时间状语从句、假设从句等,均有着严格的语法规则;感叹句以及单独使用疑问词成句的使用规范。通过这一阶段的学习,我对瑞典语的语法和运用有了更深入的了解。

4. 领导力介绍(25%)

第一至第四阶段(2016.1.18 – 2016.6.5),学习的内容包括:如何创业,如何成为一名成功的企业家,把公司的想法付诸实践,创业精神,以及如何可以开发出更多的创业方案。通过学习创新理念、创业理论和实际问题等相关概念,了解市场推广和业务发展中的一系列工具和流程。课程共分为三个作业和一个商业计划书。三个作业要求完成1~3页与课程内容相关的问题,论述自己的看法,以此考察学生的自学能力和阅读能力。教授分别为我们指定了必读教材、论文、视频以及选择学习的内容,具有很强的针对性,并通过多种方式提高我们的学习兴趣。此外,我们还学习了相关创业及领导力的知识,培养了创新能力。其中重点是商业计划书或者机会商业模型的撰写,由于在国内没有接触过相关内容和知识,对我来说,这一项学起来比较吃力。我的创业选择是自动食品售货机,不同于一般的自动售货机,重点是提供健康的可以烹饪的食物,同时便捷高效。商业计划书主要分为以下几个部分:总结概要、企业一般性描述、产品及服务、市场计划、运营计划、管理及组织、个人金融状况、资本性支出和收益、金融计划、附加材料。我在进行市场调查、查阅相关资料和数据以及企业家咨询的基础上完成了计划书,不仅学习了撰写商业计划的流程、自动售货机的相关知识,同时强化了英语写作能力。

5. 活动策划二级(50%)

第三至第四阶段(2016.3.28 – 2016.6.5),学习如何将学科知识与社会科学的具体研究结果相结合。其中,商业模式作为创意产业中总体生产的一个重要方面,是学习的重点。课程内容分为六大板块:活动准备阶段,包括参与者、计划、培训;预期阶段,包括利益相关者、交流、反馈;计划执行、临时安排解决方案、危机;安全;纵览;特殊情况。课程在两个月内教授,按照循序渐进的方式,分别安排两次讲座,之后学生按照学习小组的形式课下完成报告及演示。此过程重复三次后,上交最终的结课文献,完成笔试。教授对于作业有着严格的要求。譬如,论文的格式、页数、引用、指定教材和参考文献等,有严格的规范。同学在小组内分配任务,通过讨论的形式,完成论文并汇总上交。展示阶段同学制作PPT并在讲台演说,每次限定20张,每张20秒,均为图片格式。老师会对每次的作业完成情况进行小组评价和给出成绩。论文要求包括结构、引用、分析三项内容,总分5分,根据完成情况给出相应的分数。展示阶段主要要求学生表达流畅、自然,不局限于文稿。最终的考试包括12道题目,分别为对六盒模型每项内容的了解,三个阶段内部与外部之间的关系,内部和外部纵向的联系,以及从最终的效果到开始的演示部分的关系。通过笔试能够很好地测试同学对课程的掌握程度,以及实习应用能力。

6. 独立研究计划(100%)

第四阶段(2016.3.6 – 2016.6.5),学习课程的目的是,通过更加系统、有条理的方式,在业务研究领域培养一种独立开展工作的能力。重点研究市场营销和管理方向,与导师一起选择课题,确立项目,查阅资料,在课程结束后利用一个月至两个月的时间收集数据,进行社会调研,最终撰写课程论文。

除了以上学校课程安排外,计划在课程结束后,通过参加国际学术会议、名校访问,撰写研究论文等其他方式进行广泛的学习。

三、国外学习时间

2016 年 1 月 18 日至 2016 年 6 月 5 日。

四、生活及出行

在瑞典学习交流期间,我加入了当地的 ESN 组织,全称欧洲国际留学生团体。我和同学参加了国际学生聚餐,展示了中国文化;我参观了卡尔马古堡,其具有重要的战略地位,由瑞典、挪威和丹麦三国在此签订了共处条约,从而建立了著名的卡尔马联盟;在瑞典首都斯德哥尔摩听导游讲解了城市的发展历史和瑞典的建国历程,参观了闻名世界的诺贝尔博物馆和诺贝尔奖颁奖处斯德哥尔摩市政厅和音乐厅;参加了瑞典北部拉普兰地区的旅行,不仅领略了美丽的斯堪的纳维亚半岛的风光,体验了瑞典土著的萨米文化,经历了独具瑞典特色的木屋桑拿、狗拉雪橇,还有幸观赏到了极光,在北极圈合影留念,这成了我瑞典留学生活中的难忘回忆。

我们与许多国家的交流生共住一个公寓,分享厨房、浴室等公共设施,与其他国家的同学结下了深厚的友谊。我们结成学习小组,完成老师的小组学习目标;共同做菜,分享国家的饮食文化;课余时间去学校的咖啡店进行瑞典有名的"啡卡",交流学业与生活感受;出行期间同住一个宿舍,相互关照。其他国家的同学身上的优秀素质以及为人处世方式值得我学习,让我对自己的人生观、价值观和世界观有了更深刻的认识。

在留学期间,我在课余时间去欧洲其他国家旅行,包括德国、法国、西班牙等。这不仅丰富了我的阅历,让我领略了各国的风土人情和学术文化,同时提高了自己独立处理问题的能力和英语水平。西班牙首都马德里有许多哥特式建筑、广场雕像和喷泉等,西班牙第二大城市巴塞罗那不仅有闻名世界的球场,还有艺术家高迪设计的神圣家族教堂,令人叹为观止;奥林匹克公园的巨柱令人不由赞叹运动的精神。其他国家也给我留下难忘的回忆。

五、回国学习计划

回国后将国外学习的经济学相关课程进行梳理总结,拓展阅读,结合硕士毕业论文,将国外的学习方法和模式综合运用到今后的学习中;报名雅思考试,通过在国外的课程学习,练就扎实的英语听说能力,通过课程论文的撰写提升写作和阅读水平,进而提高英语实用能力;加强瑞典语的学习和运用,作为第二外语,达到能良好运用的程度;参加经济领域实习,将在瑞典学习的知识运用到实际中,为今后的工作奠定扎实的基础。

(作者:闫瑾　信息学院 2015 级研究生)

出国留学总结

　　在研究生期间,我非常荣幸有机会参加学校的出国交流学习项目,首先非常感谢经济学院提供的这次交流机会,同时感谢赵灵翡老师在出国前以及在留学期间对我的帮助。2016年1月15日,我同原锦凤、闫瑾从首都机场坐上了飞往瑞典的飞机,这是我们三人第一次踏入一个陌生的国度。当时我既期待接下来半年的留学生活,又有点担心不知如何克服接下来的语言障碍和文化差异。出发前爸爸就告诉我,既然选择了出国,就应该预想到之后的艰难;既然选择了远方,就要勇敢面对。在爸爸的鼓励下,我丝毫没有退却之心——瑞典,我来了!

　　虽然在瑞典学习、生活只有半年的时间,但是其中我却经历了很多,尝试了很多的第一次。第一次做饭,第一次上课是全程的英语教学,第一次跟那么多外国留学生坐在一起聊天、吃饭,第一次独自一人出国旅游……太多的第一次。但是,很多事情只有经历了第一次以后,我们才会慢慢地适应、熟悉直到熟练,有了诸如此类的经历,慢慢会积累成我们的阅历,让我们逐渐成长。在瑞典发生的每件事、认识的每个人,都清晰地记在我的脑子里,让人永远无法忘怀。

感动篇

　　1月份正是瑞典最冷的时候,到达丹麦哥本哈根机场的时候就看到了白雪皑皑,幸亏我们出发前就把自己最厚的衣服穿在了身上。行程的奔波和激动的心情让我们一时不觉得冷了。林奈大学坐落在瑞典南部,它有两个校区,分别为卡尔马校区和维克社校区,我是在卡尔马校区学习。瑞典时间1月16日下午3点,我们乘坐火车安全抵达卡尔马。刚走出火车,就看到我的mentor——安娜(Anna),一个漂亮善良的瑞典女孩站在雪地里等我,因为我们早前约好,她去火车站接我。她看到我后,不停地问候我,还给我了一个大大的拥抱。看到她冻紫的嘴唇以及冻红的脸,我非常感动。其实,我们有ESN的成员安排接我们,她本不用这么辛苦来等我,但她来了,而且给我带来了在异国的第一站温暖。

　　ESN的成员用车把我们带到了学校,这使我们免去了冬天雪地里拖着两个行李箱外加一个背包然后找学校的尴尬。在ESN成员和安娜的帮助下,我顺利领到了我们所租房屋的钥匙,然后抵达我们的住处。卡尔马校区没有校内公寓,校区分散在卡尔马城里,校园并不集中,住宿更不集中。不幸的是,我住的地方离学校比较远,有 10 分钟的车程。抵达住处卸完行李后,安娜马不停蹄地把我带到厨房教我如何使用微波炉、烤箱、洗碗机等,还跟我说了很多注意事项,如垃圾如何分类;之后又把我带到洗衣房教我使用洗衣机和烘干机。各种介绍完毕后,已经是晚上 7 点,天也已经很黑。本想让安娜早点回去,但是安娜考虑到我们在这儿必须得自己做饭,而且我们住得离市区比较远,她就把我们带到了一家附近的超市买吃的。到了超市,看到了货架上琳琅满目的商品,但尴尬的是上面全是瑞典文,好多东西都不认识,我只能靠着包装上的图片猜是什么东西。语言不通使我接下来的购物变得异常困难,我一般是先查好自己需要东西的瑞典文,一一记录然后去超市对应着找或咨询工作人员。在安娜的帮助下,我们成功买到面包以及一些生活用品。

在去瑞典前,就知道瑞典人非常友好、对人热情,而安娜加深了我对瑞典人这一印象的认识,她使我在异国他乡的第一天就感到如此的温暖。其实,安娜是在韦克舍校区上学,住在卡尔马,所以我们见面的机会很少。不过我们只要有空闲时间,就会联系对方然后约在一起 fika、吃饭和野餐。

学习篇

在申请留学阶段,我被告知在林奈大学需要修满 30 学分才可以。林奈大学的学分制跟中国迥然不同,这里的学分跟课程所需时间以及难易程度相关。一门 100% 的课程一般是一个月内就能结束,学分是 7.5 分。我选了 4 门 100% 的课程,分别是:商务关系(Business Relations)、整合营销沟通和品牌管理(Integrated Marketing Communications and Brand Management)、营销实务(Sales Operations)、广告推广计划(Advertising Campaign Planning)以及瑞典语。从时间安排上看,瑞典语是 75% 的课程,涵盖两个阶段,就是 2 月和 3 月,其他课程是每个月一门,其实课程并不紧张,还是比较轻松的。除了瑞典语,其他课程都是英语教学,英语是瑞典的第二语言,大多数瑞典人都懂英语,他们的英语口语都非常棒。

在出国前,我就告诉自己在国外一定要刻苦学习,不仅要掌握专业课的基础知识,更重要的是要提高英语口语,这两个目标一直贯穿着我在国外学习的始终。初到瑞典,刚开始上课时真的很不习惯,全程都是英语,听得很费劲,上课也容易分神。所以,我的第一门课听得云里雾里,当时我自己就非常担心和恐慌,害怕这种情况一直维持下去。我察觉到这主要归结于我英语听力不是很好,以及在出国前语言工作做得不是很充分。所以,我既要学习英语还要学习专业课知识。

为了提高自己的英语听力能力,使自己很快融入英语学习环境中,除了跟国外同学交流,我还下载了 VOA 美国之音的 APP,每天听一篇文章以及跟读。此外,下载了很多英文歌曲,也开始看美剧,希望它们对提高我的英语听说能力有所帮助。提高英语口语的最佳方式是多说,但是跟外国同学在一起时,最初交流还有些话题可以聊,但是到后来彼此之间开始熟悉,我们不能重复之前的话题,而且由于文化差异,有些敏感话题我们又不能涉及,如美国人很介意你过问她的私人生活如情感情况,所以其实跟外国友人的交流话题变得越来越少。其次,我发现除了法国同学、土耳其同学,其他国家人的英语口语比我们都好太多,开始跟他们交流时会比较困难,因为毕竟差距在那里。很多时候跟他们一起聊天,我们会听不懂。他们经常谈宗教信仰问题,也会问我信仰什么宗教,在涉及这一话题时我就会很尴尬。首先我真的没有宗教信仰,其次我想说我信仰的是马克思主义,我想这些他们是不会理解的,这跟我们的国情以及文化背景有很大的关系。中国是个多宗教的国家,中国宗教徒信奉的主要有佛教、道教、伊斯兰教、天主教和基督教。中国公民可以自由选择、表达自己的信仰和表明宗教身份。

在国内我们缺少使用英语的机会,没有英语环境,跟别人讲英语还会显得另类。这些使得中国人的英语口语偏差,跟外国人交流起来很困难。所以,在国外我们就得抓住这个机会锻炼自己的英语口语。跟外国人交往的确能提高我们的英语口语,英语跟所有语言一样,就是一个输入到输出的过程,即把我们之前所学到的英语正确地表达出来。就像我前面所说的,到了一段时间后我发现,我敢说了,但是太多时候想说想表达,而好多词语都忘记了,想说说不出来,这要求我们重新回顾和积累。回顾和学习新单词会增加我们英语的输入量,有足够的输入量,当我们想用想表达时就能自然而然地说出来。要想拥有流利的口语,就需要英语输入的积累,需要我们多听多看。所以,平时我会看一些英文文章和美剧等。

由于最开始很难听懂老师讲的东西,我就在课前做足准备,将老师指定的教材一一找到,将老师所要上的课程提前预习,这样上课时就会轻松很多。上课就带着耳朵认真听老师说,其实也在锻炼听力能力,课下的时候复习整理笔记,就以这种方式反复地学习。英语能力的提高是有助于我们学习专业知识的,记得3个星期下来,我就大致能听懂老师上课讲的东西了。久而久之,英语能力不断提高,专业知识的掌握也越来越好。

在林奈大学学习5个月,我很喜欢那里的教学模式。首先,课程分阶段地教授,一门课程结束,考核通过后接着进行下一门,这样可以减轻学生的负担,我们就不需要在期末阶段一门心思为所有课程准备考试。其次,老师上课全程英语,有助于我们英语能力的提高。老师讲课生动活泼、由浅入深,课堂上经常结合案例进行分析,并且善于通过提问鼓励我们思考。讲课形式多样,有外来嘉宾讲座、课堂辩论、课堂展示等。林奈大学鼓励同学间分工合作,每门课程都会安排分小组,作业、讨论以及报告都以小组为单位进行。小组任务要求每位成员都参与作业完成和讨论,小组内部每个成员可以对其他成员进行打分,主要从参与度、主动性、创造性等方面进行评判。我个人很喜欢这种方式。每个小组必须由国际交换生和瑞典当地学生组成,每次作业或讨论小组成员都得参加,在小组讨论时我们用英语进行沟通,这样不仅有助于我们提高英语水平,还有利于我们进一步理解和掌握所学知识。交流讨论的过程是思想交换和论证的过程,个人的想法是有限的,且由于自身学识和视野的关系,并不知想法的可行性,但是同学间相互讨论就会克服这些弊端,就会产生好的想法。

林奈大学的期末测评模式跟我国高校大致相同,由考试(笔试或机考,语言类有笔试和口语考试)、平时课堂表现、平时作业参与度三部分构成,但是有些课程老师并没有设置考试而以报告的形式代替,报告有助于检查对所学知识的掌握程度。写报告除了应用到刚学的知识,还要求自己查阅文献以扩展知识面和巩固所学知识。

生活篇

出国留学是考察我们独立性、自觉性的最佳选择。在林奈学习期间,我们住在校外的公寓里,公寓有三层,住的大多是国际交换生。我们每个人一间,大家有充足的个人空间。住的问题解决了,但是吃饭对我们而言就变得比较困难。首先,由于烹饪差异,西餐没熟也可以吃,而且就是简单的煮、烤、油炸等方式,中餐做起来显得异常复杂和费时。我们作为学生,应该充分利用时间学习,但事实上我们每天花在做饭上的时间有 2~3 个小时,这就占用了我们学习的时间,也占用了公共厨房的使用。此外,出国前我们并不会做饭,所以到了瑞典是硬着头皮做,不会就问妈妈或跟着食谱做,所以最初做的饭比较难吃。瑞典物价真的特别高,而且价格变动频繁、幅度也大,为了降低生活成本,我们往往买一些便宜的蔬菜。瑞典蔬菜的种类非常少,加上价格的因素,我们的可选择空间就更少。不过不到一个月的时间,我们就解决了吃饭难的问题。

在瑞典,人们特别喜欢 fika、聚会等休闲形式,通过这些人们可以放松身心、增进朋友间的情感。由于我们国际交换生经常一起上课,还住在一块,所以我们彼此很快就熟悉起来了。接着,我们也开始了一周三小聚一大聚的生活。在课余时间,有个叫凯特(Kate)的美国女孩经常约我去咖啡店 fika,我们会点甜品和卡布奇诺,边享用美食边聊天。聊天的话题非常广泛,从家人朋友到国家政策,一次次大大小小的聚会使我们的感情越来越好,对于国外的文化有了更深的了解。

留学就像一场绮丽又孤单的旅行,一路上会品尝到人情世故带来的酸甜苦辣,感受到善良和爱带给我们的欣喜与感动。而最终,无论这段旅程或长或短,它都将画上一个休止符。可是,无论它的味道是甘、是苦,还是五味杂陈,留学都是每个参与者一段无法忘记的回忆。总之,回想半年的留学之路,踏出国门之初的孤独、寂寞、文化隔阂和各种艰难苦涩,都随着自己心态的不断调整和适应得到了解决。我自己深有体会,无论在国内还是国外,生活实际上都很平淡,人总是在不断地奋斗,而幸福就是奋斗的过程,结果往往不如过程那么有意义。在瑞典半年的学习生活让我学到了很多东西,认识了很多朋友,丰富了自己的人生阅历。站在国内看世界和到国外亲身体验完全不同,这些耳濡目染接受的生活观念、消费知识、思维模式,对我今后的发展都有莫大的帮助。

(作者:姚慧君　经济学院 2015 级研究生)

赴瑞典学期交换有感

　　我很荣幸可以成为我校 2016 年春季学期的一名交换生,并于 2016 年 1 月 15 日至 2016 年 6 月 18 日赴瑞典林奈大学参加为期 5 个月的春季交流学习。首先非常感谢我校研究生部和经济学院为我提供了这次机会,让我可以体验这 5 个月特别的学习和人生历程。通过这段经历,我真正地体会到了读书和在路上对一个人人生的影响之大。在国内学习期间,大部分时间我通过听课、读书、读报及浏览新闻来学习;而在国外期间,每时每刻都在学习,而不仅仅限于上课和读书。这学期,我在林奈大学共参加了 6 门课程的学习,经历了多样的课程形式,包括常规授课、客座交流、一对一指导、工作坊、研讨会。生活方面,林奈大学位于瑞典南部的卡尔马市,瑞典的冬天是出了名的冷,零下十多度,而在春夏之际,这个沿海城市则气候宜人。一个人在异国生活,思乡是必然的。但与此同时,我结识了来自法国、德国、波兰、荷兰、美国、日本、芬兰等国家的朋友,国际友谊的温暖使我的这段生活并不是那么孤单,而是充满了幸福和收获。在学习之余,我游访了德国、法国、荷兰、挪威及捷克共和国的主要城市。旅行使我可以真实地体会不同国家的社会氛围,使我认识到世界之大以及我国可以学习借鉴他国之处。回顾这 5 个月的学习交流经历,我收获满满,对未来的期待和信心也更高了。

一、学习及学术活动

1. 听课情况和时数

　　瑞典大学的课程设置和国内大学有较大差异,国内大学一学期的多门课同时进行,学期末进行考核。而瑞典的大学将一学期划分为 4 个阶段,学生在每一个阶段只参与其中的一门或两门课,课程也按进程不同,划分为 100%、67% 和 50%。我本学期参与的课程一共有 6 门,分别是商业关系、整合营销与品牌管理、国际视角下的零售运营与技术、国际零售实践以及瑞典语入门 1 和瑞典语入门 2。其中前 4 门课程是 100% 进程,每五周完成一门课程,并在阶段结束时进行考核。而瑞典语课则是 67% 进程,每门课持续 10 周,并在第 10 周和第 20 周进行考核。商业关系在 1~5 周进行,共计 36 学时,每周一、三、四各上 3 小时课,课程形式主要为常规讲授、客座教授讲授、共同研讨和小组研讨、案例研究。考核形式包括小组作业、案例研讨和数字化考试。小组作业贯穿整个课程学习阶段,共有 6 个小组作业,小组共有 4 人,共同回答问题并在截止日期前提交至网上学习平台。最后两次课进行案例研究,案例分为正方和反方,第一次课正方陈述观点,并在课程结束后将相关材料传给反方小组;第二次课反方小组陈述观点。最后进行数字化考试,可以在家进行,登陆学习平台并在规定时间内完成考试。整合营销与品牌管理在 6~10 周进行,共计 24 学时,由两位老师共同教授,每周授课两次,课程形式包括常规教授和 2 次研讨会。考核形式包括研讨成绩及书面考试。研讨会以小组为单位进行,小组成员共 4 人,小组共同进行案例研究,最后在研讨会上展示研究成果。书面考试为英文考试,持续 4 小时。国际视角下的零售运营与技术在 11~15 周进行,共计 41 学时,由两位老师共同教授,每周上 2~3 次课。课程主要为常规授课,考核形式为小组作业和个人在家考试。小组作业分为两个,其中一次为文献阅读和评述,另一次为案例研究。个人在家考试为三天之内完成 5 个解答题,并在截止期限之前提交。国际零售实践在 16~20 周进行,共计 16 学时,分为 4 次研讨会,以小组为单位,以案例研究为主线,每次研讨会小组要求报告自己的实施进程并与老师及其他小组进行讨论,最后一次研讨会展示研究成果。考核形式为论文写作及小组展示。瑞典语 1 和瑞典语 2 在 1~20 周持续进行,每周一和周三晚上课,考核形式含平时作业、口语考试及书面考试。

2. 小组学习及研究情况

小组学习在瑞典很普遍,本学期我参加的所有课程都有小组作业,甚至有两门课程是以小组为单位进行考核。

在商业关系课程中,我所在小组共有成员 4 名,我们提出了在学校和办公区设置食品自动售货机的创业点子,并结合商业和创业理论,从产品、市场定位、资源、成本、竞争等多方面对创业点子进行评估和完善。在之后的系列作业中,我们想象自己是一个运营视频自助售货机的公司,勾画出创业公司的供应链、顾客、政府公关等商业网络,并结合公司可得资源,对公司维持商业关系网的系列活动进行设计。此外,我们对公司的成长方向以及壮大过程中可能遇到的问题进行了展望,并提出了相应的应对措施。

在整合营销和品牌管理课程中,小组共有 4 名成员,主要任务是结合品牌增长和衰落路径模型,以诺基亚为研究对象,研究了诺基亚品牌从初创至小众品牌至行业领导者再至衰落以及重新崛起的整个过程,并对诺基亚公司的多种整合营销方式,如广告、直接市场营销、公共关系、促销和个人销售进行识别和分析,最后分析了诺基亚的品牌形象和品牌信号,并在研讨会上对上述研究成果进行了展示。

国际视角下的零售运营和零售技术课程中,小组共有 5 名成员,由瑞典本地学生和国际交换生组成,共进行了 4 项小组作业。第一项为研读并评述学术论文。

第二项为作为秘密购物者,去瑞典本地的零售店进行体验,并写出自己的独特感受。在秘密购物者项目中,我们小组对瑞典连锁超市 ICA Maxi 和中国物美的营销模式进行了对比,并结合文化、观念及生活方式等多方面的差异进行了分析。第三项为客座教授形式,模仿美国电视节目 Dragons Den,向主管教授及客座教授展示自己的商业观点。我们小组的项目是托运行李追踪器,对该产品的市场需求、发展前景以及商业模式进行了简短的展示,并听取教授的反馈。第四项为研讨会形式,在研讨会召开之前提交报告,并在会上对报告结果进行展示。我们小组对瑞典企业沃尔沃(Volvo)和韩国企业起亚(Kia)的车展运营进行了对比分析,从车展作为营销工具的定位、车展人员、展位、时间、销售技术等方面进行了运营识别,并结合亚洲和欧洲的文化差异,分析了起亚是如何根据文化差异调整车展运营的。

在国际零售实践课程中,小组作业主题是研究华为是否应该以及如何拓展在芬兰的业务。通过对芬兰和中国文化差异、市场差异的分析,总结了 5 个国际智能手机公司在芬兰的商业策略,并结合对华为的内外部环境分析,最后得出华为暂时不应过多投资芬兰市场的结论,以及华为在芬兰进行商业运行的一些建议措施。

在瑞典语课程中,小组 3 人一起准备参加口语考试,以家庭和在瑞典的生活为主题进行对话。

二、生活

卡尔马是瑞典东南部的一个城市,距首都斯德哥尔摩以及丹麦哥本哈根 4 小时火车路程,交通非常便利。2016 年 1 月 14 日凌晨我从北京起飞,经过布拉格转机至哥本哈根,后乘坐火车到达卡尔马。初到卡尔马,欧洲学生组织 ESN 给予了我很大的帮助。在来之前申请了一对一的 mentor,我的 mentor 是法国交换生约翰(Johan),出发之前通过邮件进行了沟通联系,对学校及这边的生活状况进行了简单的了解,并做了相关准备。

2016 年 1 月 15 日下午到达卡尔马,ESN 安排了专车去卡尔马火车站接我们,然后在 ESN 办公室领到了公寓的钥匙。整个周末,林奈大学国际交流处和 ESN 为交换生准备了一系列的活动,以帮助我们尽快适应这边的生活。2016 年 1 月 16 日,一大早去国际交流办公室,学校提供了免费的咖啡和点心,大家边喝咖啡边进行自我介绍,认识彼此,首先让我感受到了瑞典的咖啡文化。当天去宜家采购了基本的生活用品,并参观了卡尔马的标志性建筑——古城堡。成为 ESN 的一员,头上绑上了写着自己名字的绿带子,在接下来的一周里,每天都有 party 及其他活动,大家通过绿带子,一见面就可以知道对方也是新来的交换生,然后相互认识、聊天。

在学习之余,我经常去参加派对(party),和朋友一起做饭、一起去骑行或者旅行。party 文化在瑞典及其他欧洲国家很普遍,与中国式 party 不同,这里的 party 大都从晚上八九点开始,然后夜里两三点结束。在瑞典,周三就是小周末,所以大部分 party 都在周三和周六晚上进行。我自己的生活习惯很难去适应这种夜生活。尽管如此,我还是尽可能地去参加这里的 party,和朋友们一起聊天。第一次 party 是一位德国朋友邀请的,来自希腊、西班牙、波兰、德国、奥地利的朋友,我们一起做饭,那次我做了老北京炸酱面,大家都很爱吃。我们在同一餐吃到了各国的菜肴,并相互交流,很是惬意。在这之后,我们就经常聚在一起,吃饭、喝咖啡、聊天。

刚来瑞典,对瑞典语一窍不通,去了超市看着一堆商品满是困惑。很幸运的是,瑞典人的英语水平很高,大部分人都可以讲基本的英语,这里的人也非常友善。第一次在超市买洗衣粉、酱油、灯泡,以及买水果称重时,都得到了热心人的帮助。这里大部分的服务都是自助的,服务人员很少。在超市,蔬菜水果称重可以自助在机器上进行,在超市自助结账也很普遍。喜欢这里的图书馆,学校图书馆和市图书馆离我住的公寓都较近,图书馆设计别致,尤其市图书馆,有专门设计的儿童区,为儿童自助借还书准备有小椅子。瑞典人的平均寿命很长,但是相较国内人群对手机、电脑、电视等数字媒体的偏爱,这里的人更倾向于传统的阅读方式。在市图书馆,每天都有很多老人在那里读报,并认真地做笔记。

在新年到来之时,我们包了饺子,做了其他中国菜,和这里的朋友一起庆祝新年。外国朋友认真地学习如何包饺子、如何用筷子,我们向他们讲述在中国如何庆祝元旦,而且告诉他们,春节——中国新年才是我们最重要的节日。朋友们分别用自己的语言祝贺我们新年快乐,并在卡片上写下新年祝福。在这之后,我们也常常聚在一起,做日本寿司和咖喱饭、波兰饺子和洋葱汤、法国 crepes 和德国的 pancake、美国的 Tacos 和土耳其浓咖啡。

瑞典是一个充满了艺术和创造气息的国家。去卡尔马历史博物馆参观,看到了小孩子们用卫生纸卷做成的各种小人,让我对其国家的创造性以及对孩子的教育方式充满了憧憬。卡尔马的空气很好,冬天时我常常在早晨一个人去海边跑步,听听海浪拍打的声音,看着海鸥在湛蓝的天空下飞翔,偶尔飞机飞过划下一道明朗的白线。我享受着大自然以及一个人的清净。

在春天到来之时,我们一起去骑行、野餐、看日落,一起去较近的城市旅游,享受着惬意愉快的时光。跟欧洲的朋友一起去旅游,他们可以时不时地解释一些东西,与自己一个人的旅行相比,可以说是收获更多。在火车上还学到了不同国家的简单问候语。

三、感悟与收获

在来瑞典进行交换学习之前,我把练习口语作为了来这里的第一目标。回顾这一学期的学习和生活,从一开始的重复解释到现在的沟通流畅,我发现自己的英语水平提高了很多。甚至我还学会了基本的瑞典语,在超市购物、公寓里遇到瑞典朋友时,竟可以听懂他们的意思并解释自己的要求,还可以大体阅读当地的报纸。

除了语言水平的提高,更重要的是开阔了自己的眼界。旅行让我看到了不同国家的风土人情,瑞典人矜持却又热心、法国人幽默、德国和日本人严谨,发现生活竟可以如此的不同。这段行程让我坚定了对未来的信心,增加了我学习的动力。

然而,最重要的是,在这里,我结识了亲密的朋友,并和她们一起度过了五个月的时光。这种友谊让我在回国之际,内心充满了幸福,并下定决心努力再回欧洲,与朋友们相见。在这个世界里,有那么些很好的朋友在等待我,这让我无论走到哪里都不觉得孤单。

(作者:原锦凤　经济学院 2015 级研究生)

假期交流项目

假期交流项目是指学生利用寒假、暑假或者小学期制度的实习期，由学院组织到合作学校参加1~3个月的学习，包括3~4门专业课程学习，到企业进行项目策划、课堂学习与社会实践，合作大学还组织学生到公司、政府职能部门参观、座谈，开拓学生的视野，提高其沟通能力。

假期项目构想始于2008年。为了满足更多学生拓展视野、参加短期交流的需求，经济学院与美国加州大学圣迭戈分校、犹他大学、俄亥俄大学等高校建立了联系，并于2009年开始假期项目。截止到2017年5月，经济学院本科生、研究生总计281余名学生前往美国进行了学习。经济学院对参加项目的学生资助部分往返机票，并对优秀学生予以奖励。

2012年，经济学院与北卡州立大学达成协议，每年派出1~2名有较强科研能力的学生到国外合作大学参加科研项目。截止到2016年，我院选拔派出了8名学生参加该项目。

二十岁成人礼——独立

中国素有十八岁成人一说,然而在我身上,思想独立却是在两年后的暑假。

在寒假的时候就看见经济学院挂在三食堂门口的交流项目的宣传海报,当时阴差阳错地记下来,回家和父母说起了出国交流这件事,万万没想到平时我在学校住宿期间也要天天给我打电话问我饮食起居一切琐事的妈妈竟然首先说想让我去锻炼,于是在爸爸妈妈的支持下,7月16日我踏上了飞往华盛顿的飞机。

在这次交流项目之中,我起初最担心的就是和之前不熟悉的人说话(毕竟这个项目是面向全校招生,而且各个学院都有人参加)。在乔治城大学的生活是我以前不曾经历过的,从飞机降落到艾灵顿机场的那一刹那,我就知道我长这么大遇见了第一宗最大的难题——凡事靠自己。

记得第一天我到乔治城的时候已经是傍晚了,华盛顿的天气真的可以用"任性"二字来形容,哪里有云哪里就下雨。我们走出机场,华盛顿的天气就给了我们一个"下马威"。顶着雨坐上了大巴,当大巴开到了头顶上没有云的地方,竟然也就没有雨了。一到学校,接踵而来的除了飞行14个小时的疲惫之外,还有无尽的茫然。无从下手要先做什么,也无从下手要怎么照顾自己,但是即使再无从下手也要硬着头皮做,在这里只能靠自己。

7月18日是我永远不能忘记的一天,乔治城大学给初来乍到的我们组织了环城游(city tour),去美国国会参观。很不巧,从国会出来就下起了瓢泼大雨,为了不掉队我们顶着雨一直努力跟在带队老师后面,雨实在是太大了,一是没有能见度二是也被雨淋得睁不开眼睛,就这样我们一路跑向了大巴,我们每个人都像从泳池里捞出来的一样。在大巴上本以为劫后余生,可没想到大巴上的空调瞬间把我们带到冰点,但是在这种环境下,班长和组长积极帮助我们,给我们递纸巾,安抚我们的情绪,一肚子的委屈和身体上的难受一下子全部不见了踪影。

人生总有阴晴,我们总要学会自己克服——这是我在华盛顿学到的第一课。

正式上课的前一天,一个华裔学姐带领我们先参观了校园。乔治城大学是一个十分古老的天主教大学,里面的建筑以典型的哥特式建筑为主,每一栋教学楼都有着自己的特点。校园十分大,草坪上总能看见戴着耳机看书的少男少女,简直和之前电影中看到的场景是一模一样的。其中我印象最深刻的是一个学生活动中心,据学姐介绍这是一栋新建成的楼,是乔治城大学充分采纳学生们的意见和建议,根据学生们的喜好来装修的,这种民主和尊重学生的做法真的感染到了我,令我钦佩不已。我们也见到了即将给我们上课的教授,每一个教授都和蔼可亲,善于和学生交流,感觉和学生的距离真的是无限接近的。他们耐心听学生们的想法,给学生们讲授他们真正想要的。这使我真真正正理解了为什么那么多学生要远涉重洋到美国来求学。

在乔治城的第二周我们去了五角大楼。

能到五角大楼参观真的只能说是三生有幸,毕竟据说预约进去真的很困难,从四月份就开始预约,一直到七月份我们才进去。震撼! 进去之后的震撼我此刻是写不出来的,尤其是在"911恐怖袭击事件"的那个纪念馆里参观,揪心的沉重感、对军人的肃然起敬,以及对现在和平生活的感恩,真是让人五味杂陈。和平可能对于我们是常态,但是对于一些家里有军人在前线的家庭,和平就是每天的祈祷。我们真的要感恩,感恩那些愿意牺牲默默保护我们的人,他们一直在尽职尽责地驻守。

愿这个世界永远被温柔相待,愿世界和平——这是我在五角大楼切身体会到的,也是我人生中最真诚的祈祷。

从五角大楼出来我就发烧了。

骤升的体温、愈发沉重的脚步让我知道我遇见了出国最大的难题——生病。回到宿舍拿到体温计一看,直逼39度,整个人都虚了,一方面是身体确实有些虚,更大的一方面是被吓到了。在来美国之前就听闻美国看病贵得离谱,握着钱包里的一千多美元,依旧不敢造次,也不敢问父母要钱去医院,怕他们担心。自己暗自下决心挺挺就是了,于是自己把自己往被子里一裹躺在床上。后来同行同学帮我借了退烧药来,第二天我的室友在临上课前给我在桌子上留下了她洗好的水果零食,还帮我倒了满满一杯水,并叮嘱我一定要按时吃药、吃饭,多喝水。短短相识两周却真心待我,在室友出去上课的时候我热泪盈眶,以前都是我不愿意和不熟悉的人交流,我也不知道怎么对待别人,其实什么都不需要,所有的不善言辞不喜交际都是我自私、不愿意付出真心的借口。

努力交朋友,20岁的我不要再孤独下去了——这是我给自己的一项新的充满挑战的人生承诺。

很快项目结束了,怀着忐忑和激动的心情,我和五个全新的小伙伴开始了"征服美利坚"狂暴之旅。我们在纽约一起感受过大都会博物馆的瑰丽、自由女神的神圣、华尔街的步履不停、百老汇的疯狂,在帝国大厦82层体会过纽约夜晚的浪漫,在时代广场的人潮中迷失了自己,一瞬间又顺利找回自己,摸了铜牛的屁股,默默许下各种各样的祈求顺利的小愿望,坐过了从纽约开往波士顿的小火车,摸过哈佛的脚丫子,吃过波士顿的大龙虾,四个女生挤在一张床上悄悄地聊到睡着,去奥莱血拼,在三一教堂凝神屏气感受庄严,被拉斯维加斯的深夜高温吓住,在豪华酒店感受"资本主义",假装成大人偷偷混进酒店赌场输得叮当响,垂头丧气地飞往洛杉矶,在好莱坞星光大道低头寻找,生怕错过一个自己熟悉的名字,烈日下暴走到好莱坞山脚下,去圣莫妮卡海滩踏浪,租了自行车一起沿海骑行冻出鼻涕,在环球影城回到了童年的梦境中,在迪士尼又重做了一个梦,错过了飞往旧金山的飞机,在金门大桥被冻得哆哆嗦嗦地照了相,在渔人码头一起追赶海鸥,在九曲花街和司机小哥一起浪漫,在中国城看到了五星红旗吃了碗牛肉拉面。静悄悄地,我们的旅程走到了终点,一路上我们莫名的契合,就算只有短短的 18 天旅程,但我相信我这一生会有上百个 18 天来回忆这一路的欢笑、窘迫与快乐。

旅行最容易让人放下,我不是那个从小到大一直需要照顾的小公主,也不是在学校里骄傲的学生干部,我就是我自己,没有人在乎你挂科还是你几岁还尿床,大家所在乎的,是你在这段时间里到底快不快乐。

我很快乐。

感谢这 40 多天的美国之行,我的独立之行,自己面对自己的困难,自己解决自己的麻烦,难得又有些迟到的成人礼。我很欣喜自己的成长,也希望自己能够一直善良谦虚地过这一生。

这是我参加这个项目的真实感受,学到很多书本上的、对于未来上学有用东西,学到更多的是书本上学不到的、对我一生有益的东西。

(作者:刘佳薇　法学院 2015 级本科生)

暑期交流感想

这个暑假,在学校的组织下,我们来到华盛顿的乔治城大学进行为期3周的交流活动,在此次活动中,我收获颇丰。

1. 学校情况

初来乔治城大学,我就喜欢上了她的校园。乔治城大学始建于1789年,是美国最古老的耶稣会和天主教大学。校园中很多建筑都具有罗马风格,有着非常浓郁的历史气息,其中最为人熟知的便是美国国家历史名胜希利堂。校园中植被茂密,正值盛夏,树木更是郁郁葱葱,满眼绿意,令人赏心悦目。校园中还有很多可爱的动物,常常能在路边看到嬉戏的小松鼠,甚至草丛中还能发现鹿的身影,让我们仿佛置身于大自然之中。

学校地理位置优越,比邻商业街,距白宫也不过十分钟车程。可以说,无论是购物还是游览参观都十分便利。商业街上有很多各具特色的餐厅,无论是小吃还是正餐,都可以在这里找到。当然,如果担心价格问题,学校内也有几家餐厅可供学生们选择,其中有一家自助餐厅非常物美价廉。

我们所住的学生宿舍条件也很不错,双人间,有独立的卫浴,宿舍楼中有洗衣房,还有一些娱乐设施,设计很人性化。

2. 课堂情况

在本次暑期交流项目中,我们参加了麦克唐纳(McDonough)商学院的四项课程,四位老师认真负责,讲课深入浅出,给我们留下了深刻的印象。

首先为我们讲授大数据课程的是西格曼(Sigman)教授。西格曼教授将课堂内容与课外实践相结合。在课上,她向我们讲解了电子商务的特点及发展趋势,同时让我们运用发散性思维,思考如何在本国结合网络平台发展一家甜品店。为了让我们进一步思考,西格曼教授带领我们来到当地一家多纳圈店进行实地考察,店老板热情地向我们介绍他的创业理念,并邀请我们品尝甜甜圈。通过此次参观,我们对课堂内容又有了更深入的了解。此外,在西格曼教授的课上,我们还学会了编写SQL语句、网页制作等技能,收获颇多。

库克(Cooke)教授主讲法律,通过他的讲解,我们对美国的法律体系有了一定的了解。什库巴(Skuba)教授则以风趣的语言讲解了美国的政治与经济,给我们留下了深刻的印象。多伦(Doran)教授的课程是有关财务管理方面的,有很多专业术语,同学们在课前都认真地阅读材料,为上课做好准备。

总之,在这三周的暑期课程中,我们不仅学习到了知识,体验到了美国的课堂,而且对美国的社会状况有了一个基本的了解。这对以后有出国打算的同学有很大的参考价值。

3. 生活状况

由于除了上课的其他时间都是自由活动,所以我们比较全面地感受了在美留学的生活。走在美国的街头,最大的感受就是街道整洁,路边的别墅被粉刷成不同的颜色,看起来赏心悦目。美国人也十分友善。记得有一次,我租的自行车出了点问题,一个美国老爷爷便走过来问我有什么需要帮助的吗?了解到我的困难后,他十分热情地帮我解决问题,然后目送我安全地骑上车后才离开。还有一次,我的谷歌地图(google map)坏掉了,怎么也找不到回学校的路,这时候我向一个路人求助,她不仅给我指了路,还带着我回了学校。后来在聊天中我才知道,她是乔治城大学的研究生,因为她是医学生,所以假期里在学校的医院做兼职,知道我来这里参加暑期交流项目,她还向我介绍了学校里的建筑。在美国的三周,遇到了很多好心人,让我感觉十分温暖。

在空闲时间,我常常租自行车来骑,因为美国私家车保有量比较大,公共交通并不是那么便利,因此自行车就成了一个解决出行问题的好方法,华盛顿的很多路段都设有专供自行车骑行的林荫小道,一边骑车,还能一边欣赏路边美景,在运河的习习凉风中,十分惬意。

食物上,学校里有一家称重餐厅,我觉得这种设计理念很值得我们学习,既不像自助餐厅那样商家会担心成本问题,也可以给我们许多选择机会,而且里面食物种类很多,也很健康,我觉得首经贸也可以尝试一下这种经营模式。

4. 游历经历

在华盛顿,我主要参观了中心区。

国会大厦、华盛顿纪念碑和林肯纪念堂在东西向的一条直线上。在国会大厦和林肯纪念堂之间是国家广场,它是一个延绵3公里的林荫大道,在大道两侧,分布着联邦政府的众多机构,农业部、劳工部、司法部、联邦储备局等,还有建筑风格各异的博物馆,如美国历史博物馆、自然史博物馆、现代艺术馆、航天展览馆、非洲建筑和艺术馆、国会图书馆、肯尼迪文化中心等。林荫大道的中间是一个长方形的大草坪,中间的大草坪可以游玩,也举行各种集会,我们到这里时看见正在搭建一些架台,可能有什么活动。华盛顿纪念碑位于林荫大道中部。在方尖碑和林肯纪念堂之间有个长方形人工池塘,叫镜湖。方尖碑的北面是白宫,南边有一个湖,叫潮汐湖,湖的南边就是杰斐逊纪念堂。

我们首先到了国会大厦。国会大厦是美国国会的办公大楼,建在一处海拔为25米的高地上,故名国会山,它的中央穹隆顶下面是一圈柱廊,两翼采用大量的罗马式柱,形成了强烈的节奏感,整座建筑协调而统一,气势雄浑有力,既庄重又明快,表现了"民生"、"自由"、"光荣"和"独立"。大厦建造时,美国独立战争已经胜利,大厦被称为"美国独立的纪念碑"。

走过一段路程,我们终于来到了方尖碑的附近。近看方尖碑,碑身的大理石颜色上下有差别,阳光照在碑尖上显得格外亮丽夺目。方尖碑的四周是碧草如茵的大草坪,这里经常会举行集会和游行。围绕碑基的旗杆上,50面星条旗迎风招展,代表五十个州。碑内有50层铁梯,共898级,参观者可由内拾级而上,也有70秒到顶端的高速电梯,游人登顶后可远眺华盛顿特区、马里兰州和弗吉尼亚州的景色。每天早上八点以前在碑下面的小房排队领票,我们没有赶上,只好作罢。

从方尖碑往西,经过镜湖,走到镜湖的西边末端,就是著名的林肯纪念堂了。

林肯纪念堂正中是一座高5.8米的林肯坐像,塑像的左首墙壁上镌刻着林肯在第二次就任总统时的演说词,背后的石壁上刻着五行大字:"在这座殿堂内,正如在人民的心中,为了人民,他拯救了联邦。对于亚伯拉罕·林肯的纪念永远长存。"

从这里往北穿过方尖碑再走几分钟就到了白宫。白宫是美国总统府,坐落在华盛顿市中心的宾夕法尼亚大街,占地18英亩,是一座白色的二层楼房,因其外墙为白色砂岩石,故而得名。白宫分为主楼和东西两翼,东翼供游客参观(每周二至周六开放),西翼是办公区域,总统的椭圆形办公室位于西翼内侧。主楼底层有外交接待大厅,厅外是南草坪,来访国宾的欢迎仪式一般在这里举行。主楼的二层是总统家庭居住的地方。主楼中还有图书室、地图室、金、银、瓷器陈列室,里面藏品颇丰。此外,白宫的东侧有"肯尼迪夫人花园",西侧有"玫瑰园"。

5. 小结

总之,非常感谢学校提供给我这次机会,让我不仅能够学习到知识,而且能够深入地了解美国文化。

(作者:刘晓宇　金融学院2015级本科生)

说点儿想说的

　　我也是从一个姐姐那里听说的这个出国项目,据说还不错,而且说去乔治城大学(GU)比去加州大学圣迭戈分校(UCSD)略好,所以我就选择了这个。原因有二,其一是因为我未来会来美国读研,所以趁着假期先来体验体验美国的生活。其二是暑假这么长不想荒废,也不想学车,所以就来了。

　　来之前,我先和姐姐要到了美方项目负责人和四位教授的联系方式,提前一个月就取得了联系,聊得还算不错,但他们估计也挺"忙",回复我的东西远没有我写的十分之一多,理解。到了之后,逛完校园的迎新早餐,几位教授就叫出了我的名字,我当时吃了一惊,便过去聊了十几分钟。之后就是上课了吧。

　　再说一句,如果你觉得来到这里是来上课的,那你可就大错特错了。课程的安排基本上是每周4天课,分上下午,各一个半小时吧。之后呢,因为教授们的种种安排,可能会把一天的课程集中在一个上午上,因为他们下午还要带一个中国深圳高中来的高二学生团体(没准你们还能遇上他们),也基本上是同一拨教授,所以有时候课堂效率基本没办法保证,本来就很难听懂,一次性上3小时课,有些崩溃。

　　课程的内容,大体分四大类,一个教授一大类。电子商务、股票与基金、美国法律系统,还有一个国际金融环境。我个人认为,这四门课基本上是涵盖了首经贸所有主流专业,所以你想听懂每一门简直是天方夜谭,而且如果你没有那么强烈的出国诉求或者你还没有掌握很大的单词量,比如像我来之前花一百来天背完了所有托福单词,那么要慎重考虑,因为课堂上经常听见"这词什么意思啊",还有"这说啥呢"之类的话,也有的闷葫芦同学一个月课堂上不带说一句话的。

　　上课大体就这样,估计另一个关注点就是金额吧,三个礼拜几万块钱,着实不少。看你怎么利用这些钱了——你积极,它就物超所值;如果你来了和那些闷葫芦一样,那就是亏。

　　你们也会听宣讲里说来乔治城大学可以让导师写推荐信,所以我们这批来乔治城大学的人好多。但是事实上,真不是这样的,我也是亲力亲为,问了和我关系最好也最喜欢我的一位教授,提出了我的诉求,事实上,和他们提要求不用太藏着掖着,人家不喜欢,你可以直接说我要来这儿读研,请问你能怎么帮我之类的。她也在邮件里明确回复我了,具体就不说了,自己问吧,没准你们可以呢。但是就像我一位同行的女生说的,这个班估计也找不出一个太亮眼的学生符合人家的要求吧!

但是,别觉得我说的都是这里的不好,只不过是前期的过度宣传让我略有失望以及遗憾,这里还是很好的,实话,肯定比中国好。我打篮球,这儿有个球馆,着实不错,我和舍友天天去,甭管是篮球还是健身或者游泳,都免费,而且人少,因为这所学校所有的人加起来没有我们学院人多,就这样。自己想想,白天好好上课,听不懂也别睡觉,认真听听,听多少是多少,下午下课了去跑跑步打打球,晚上去图书馆看看书,周末去城市里多逛逛,还是很有意义的。但是能这么健康生活的人不多,我是没怎么见过,所以,想过的有价值还得看你自己。

其次,来这个项目,能认识哥们儿姐们儿,这一点我觉得意义也很大,不比来适应环境小多少。这没法说什么,看个人吧,30多个人身处异国他乡,很快就熟起来了,比如我和我的舍友,真是趣味相投。因为我是为数不多的大一学生,所以学长学姐们都很照顾我,这点我特别感动,和他们自然就成为好朋友啦,一起逛逛博物馆,一起旅旅游打打球啥的,回国也一样,挺好的,这是意料之外的收获。

还有之后的自由行,我也喜欢,毕竟是人生第一次,还蛮有锻炼价值的,反正我都是自己弄的,还经历了深夜两点才订的机票下午两点就落地波士顿这种你永远无法预料到的说飞就飞的旅行,挺刺激的。我也经历过坐反地铁、点菜难吃到爆、买裤子不合适去退货、住酒店不到年龄被劝退等难堪的事,但是毕竟人在国外,遇到事情就全看你自己的心态了,你要是紧张、慌张、着急、生气,事情就会更加麻烦和棘手,如果你遇事多动脑子思考思考,不慌不忙,事情反而迎刃而解,至少我是这样的吧。将来出国你受委屈更多,这些都是小儿科,锻炼心态和意志的机会可不多见,这让我提前走了很多弯路,至少会使我以后不再有第二次了,我觉得很值。而且我还在自由行中发现去英语国家自由行是一件非常容易的事情,根本没有想象的那么复杂,像我这样的18岁大学生都能轻松应对,这让我又多了一份自信,至少以后可以带父母出国玩儿,自己就是导游,多自豪!而且发现自己和外国人交流根本没什么障碍,很多人还说我英语说得可以,可见出国的门槛有多低。所以,来试试!

（作者:刘子湘　经济学院2015级本科生）

乔治城大学暑期交流感想

坐在电脑前,翻看着一张张照片,我的思绪仿佛回到了那些烈日炎炎的午后。现在想起来,我们离开乔治城大学(GU)已经有整整一个月的时间了,但在那里学习生活的点点滴滴却时常出现在我的脑海里。

初到学校

2016 年 7 月 17 日,从北京时间下午两点到华盛顿时间下午四点,经历了 13 个小时的飞行,我们终于抵达了华盛顿杜勒斯国际机场。在滂沱大雨中,我们第一次感受到了华盛顿变化多端的天气。好在校车匆匆赶来,解救了瑟瑟发抖的我们,并向向往中的学校驶去。

乔治城大学创建于 1789 年,是美国最古老的大学之一。因其地处华盛顿哥伦比亚特区中的老社区乔治城而得名。初到学校,对一切不甚了解的我首先被其古朴而又现代的建筑所吸引,校园正门也就是东门正对面,便是乔治城大学最古老、最著名的建筑希利堂(Healy Hall)。希利堂建于 1877 年,为纪念乔治城地区第一位黑人领袖帕特里克·弗朗西斯·希利(Patrick F. Healy)而命名,此后又被美国国家史迹名录(National Historic Landmark)收录其中。

来到学校的第一个工作日,并没有安排课程,而是校方带我们进行了校园游(campus tour)和城市游(city tour),这也为我们提供了一个完整游历学校的机会。学校整体依山势而建,因而会出现前门进去是一层、后门出来是二层的情况。同时,校内建筑既古朴又现代,特别是我们上课的经济学院主楼,教学楼主体是两栋传统的欧式建筑,但同时又由现代的玻璃建筑相连接。校舍中所有大门都有方便残疾人使用的自动按钮,即使是历史最为悠久的希利堂也不例外,进出十分方便。

通过学校志愿者的讲解和平常与教授的聊天,我们了解了更多关于学校的情况,了解到了乔治城大学是美国门槛最高的大学之一,本科阶段的2016 US NEWS综合排名第21,仅次于8所老常春藤大学。其商学院的学生特别受华尔街金融公司的青睐,华尔街的金融工作者中有20%来自乔治城大学商学院。

这次游览,我们经过了总统演讲时的台阶、学生集会的起始地钟楼、克林顿先生住过的公寓、风光最美的宿舍顶楼、永远充满欢笑的橄榄球操场、用途多多的学生中心、夏日傍晚开音乐派对的河边等地方,更加加深了对学校的了解与热爱。

课堂情况

在乔治城大学我们共进行了四门课程的学习,包括国际商务、金融和法律等各方面的课程,分别由四位老师单独授课。四位老师各有各的特色,课程十分生动有趣,很吸引人。

第一门课程是由西格曼教授(Prof. Sigman)带来的电子商务和数据基础(E – Commerce & Data Bases)。西格曼教授在课堂上与同学们互动非常频繁,并且十分注重与现实相结合,她对国际和中国的大数据的发展以及社交媒体的应用状况了解颇深。上课的第二天,教授将我们带到了乔治城一个卖多纳圈的小店,让我们与店员及店长有了一次深入的座谈,并以此为基础给我们设置了结课作业,即为这家多纳圈店进军中国某城市设定一个社交媒体营销策略。这样与实际结合紧密的课程同学们都十分喜欢并感到收获颇丰。

股票和债券(Stocks and Bonds)是内容量最丰富的课程,多伦教授(Prof. Doran)分别对美国金融资本市场,股票的种类、特点、估价方式以及债券的分类和估价方式进行了清晰的阐述。对会计专业的我来说,课程内容并不难,但对于大多数非金融会计专业的同学来说,这是一门信息量颇大的课,很有学习价值。

什库巴教授(Prof. Skuba)和库克教授(Prof. Cooke)是一对关系很好的老友,分别为我们带来了国际商务环境和美国法律两门课程。什库巴教授对于中美贸易情况非常精专,曾经是布什总统的财务顾问,并参与组织了 2011 年 APEC 领导人会议。他在课上深入分析了中美最近的经济形势,对 TPP 协议的现状和未来都做了阐述,对我们了解世界经济状况有重要帮助。库克教授则是拥有深厚法律功底的教授,对政治形势也有自己独到的见解。由于今年是美国的大选年,库克教授也对选情和美国选举方式给我们进行了介绍。听教授讲完之后,感觉自己终于能看懂电视上天天报道的大选情况了。

生活状况

生活在乔治城可以说是十分惬意的,无论是衣食住行还是健身购物都非常方便。学校里有很多食堂、餐厅和快餐店,其中称重餐厅是我们的最爱,餐厅内冷菜热餐、甜点热汤甚至是中餐和印度菜,都可以找到,可谓是多寡随意、丰俭由人。除此之外,自助餐厅因其水果和冷饮的丰富也吸引着我们每周去一次,但由于其食物实在不丰富,并且以冷食为主,我们后期便不常去了。另外,当有活动或时间非常短时,快餐店也是不错的选择。

交通方面,学校的校车方便快捷。每个工作日,每隔20分钟都有校车开往市中心的地铁站或是不远的超市,此后若需换乘地铁或公交也十分方便。校车运营到每晚12点,对学生出行是个有力的保障。整体而言,华盛顿特区的交通状况比美国其他城市要好很多,地铁和公交都可以做到准时到达,不会随便停运,公共交通非常发达。四五个人的时候我们也会选择滴滴国际或是优步(Uber)约车,市区里通常20分钟到30分钟即可到达,合起来每人每次仅需20美元左右的打车费,也是很合算的方式。周末出行游玩的时候,城市中的bikeshare也是不错的选择,适合天气凉爽的时候,尤其是傍晚时分租乘,骑车游览市区十分惬意。但租车系统总是出现卡顿和吞钱的情况,这一点令人遗憾。

住宿方面,学校的宿舍中厨具、沙发、卫生间、淋浴一应俱全。即使是宿舍电器发生故障,报修后工作人员也能很快修复正常。由于我住在了一个多人间里,客厅外面还有一个露台,可以看到整个华盛顿的景色。

游历内容

暑期项目安排了很多游历和参观内容,包括参观国会、国会图书馆、最高法院、五角大楼、微软创新与政策中心、世界银行等,并且每次都以讲解或深入访谈的形势展开,着实开阔了我们的眼界。其中最高法院的参观还安排在了最后上美国法律课的那一周,也为我们理解课程内容提供了有力的帮助。

不得不说,此次暑期交流之旅从课程安排到参观游览大大超出了我的预期,内容非常丰富。同时,在生活上,我们也大多自己安排,去超市采购、健身锻炼、报修空调、规划行程等。短短的三周里,我们满满当当地上了四门课程,参观和访问了政府部门和企业,体验了特区内几乎所有的交通方式,了解了当地人的生活,过得充实而满足。

(作者:吕牧　会计学院 2014 级本科生)

暑期乔治城大学项目感想

今年暑假,我跟随学校经济学院的项目去了美国华盛顿乔治城大学,参加暑期学校课程。虽然课程只有三周,但是我和同学们都觉得在这三周时间里收获颇多。

乔治城大学有很悠久的历史,可以追溯到1789年,是美国最古老的耶稣会和天主教大学。学校比较注重各方面的国际化发展,学生中国际学生的比例一直保持在12%左右,并在意大利、土耳其和卡塔尔设有分校。学校在2017 US News全美最佳大学中综合排名第20位,其法律、政治、商科专业排名都很靠前。乔治城培育了很多知名的政界和体育界人士,其中包括美国前总统克林顿、2016年总统大选民主党候选人希拉里、美国前首席大法官爱德华·道格拉斯,美国最高法院前大法官安东尼·斯卡利亚。

到达乔治城大学的第一天上午,我们参观了校园。学校里各种历史悠久的建筑,外观繁复庄重,内部却非常现代化。其中以罗马建筑风格的美国国家历史名胜希利堂(Healey Hall)最为著名。乔治城大学里古老的建筑和现代化设施之间相搭配并不突兀,而是有一种历史和科技融合的美感。文化的载体终究是历史。有了历史,有了发生过的故事,才能真正生长出一个地方的文化氛围。像是每个团体发展到一定阶段都会鼓吹自己的文化,很容易就分出来哪些是虚张声势,哪些才是有历史积淀而让人生出敬意的东西。

这次暑期学校的课程大多和经济、金融、法律相关,和大部分同学的专业课都差不多,所以学起来没有想象中困难。教授讲课的时候也会尽量放慢语速,所以语言障碍也不会很大,大家基本都可以听懂。教室空间比较大,里面是环形座椅,一共四五排,老师在中央讲台上讲课。课堂上很多地方都能明显感觉和国内不同,主要有两点。第一点是关于课堂提问。在我们的暑期课程中,每一门课老师在讲课过程中都会经常问同学们有没有什么问题,非常希望学生有些反馈和互动,并尽量在课程中解决出现的问题。在国内大学,多数时候老师并不会那么鼓励学生在课堂上提问。当然一方面的原因是有部分老师不希望个别学生占用过多课堂时间影响教学进度,另一方面是中国学生更习惯有问题在课后单独问老师。另外一点是讲课方式。虽然上课气氛很轻松,教授有时候会讲一些小笑话,但每一名教授都非常认真、耐心,完全不会有全程照着课件念、整节课都非常无聊的情况。第一门电子商务和数据库课,教授为了让我们更多地了解实体店网络宣传的重要性和实际效果,特意带我们去了学校附近的一家甜品店,让店员和店主亲自给我们讲他们的经营运作和网上宣传情况。这不仅帮助我们更好理解课上讲的理论知识,也让我们完成结课作业之前心中对课题有了一个大致的想法。

这次暑期学校我选择乔治城大学项目,很大一个原因是想要住在宿舍,体验真正的美国校园生活。三个星期住下来果然觉得没有让人失望。宿舍楼一共有五层,一层入口处是供休息和谈话的沙发和小茶几,里面有公共洗衣房。二层是更大的公共休息空间,有长桌子、沙发和台球桌。上面楼层每一层都有一个客厅和公共厨房,可以自己做一点简单的饭。宿舍是两人间,两间房共用一个浴室。感觉在那里的宿舍住特别方便,和朋友聊天或者一起看书讨论问题,或者玩桌游之类的,都可以在宿舍楼里面完成。美国的宿舍环境和各种设施相比国内完备太多,真正有一种让人舒适生活的感觉。国内大概就是给你一个睡觉看书的地方,想要约朋友玩游戏、做小组作业之类的,还是得到外面去。

看到别人家的大学条件这么好,比较之下其实有一点伤心。虽然明白国内大学环境受限于学生交的学费多少,但还是觉得国内一流学府如北大清华,教学楼宿舍楼的环境远远比不上美国大学的平均水平,这一点很让人难过。可以理解国内大学学费难以涨价,因为现在虽然学费不高,但是一些低收入地区的人依然觉得比较难负担,另外还有舆论压力。尽管如此,全部通过低收费、低标准的大学经营方式也不是解决问题之道。或许可以通过支持私立大学如文理学院那种小规模精英化教育的机构,来为想要有更好环境的学生提供一种相对更完善的教育和生活环境。

我们这一次的暑期课程中除了安排在乔治城大学的学习,还有一些参观活动。比如我们参观了微软、美国最高法院、世界银行、五角大楼等地方。在微软公司我们听了一位管理人员讲微软公司进入中国市场时面临的状况、现在主要的发展计划等。在最高法院,我们了解了其运行和庭审流程,为之后美国法律系统的课程提供了一些背景知识。在世界银行我们了解了世界银行作为一个主要协调国家间借贷业务的机构具体承担了怎样的责任。感谢学校为我们安排了这些专业性很强的讲座和参观,有一些是自己去没有机会了解到的内容。

另外,学校位于华盛顿市区比较中心的位置,非常方便我们去参观各种博物馆和景点。我们利用周末去了美国历史博物馆、美国自然历史博物馆、国家航空航天博物馆、印第安人博物馆等,了解了美国的历史文化。

总体而言,这次暑期学校的课程安排还是很好的,教授们人都很好并且都足够专业,每门课都非常值得听。相关参观活动也很好地为课程做了补充,并且让我们从那些在各自领域有所成就的人那里得到很实用的经验和知识。三周的课程时间虽然不长,但真的感觉收获很大。

(作者:穆畅 经济学院 2014 级本科生)

暑假赴美游学

今年的暑假,是我过得最特别的一个暑假,因为我参加了学校经济学院组织的美国乔治城大学的交流学习项目。以前觉得去美国学习是一个遥不可及的目标,没想到今年暑假我能跟随学校同学一起零距离地感受美国的课堂。美国的课堂对我来说是一个充满未知的世界,短短三周,十几天的学习经历,让我收获了很多在中国的课堂上感受不到的东西。除此之外,我也在之后的个人旅行中,收获了很多难能可贵的经验。

这是我第二次跨越半个地球来到另一个国家,但第一次来时年龄太小,没有很大的感触,对美国的一切都还是懵懵懂懂。我们可以从书里、报纸上、电视里,以及美国电影中了解这个国家,但都比不上亲身去一次美国,那种感受更加真实、更加贴切。现在在美国为期一个月的旅程已经结束,有太多的感受、太多的想法想要通过文字留下记录。

一、赴美游学之准备篇

从3,4月份开始准备面签的材料,虽然很烦琐,但是也真的学到很多东西。第一次去美国的时候,我没有操心过任何事情,所以这一次亲力亲为准备材料才知道,原来有这么多要求。6月初从美国大使馆出来之后,对于暑期的美国之行才有了真实的感觉。准备签证的过程和等待签证结果的过程是此次出国学习过程中比较琐碎和难熬的阶段。现在回过头来看看签证的过程,虽然只是在别人的指导下亦步亦趋,但是我还是觉得学习到了很多东西。

行李是在妈妈的帮助下提前一个月开始准备的,收拾的时候总觉得带的东西太多,等真的到了美国之后才发现,老妈硬让我带过来的东西竟然还真的都派上了用场。

北京到华盛顿长达14个小时的飞行,大家都旅途劳累、昏昏沉沉,到了美国还恰好赶上雨,不过看到乔治城的负责老师和同学都在机场举着牌子欢迎我们,心里暖暖的,顿时没有了身在异国他乡的孤独感。

二、赴美游学之学习篇

这次我们交流的大学是华盛顿的乔治城大学(GU)。有人说,一日 hoya,终生

hoya，这一点都不夸张。坐落在白宫附近的乔治城大学，在国内虽然名气不大，但在美国的影响力绝对不亚于哈佛、耶鲁。它每年从美国全国和全世界吸引众多学生，甚至很多国家的政要都经常来学校进修学习。乔治城大学的校园面积不大，无论走到哪都用不了 20 分钟，但是校园虽小，每个角落却都很精致，校园里的建筑都是哈利波特里的霍格沃茨（Hogwarts）风格，优雅古典，在这里上课有置身童话古堡里的感觉。

同时，在乔治城上学意味着你离那些最佳美食和购物场所只有十步的距离！知道那个全世界闻名的乔治城杯子蛋糕店吗，嗯，就在街角那儿！还有奥巴马最爱光顾的那家冰激凌店，每天放学散步过去就可以吃到。由本科生经营的小卖部、咖啡店遍布学校各大教学楼、图书馆和学生活动中心。

在乔治城大学的学习生活很精彩，我们一共有四位授课教授，每个教授的课堂是完全不同的风格。在美国，老师最重视的是学生在课堂上的实际参与，每节课由学生来参与的时间通常都要超过一半。除了课堂互动外，每门课程经过一个小单元后，都会有一个课堂小测试，最让我惊讶的就是其中一位教授竟然还在考卷中用自己作为考题内容逗大家，这样轻松的考试氛围在国内我从来没经历过。

上课的时候，教授在给我们讲授知识的时候，还随时和我们闲聊，有时候甚至是聊家常，通过这样的方式拉近了老师和学生的距离，让我们产生亲切感。记得第一周，老师先是带我们去参观了一个多纳圈店，让我们品尝多纳圈，同时跟那里面的工作人员学习管理知识，然后再去完成她的作业。有了实际的经历，作业写起来就轻松了很多。

美国式学习中，学生与老师沟通基本都是靠电子邮件。学校有什么集体活动也会通过电子邮件的方式告知你。你可以随时随地向你的老师发送电子邮件，他们会在收到的第一时间回复你。在我们结束乔治城大学学习之后的第二天，教授还给每位同学发了一封感谢信，并祝我们接下来的旅行愉快。自由的授课方式、活跃的课堂气氛、充分的课堂互动，渐渐把中国孩子们从拘谨中解放出来，普遍都能调整自己的状态，融入开放的美国课堂中。

最让我惊讶的是，没用几天，我就能很好地和这里的教授用英语顺畅地交流。刚来的时候，突然面对一个英语环境，脑袋里一片空白，什么单词啊，句子啊，全都没有，说出来的话都是结结巴巴的。后来我发现只要大胆去讲，其实是能够很流利地用英语和他们交流的，即使说得再慢，他们也都会耐心地听完并且很热情地给予帮助。

这三周的学习生活，同时还伴随着参观游览，我们去了微软、世界银行、五角大楼等，这些都是平时根本进不去的地方。

三、赴美游学之生活篇

我们的宿舍和国内也完全不同,两个人一个屋,每层还配有一个厨房,一个大阳台。

华盛顿哥伦比亚特区,是美国的政治心脏,也是我们此次暑期项目停留最久的城市。

政治的话题永远离不开历史,华盛顿的设计者们在诠释这座城市时毫不吝惜地将笔墨泼洒在历史的命题上,而博物馆也就毫不意外地成为华盛顿最显著的符号。来到华盛顿,畅游博物馆绝对是不容错过的经历,除去大大小小的纪念碑、纪念馆,近200家博物馆坐落于街头巷尾,从文化艺术到科技产业,其庞大的内容量据说需要数月的参观才能窥得全貌。正如华盛顿旅游局官员路易斯·陆所言,两名游客在华盛顿不会有相同的经历,同一名游客也不会在华盛顿有两次相同的经历。

让我们惊喜的是,这些博物馆几乎全部免费开放。其中,美国历史博物馆、美国自然历史博物馆和美国艺术博物馆更是这场盛宴中极具代表性的"大菜"。

四、赴美留学之感悟篇

最大的感受就是这里的国民素质。这里的美国人大多友好、文明,表现得文雅而有修养。我们在自由女神像入口排队时发现,虽然人山人海,但秩序井然,到处都是一幅和谐的景象;在美国的十字路口,司机们会远远地停下等你穿越马路,甚至在街道没有红绿灯也没有行人的时候,这些车辆也会停一下再走;汽车道上虽然车子很多,但在二十多天的游学旅途中,没有看到一次司机间的争道抢行;在商店、机场,所有工作人员都很耐心地解答游客的问题并始终面带微笑,不会有任何的不耐烦;旅行中看到的高速公路是那么整洁、干净、宽阔,两边的绿化郁郁葱葱;在自助餐厅、咖啡馆,顾客总是会自己收拾桌上的残余垃圾,不用提醒。这里是美国,这里和上海、北京一样,人口密集,压力山大,每个人都有着自己的心事,但这里的人民友善好客,他们愿意对着陌生人"say hello",甚至每个人见面都能直接聊起来,这可能是中国需要改变的最重要的地方。

此次我们游学的目的重在"学"而非"游",重在感受体验,绝非走马观花。同时,感知美国的教育方式、人文环境,规划自己的未来与人生。

而美国有序的城市秩序,也是与人性化的设施、国民的素养密不可分的。走在美国的街道上,随处可见齐全的配套设施,自动饮料售卖机、报纸售卖机、国际长途电话机……免费公用厕所也很多,全部提供手纸,并且厕所内在拐角处都有一个较大的隔间,专门供残疾人和带小孩儿的母亲使用,这种隔间的门比较宽(可供轮椅自由出入),隔间里面有一个类似座椅一样的大平板,板上有安全带,这样一来就为带小孩儿的妈妈提供了方便,十分人性化。而大家熟知的,当一个行人要过马路时,如果刚好有车,司机便会停下来,耐心地让行人先过。这次的美国之行我们也充分体会到了美国国民的素养,诸如此类,还有很多。

但更值得一提的是美国的城市建设与规划,比如说美国的城市公路,都非常宽阔,而且基本上都是单向的,这样一来就有效缓解了高峰时期的"死堵车"。因为美国人有很大一部分都住在城郊,所以高速公路无一例外地成了沟通城市中心区与城郊地区的桥梁。美国的高速公路基本都是双向 8 车道,有一些甚至是双向 10 车道。而每一个方向的道路,最里面都设有应急车道,专门供大型客车和紧急车辆通行,虽然平时看起来都差不多,但一旦堵车或遇上紧急情况,这条路就可保证应急车辆畅通无阻,十分便捷。美国的居住区、工厂区、商业区严格分隔开来,相隔距离较远,保证了城市交通不至于过于堵塞,同时,也确保了城市的空气质量。美国的种种优越之处,值得我们好好学习,希望我们的祖国会更加强盛、美好。

此次出行,收获颇多,不仅提高了自己的英文水平,同时离开家长,离开学校,甚至是离开自己一直生活的国家,到了一个完全陌生的国度。后期我们的旅行,着实提高了我们的独立能力,订酒店、定行程、查路线,每一个细节都需要我们自己去落实。感谢父母,感谢学校,给了我这么好的一个机会出去看看,这对我未来的人生规划起了很大的帮助。

(作者:王祎琳　城市经济与公共管理学院 2013 级本科生)

美国一月游记

——记暑期乔治城大学项目

暑假这段时间我参加了经济学院的乔治城大学(GU)项目,也就是在位于华盛顿的乔治城大学的三周课程。课程之后我又和几个朋友在美国境内到处走了走。大概40天的时间,对于我来说真的是很宝贵的经历。

在乔治城大学的三周时间,说长不长说短不短。我还记得第一天的时候我们几个人还在感叹:"这么长时间的课,要多久才能上完啊",但是等这个项目结束的时候,我们真的对这个学校、这里的老师和这座城市十分不舍。能像美国本土的学生一样生活、上课是我一直期待却又从未想过的,美国老师的教学方式跟中国老师真的很不一样,可能也是因为专有名词太多不容易听懂,同学们上课也都很认真,少有人把手机拿出来玩。虽然同学们经常沉默,但是老师依旧很有激情!他们对我们都很负责,尤其是我们在乔治城大学的带队老师,时刻观察我们是不是都在视线范围内,生怕我们一不小心走丢或出什么意外,他们的心思也很细腻,几乎什么事情都会为学生考虑到,感觉真的不仅仅是在学校,简直是像在家里一样。

在学校的生活也真是很方便,从一开始对那么大的校园一点不了解,到后来了如指掌,说到这里,其实我还是想回去看看呢。宿舍有一个公共区域,有沙发有电视有厨房,还有一个阳台。公共区域有很大的窗户,窗外就是华盛顿的波托马克河,还有弗吉尼亚州。我买了很多素食囤在冰箱里当早饭,吃早饭的时候我就常常盯着窗外的风景发呆,觉得要是能永远记下这一刻的安静和美好就好了。晚上没有什么作业的时候我和几个朋友也会在公共休息室聊聊天,看看窗外的风景,弗吉尼亚的灯在波托马克河里的倒影美轮美奂,虽然没有纽约的繁华与热烈,但也是美不胜收。有时候晚上下完课回宿舍的路上会看见操场上有活动,经常就会感叹:"啊!人家的大学啊!"真的和美剧还有电影里一样,感觉美国的学生生活很有气氛,永远都是让人很高兴的。但是与此同时,美国学生的生活跟我们电视里看到的还是不太一样,似乎美国大学生每天就是玩,实际上他们学习也是很刻苦的。当时我们去的时候是假期,但是校园里的人一点都不少,我们经常还能在教学楼的休息区看见几个学生抱着电脑讨论学术问题,所以我觉得人家快乐的原因可能就是学玩分开,哪个都不耽误吧。在学校里游荡的时候,我无意间进入了理科楼,学生们在窗户上还幽默地贴着"不要投喂物理学生们,他们会受到惊吓"这种标语,以幽默的方法告诉别人不要打扰他们学习,真的好可爱!在理科楼里我还看到了好多专门化的实验室,有市里项目和国家项目还有国际项目,都在相应的实验室门口贴了纸。虽然都是学生项目,但是感觉跟国内类似项目还是不太一样,我觉得如果有想往学术方面发展的同学,出国真的是一个很好的选择。最后一周我们几个同学一直在逛华盛顿市里的博物馆,收获真的很大,了解各种科技、自然、人文知识的同时,也感觉自己真的融入这个城市了,哪里都认识,不管在哪都能顺利回到学校。不过此时我们的项目已经渐入尾声了。在学校还有两个活动让我记忆特别深刻,一个是创业交流会,还有就是在校园前广场的警察联欢。创业交流会上还有一个在乔治城读研究生的中国姐姐,看着他们那么优秀,真不知道以后我和我身边的人会不会也站在这个台上,比他们更优秀,也正在被我这样的学生崇拜着?警察的派对就更好玩啦!大广场上都是食物货架,没走两步就有一个柠檬水摊位,还有一个大约三层楼高的充气斗牛犬,大家说它是学校的吉祥物杰克(Jack)。在广场上大家唱歌跳舞,不知道为什么就嗨起来了,还有很大很大的充气城堡,成年人上去立刻变成小宝宝的那种。

在学校的时间现在想想真是挺快的,甚至连超市轮班的学生都没看全就走了。接下来就迎来自由行啦。

自由行真的特别考验人与人之间的默契还有自己的能力。因为从订票到订房到规划行程,都得靠自己了,有时候带的衣服多不多少不少的也是个问题。没有了乔治城大学的老师给我们规划每天的行程和安排住宿,感觉自己成熟了不少。我们从华盛顿离开后一路北上途经纽约、波士顿,再飞到赌城拉斯维加斯、洛杉矶和旧金山。在西边因为行程安排紧,山又多,所以我们选择了最快最方便的交通方式——飞机。唯一的问题就是托运特别贵,机票75美元,而托运两个箱子就60美元了,都快赶上机票钱了。抛开托运割肉般疼,这趟行程真的感觉特别珍贵。几个人从不认识到能快乐地玩到一起像兄弟姐妹一样,我觉得这种感情和经历都特别可贵,大概只有大学生活才能体会吧。除了几个一起走的同学,沿途路上还遇见了很多值得交的好朋友,虽然相隔遥远,但是看到他们更新的一些动态还是会会心一笑,想起来一起经历的日子,从心里乐开了花。

这次的美国之行真的很棒,感谢经济学院给我这次宝贵的机会!我像美国学生一样过了一个月,在外面的日子里有同学相伴也没有那么孤单啦!

(作者:王玉烟 工商管理学院2014级本科生)

暑期交流感想

2016年7月,我有幸参加了经济学院组织的美国乔治城大学(GU)暑期项目,进行了为期3周的访学交流活动。这是我第一次前往美国,有些生活方面的小提示(tips),比如在美的通信、交通及当地习俗等知识都来自高老师和李老师的经验分享,安全方便的生活是在美国学习、娱乐的基础。

我在华盛顿杜勒斯国际机场和队伍会合,首先见到了负责我们项目的凯西(Kathy)老师。初见时老师给我的感觉就很亲切、很负责任,在接下来的三周,凯西老师不止一次证明我的感觉没有出错。在大家都到达出关后,校车送我们到达乔治城大学的校园。对乔治城大学的第一印象是学院气势磅礴的古罗马风格建筑,一座座耸立在校园里。学校环境优美,更有趣的是学校与整个华盛顿乔治城城区的街道和谐地融为一体。校园被一栋栋独具特色的民居环绕,实在是喧闹城中的一片净土。乔治城大学是一所私立研究型大学。该大学建于1789年,是美国最古老的耶稣会和天主教大学。2015年U.S.News美国大学最佳商科专业本科排名第16名。美国前总统比尔·克林顿(Bill Clinton)即毕业于乔治城大学。

为期三周的交流活动,在乔治城大学老师的精心安排下,我们不仅参观了解了学校,更是参观了地处美国政治中心华盛顿特区的企业以及机构,比如微软、最高法院、国会和五角大楼。通过在特区的参观,我们真切感受了美国的经济、行政、法律以及军队状况,对这个国家有了一个全面的了解。

在课堂上我们同样度过了一段难忘的时光。老师们个性分明,但都很认真负责。西格曼(Sigman)教授负责电子商务和数据库课程,她很友善,并且会一直鼓励学生发言,在她的课堂上我们总是很活跃。多伦(Doran)教授就比较严肃了,而且她讲授的金融课程难度比较高,我们需要时刻集中注意力才能确保跟上进度。什库巴(Scuba)教授有曾经作为布什总统国际经济政策方面幕僚的经历,他负责讲解国际经济与贸易。他的讲课生动有趣,通俗易懂,是我们最喜欢的老师。库克(Cooke)教授负责讲授美国的法律制度,这是一门很严肃的学科,但是库克教授通过他独特的授课方法给我们上了一门最特别的法律课。

这是一次难忘的经历,本次学习交流活动,收获颇丰,使我开阔了视野,提高了英语水平。通过访学,我对美国大学教育有了深刻的了解,这对我确定学习目标有很大的帮助。

(作者:王泽玮　经济学院2014级本科生)

2016 年乔治城大学暑期交流感想

2016 年 7 月 16 日,首都经济贸易大学经济学院李溪老师带领我们统一从北京出发,不远万里奔赴大洋彼岸进行为期三周的暑期课程学习。7 月 18 日至 8 月 5 日,我们在乔治城大学学习了电子商务与数据基础(E – Commerce & Data Bases)〔授课老师:西格曼教授(Prof. Besty Sigman)〕、股票和债券(Stocks and Bonds)〔授课老师:多伦教授(Prof. Lynn Doran)〕、国际商务环境(The International Business Environment)〔授课老师:什库巴教授(Prof. Charles Skuba)〕、美国法律体系(U. S. Legal System)〔授课老师:库克教授(Prof. Tom Cooke)〕四门经济管理方面的专业课程,最终成绩合格获得结业证书。课程之余,我们在李老师的带领下,统一参观了世界银行(World Bank)、微软公司(Microsoft)、美国联邦最高法院(Supreme Court)、国会图书馆(Library of Congress)、五角大楼等地。在乔治城大学学习期间,课程、参观之余,我们游览了国会大厦、林肯纪念碑、华盛顿纪念碑、白宫、阿灵顿公墓、自然历史博物馆等地,不仅对美国自然地理历史有了更深刻的理解,对美国文化等也有所了解,收获颇丰。

一、学校情况

乔治城大学始建于 1789 年,是美国历史悠久的天主教会大学,也是一所有极高声誉的私立大学。乔治城大学的地理位置极佳,位于美国首都华盛顿特区,坐落在风景如画的乔治城以及波托马克河边,在白宫西北面,距离白宫很近,华盛顿特区丰富的博物馆、餐厅、剧院可谓触手可及。乔治城大学的校园面积虽然不大,但每个角落都很精致,校园里的建筑有城堡的风格,优雅古典,在这里生活仿佛置身于中世纪的古堡,校园内著名的建筑希利堂(Healy Hall)更是被收录在美国国家史迹名录中。乔治城大学有出色的学术背景,2016 年 US news 全国大学综合排名第 21 位,乔治城大学的麦克唐纳(McDonough)商学院更是闻名遐迩。乔治城大学校园服务很好,无论是宿舍服务、医疗服务还是紧急情况服务都非常齐全。学生安全是学校最注重的问题,除了安全,各个系统的服务也非常贴心。

二、课堂情况

三周的时间我们一共上了四门课程,电子商务与数据基础、股票和债券、国际商务环境、美国法律体系,每门课程的教授都有自己独特的授课魅力。国内上课,老师注重教的过程即知识输出的过程,而在国外,课堂上老师更注重与学生的交流和沟通,注重知识与实践相结合。如西格曼教授的课堂上,学生有很多主动发言的机会,主动发言不仅有助于提高我们的语言能力,也有助于老师了解学生掌握知识的程度,调整自己的授课进度。课堂上老师和学生共同讨论所讲知识,课堂气氛活跃。为了增加我们对授课内容的理解,西格曼教授更是亲自带领我们去朋友开的甜甜圈店实地考察,和甜甜圈店创始人交谈他们的创业史以及如何进行社交媒体的宣传推广,令我们受益匪浅。多伦教授是一位颇为严肃的教授,她的课堂很注重我们对基础知识的掌握,讲解完一部分就会和我们沟通是否理解、是否掌握、有无疑问,并搜索了相关视频展示给我们,以加深我们对所学知识的理解。什库巴教授是一位非常幽默风趣的教授,他的课堂非常轻松活泼,举各种实例来讲解知识,为了让我们理解所授知识更是亲自演示,是一位非常有个人魅力的教授。库克教授是一位法律界的知名人士,他用生动形象的案例来向我们讲解美国法律,使我们对美国的立法、司法程序有了深入的理解。课间,他和我们交流我们在美国的生活,很可爱的一位教授。各个教授都有自己独特的魅力,课上认真负责,我们学到了很多东西。在乔治城大学的三周课程,我们体验了国外的教育模式,开阔了自己的眼界,同时也提升了自己的专业素养和英文水平。

三、生活状况

乔治城大学地理位置很好,交通便利,学校旁边是乔治城商业街,有很多美味的餐厅、甜品店,还有很多衣服、鞋子和化妆品店,是购物者、美食者的天堂。离学校不远有一家叫 Safeway 的大型超市,物品丰富,有校车可以直达,非常方便。学校还有校车到市中心地铁站,可以很方便地前往博物馆或白宫等地。

在乔治城大学学习期间,我们的住宿环境很棒,宿舍楼里冷气十足,一楼的地板干净得一尘不染,走进去,不但有供人休息的沙发长椅,还有洗衣房和免费的打印机,设施非常齐全。二楼的休息室可以看书学习,还有可供休闲娱乐的台球桌。我们的住宿在五楼,走进宿舍,可以看到铺着白色床单的单人床、木制的书桌和柜子,干净、整齐,而且宿舍里不仅有开放式的厨房和客厅餐厅,还有一个视野极佳的露天阳台,可以俯瞰整个华盛顿的美景。校园里更有免费的体育馆可以使用,有游泳池、网球场、健身设备。校园内餐厅众多,不仅有提供好吃中餐的称重餐厅,还有赛百味(Subway)等美式快餐可供选择。

四、游历内容

在课程之余,我们参观了世界银行,和中国驻世界银行执行董事杨英明先生及其同事进行了交流,杨先生非常平易近人,对我们提出的问题进行了详细的解释,使我们收获满满。我们也参观了微软,和微软工作人员深入讨论了中国市场问题。华盛顿有着丰富的博物馆群,大多数的博物馆都是免费开放的。周末时间,和小伙伴们逛了自然历史博物馆、间谍博物馆、国家历史博物馆、国家美术馆等,还去了国家动物园看到了我们的国宝大熊猫。

为期三周的乔治城大学暑期课程很快结束了,在这三周的时间里,感受到了美国的教育模式,一方面和教授学习到了很多前沿知识,另一方面也可以感受到知名学府的授课魅力,这些学习经历对于我之后的学习有着极大帮助。我会根据出国学到的东西重新规划我的学习,增强自己的自主学习能力,将学到的东西加以应用,形成良好的学习习惯以及对知识孜孜不倦追求的信念。

(作者:王子璐　金融学院 2015 级本科生)

乔治城大学交流感想

我的大学时代行至半途,阴差阳错。

茫茫一片暮霭之下,我看着暮色四合,暗夜微光。

我遇见这样一座城市。

我遇见这样一座校园。

我遇见这样一群我未曾预见的朋友,让我再一次去窥视自己早以为逝去的年少轻狂。

我们从首都国际机场出发的时候飞机已经延误了近两个小时,经过 14 个小时的漫长旅程,到达了华盛顿杜勒斯国际机场。

到达时已是下午,微雨。大风吹得我的衣袂猎猎作响。

我看着机场外阴沉的天空,看到目光所及的国旗都降了半旗。

彼时,我对接下来的三周感到彷徨和迷茫。我似乎有些期待,却也说不清楚了。我不知道。这是开始,也是结束。

学校离飞机场约有一个小时车程,有专车大巴来接送。事实上说到学校大巴,乔治城大学直至暑假也会一直提供官方的 Shuttle Bus,借此去华盛顿市区和邻近的超市都非常方便。

人来到一个新地方,最开始的时候每每关心的就是如何解决温饱。自作聪明,我们前几顿饭都是在校外解决的,倒也不错。我们一直以为所有的学校都与我所见识到的一样,食堂如同一个圣地,独立于所有教学楼之外,饭点一到,所有的人被驱赶着一样向此处聚集而来。

我们没有在美国见到这样的情形,自然寻不到任何校园内餐厅的踪迹。实际上,乔治城大学的餐厅往往和各楼混杂在一起。大学生活动中心里有两个小餐厅,Regents Hall 里面餐厅最多,还有一个超市可供日常采买;另外还有两个独立的餐厅:O'Donovan Dining Hall 和 Epicurean Restaurant。

至于住宿,自然是住在学生宿舍,两人一间,两间共用一个卫生间。房间很简洁,朝北的窗户能看到哥特式的校园主楼希利堂(Healy Hall),朝南的窗户能看到校园之外分隔华盛顿特区与弗吉尼亚州缓缓流淌的波托马克河。

第一天会有负责人员带全员办理入住手续,领取宿舍钥匙和暂时的校园卡。过后会办理带个人照片的 Go Card,类似校园卡。可以往里面充钱,但实际上日常消费现金和银行卡足够便利,校园卡的功能仅在需要使用洗衣机时体现出来。校园里有免费的健身房。实际上不能称作健身房,我认为叫作健身楼更为合适。

总共有四位教授给我们授课。西格曼(Sigment)教授讲授数据库的相关内容,她喜欢和学生互动,教学内容反而相对简单易懂。什库巴(Skuba)教授之前作为布什政府的一员,丝毫没有架子,总是挂着大大的微笑,开着让人舒服的玩笑。他主讲国际贸易环境,让我们从美国,或说从美国政客的角度再次看待中国在世界中的地位及影响。我看着他,总觉得亲切而温暖。库克(Cooke)教授每天一早就会打开电脑关心前一交易日中国股市的情况。多伦(Doran)教授主讲关于财务管理的内容,非常具有专业性。

事实上我留在华盛顿的最后一晚——甚至令我自己都感到震惊,因为自己完完全全抑制不住心中的悲怆。我和其他人不一样,离开乔治城,离开华盛顿,我将只身回到中国。那天晚上,我躺在一如既往咯吱咯吱作响的弹簧床上,翻来覆去,想着我所经历的这一段让我无法言表的难忘时光。

我记得参观国会的第一天,也是我们来华盛顿的第一天,所有人都没有想到那样一场暴雨。

我们从国会出来,不到一分钟就将我们所有人浇得浑身湿透,不得已躲在一个小小的报亭屋檐下期望雨水能早点结束。我不知道该说天不遂人愿,还是该说老天似乎安排了所有一切的命运,将我们暴露在彼此还陌生的时刻。

我记得那天我们浑身滴着雨水,站在回程的车厢里。我们最后常常一起游玩的六个人终于遇见了命运的初始。

一切源于一场我们未曾预料的大雨。

之后种种似乎已经不必多说。

我只记得最后离开的一天,我花了一上午在乔治城的礼品店里来来回回地转,我后悔为什么没有将校园的每一个角落拍摄记录下来。在最后一天,在一切到了行将结束的时候,我才忽然开始害怕回国之后每日忙忙碌碌,所有的记忆和情绪终将溃烂在终日重复而琐碎的所谓生活之中。

昨日种种,譬如昨日死。今日种种,譬如今日生。

彼时已经有两位朋友先我们一步离开华盛顿前往纽约。

终将离去……

……终将离去。

我从未如此盼望时光能为我停滞,为我延长逝去的三周。在经历时不觉,可凡事一至回忆,便只希望时光能放缓脚步,只望自踏上这片土地之始,我就能预见所有即将发生的一切。

在搭乘去往机场的出租车上,我看着阴沉而昏暗的天空,又一次感受到命运的降临。

此时我才明白。

……我才明白,第一天来到华盛顿所看到的绵绵细雨,正是开始,也正是上天注定了的结束。

事实上,我一直试图想把这篇文章写得朴实刚健,当作一篇介绍送给下一届飞往华盛顿的同学——要知道,我之前翻看感想集的时候就在想,为什么每一个人都要这么啰啰唆唆漫无目的。

事实上我很想有一个学长,能简简单单地告诉我:学校的地址、上课的内容、到华盛顿的距离、哪个店吃得好、我去哪里购物、哪里可以花前月下。

可当我敲动键盘的时候,我忽然明白了之前那些文章的意义。

我写这篇文章,不是为了给谁以借鉴,予谁以辅佐。我只是有满心满腔的感触无处放置,我将这些情绪埋入这篇文章之中,以此告诉你们,我与乔治城的短短三周时光。

怕相思,已相思。

只是我所纪念的一切,早已留在重洋之外。

我曾经站在远方,也曾经为它唱起离歌。

只是有些晚上,我的耳边总好像听见华盛顿的雨声与乔治城的钟声的混响。它们恍恍惚惚地交杂在一起,终将响彻我们所有人的一生。

(作者:王子玥　会计学院 2014 级本科生)

求学·在路上

已经步入研一下学期,作为专硕的我们,面临着人生的另一道关卡,不久大家将各奔前程。小伙伴们已经各自忙着实习、考证……大学四年,研究生读到将要毕业时,好像当初的无畏无惧、冲劲和对未来的期许被消磨得所剩无几。为了阻止自己继续思绪游走、迷茫枉然,我申请了学校的暑期交流项目,到另一个国度,另一个氛围里去寻找自己,给自己一些新鲜的刺激、不一样的经历。

7月16日 13:00

乘坐飞往美国华盛顿的飞机,历经12小时的飞行,美国时间7月16日14:30我们到达华盛顿机场。看着机场里的工作人员、乘客,他们随意地讲着自己的语言,指示牌、公告都是英语。出机场看见路上不同于国内规格和形状的车,远处施工高楼上挂着的美国国旗,压得很低的天空,这才真切感受到,是的,我已经离开了自己熟悉的国土,到了一个充满未知的地域。你好,美国!

乘坐校方派来接我们的大巴到达乔治城大学,办理住宿后就差不多迎来了在美国的第一个夜晚。第二天稍作休息,自由活动。第三天一早,乔治城大学的一位中国籍学姐带着我们参观了校园,英语讲解了学校里的楼群历史,每个楼的功用等。随后在学校为我们准备的欢迎早餐上,第一次见到了将为我们授课的乔治城大学(GU)的教授,教务主任丹妮拉(Daniela)向我们介绍了各位教授,教授们做了简短讲话,对我们表示欢迎。美国时间星期二,在华盛顿的第四天,我们正式开启了在乔治城大学的求学时光。为我们讲授第一节课的是西格曼(Sigman)教授,她是一位优雅的女士,每天都会穿身套裙加个小外套。西格曼教授的讲话也很优雅,语速较慢,室友说原本担心老师语速特快,听不懂,看来还可以。但也不是句句都能听懂的。不过这就是出国求学所要克服的困难。我的问题主要在听力上,对于美国本土的语音语调还不是那么熟悉。还有就是单词的问题,以往在国内上的大部分外教课,老师都会解释一个词什么意思,哪句话是什么意思,老师都会用另一种表达去帮助学生理解。而乔治城大学的教授们是跟着自己的节奏走,大概是认可我们的水平不错,或是一直都在美国本地教学,没有反复解释的意识。因此课下提前做些功课对于课上的学习是大有裨益的,教授会发课件或是资料给我们,如果提前发给我们,我们就可以做些功课。教授们很注重课堂参与,但不是强制性的,学生自主发言,没有对错,说出自己的观点即可。见到的第二位教授是多伦(Doran),她给我们讲授的课程是金融,教授将课程分为三大部分进行讲授:股票与债券、评估、互惠基金与对冲基金。她是一位说话干脆利落的教授,语速较快,课程内容紧凑。每部分知识点讲解后都会让我们做相应习题巩固练习,并会在练习后将答案发于我们,以便我们对照参考。多伦教授掌握着很好的节奏,她的课堂总是那么井然有序。另外,多伦教授的课堂也不乏生趣,教授会给同学们放映讲解知识点内容的短片,例如关于股票的短片,投资者是怎么通过股票获利的、股票的风险等,一个小短片形象地说明了很多复杂的知识点,这是我在以往学习中没有体会到的,以往老师的讲授总让我觉得很多金融知识不是那么好消化,也或许是英文的表达更直白,没有那么多的专业词汇。第三位教授什库巴(Skuba)给我们讲授的课程是国际商务环境。这位教授挺可爱,有时候讲着讲着可能就坐桌子上了,他比较随意,上课永远都笑嘻嘻,但总穿着西装外套。什库巴教授的课程让我印象最深的内容是最后的两节课,教授给我们放映了一些创意宣传片和广告,通过这些宣传片和广告告诉我们如何让品牌本土化,实现品牌形象在本土的定位与推广。最后一位教授是库克(Cooke),他给我们教授的是美国法律体系,教授通过讲解一些案例和对最高法院的介绍让我们了解法律知识。每一位教授都可亲可敬,他们都会提前到教室,每天都穿着整洁,会常说"interesting""how about that"。我觉得他们虽然都不是很年轻了,但都对生活保有很大热情。

8月5日12:30

在乔治城大学附近的一家泰餐馆,所有同学、授课老师、教务主任、带队老师相聚在一起用餐,用最轻松的方式向我们的暑期交流项目告别,教授们为每位同学授予了结课证书并合照留念。

8月6日7:30

我与同行前往纽约的小伙伴们早早出发了,在朝阳的照耀下,望着乔治城大学渐渐远去。挥别了华盛顿,在纽约我们一行7个人玩了4天,有趣的是常常会碰到其他来纽约玩耍的乔治城大学项目班里的同学,大家不同行,不是一起出发,也没有约定好,但总会在各种地方碰着,想想也是件很有趣的事情。在百老汇看《歌剧魅影》时有两位班里的同学买得座位刚好在我和另外一个小伙伴的旁边,那位同学还为我讲解剧情的发展,给我塞零食。在陌生的异国他乡,有这样一群人陪伴,是件挺妙的事儿。

8月10日13：00

在酒店我们与其他4个小伙伴就此挥别,前往纽约的肯尼迪机场向西飞往拉斯维加斯。同行的小伙伴和我共三人,我们组成的小分队微信群名叫"我们仨"。在接下来的9天里,我们仨走过三个城市,看过各种风景,一路上互相逗趣,吐槽景点、食物、公共设施,深感还是祖国好。一路的相伴,地方再无趣,景色的再不尽如人意都变得不那么重要,看过、体验过就好了。还是要谢谢一路相伴的小伙伴,彼此照应,相互陪伴,让此次美国之旅变得不一样。

8月19日14：20

我们仨登上了回国的飞机,回来了! 想念祖国良好的公共设施,想念中餐。开始时总觉得时间还长,到结束时觉得,啊,结束了。其实也就一眨眼的工夫……

求学,不一定是在课堂里,在这段与小伙伴同行的路途中,在异国他乡见过的,遇到的,感受的,我们都有所得。未来路漫漫,求学,在路上。

（作者:魏彩虹　经济学院2015级硕士研究生）

乔治城大学暑期交流项目心得分享

7月19日至8月5日,我报名参加了由经济学院主办的乔治城大学暑期交流项目,对于此次的出国交流学习,我感到受益良多。

在参加这个项目之前,我有很多顾虑和犹豫不决。很感谢经济学院能为同学们举办项目宣讲来解答大家的疑惑,使得同学们在透彻了解所有的项目内容和行程安排之后,放心参加。项目的负责老师很负责地组织和帮助我们办理签证、订购机票等出国事宜。这让我们的出国前期工作变得简单又高效,帮助同学们克服了许许多多的困难。

自我们在首都机场登上飞机的那刻起,暑期交流就这样开始了。

经过大约13个小时的飞行,到达华盛顿的时候是当地时间下午两点多。当你从飞机上走下舷梯,你就真真正正地踏上了美国土地。我当时有种莫名的兴奋,那种感觉很幼稚却很真实,而这种感觉已经将飞机上的疲倦都冲散了。

学校有大巴车来接,外面稀稀拉拉地下着雨。因为大家都有自己的行李,所以多少还是有些狼狈的。在从机场到学校的路上,透过车窗,看到不论是植被、车辆、路标、建筑等,都很新奇,这些是最先亲眼见到的美国风景,没有想象中富丽堂皇,没有高不可攀的大厦,质朴而又平凡。

乔治城大学位于华盛顿市中心,坐落于波托马克河边,是美国古老的天主教耶稣会大学。学校的建筑风格很有教堂的气息,校园内最古老的建筑希利堂(Healy Hall)被收录在美国国家史迹名录中。学校依山而建,每天上学去教室要走上一个个小坡,真的有种去朝圣的感觉。

学校的宿舍条件非常好,安全且舒适,标准的二人间。如果你运气好,那分到的宿舍还会有厨房等各种设施设备、洗衣机、客厅和露台。学校里大大小小的餐厅、咖啡厅有很多,但在美国吃饭很大的不足之处就是饭菜贵且热量高,可喜的是学校会给一定的饭补,可以改善一下拮据的生活。

乔治城大学著名的麦克唐纳(McDonough)商学院为我们开设了四门课程:股票和债券、电子商务与数据库基础、国际商务环境和美国法律体系。所有的教授都尽职尽责,知识水平和人格魅力都超群。每门课后教授都会出一张考卷来考察一下大家的学习成果,也算是一个阶段性的检验。最后学校会颁发给每位同学一个结业证书,可以兑换首经贸的相关学分。针对三个星期的交流时间,学校为我们制订了丰富的日程安排。除了完成学校开设的四门课程之外,乔治城大学的老师还为我们预约了许多参观项目:五角大楼、微软公司、世界银行、美国国会大厦、美国最高法院等。这让我们在学习美国课程的同时,又了解到了美国制度和文化的其他层面。

周末的时间是自由安排的,在手机上下载一个谷歌地图(google map),然后拉帮结伙哪里都能去。

首先,参观旅游不能少。华盛顿作为美国的首都,是美国的政治中心,因此经济色彩并不浓厚,是大多数美国联邦政府机关和各国驻美国大使馆的所在地,拥有为数众多的博物馆和文化史迹。华盛顿有众多的人文景观:美国华盛顿国家广场、白宫、华盛顿纪念碑、杰克逊纪念堂、林肯纪念堂等。几个星期以来,我对于美国华盛顿特区的印象很特别,感觉不像是在美国,更像是历史底蕴浓厚的欧洲。华盛顿的建筑都不高,风格有的庄重有的清新,但是绝对不时尚。人们的生活节奏舒缓而悠闲,是一个极其适合居住生活的地方。波托马克河畔建有山地自行车的赛道,那是众多居民的健身场,河面上还有许许多多皮划艇锻炼者,那里的美国人生活得潇洒又健康。

其次购物不能少,多多少少要扫一批洋货回去。距离乔治城大学步行 10 分钟就有一条很长的 M Street 商业街,这是同学们平时下午下课后经常去光顾的地方,但是华盛顿的税比较高,所以商品也并不便宜,如果周末时间较宽裕,可以到其他较远的地方采购。非常喜欢的就是华盛顿的交通,到处都是自行车租停的站点,便宜又方便,而且能锻炼身体,对于我们学生来说很合适。华盛顿的路况非常好,车辆行人都很少,在路口处所有司机都会十分友善地停下车来让行人或者自行车先行,所以在华盛顿出行真的很安全、很舒适。

在完成了三个星期的乔治城大学的学习之后,学校允许大家自由安排后续的自由行。同学们在这三个星期一起学习生活中,建立了友谊和信任,都是三三两两组团自助游。离开华盛顿,我在纽约亲戚家又生活了两个星期,来到了纽约,才真正感受到了繁忙的美国。

在本次的暑期交流活动中,我收获了知识和阅历。这是很难得和有意义的一个活动。

(作者:乌雨潆　经济学院 2015 级本科生)

美国之行所见所闻所感

很荣幸能够参加此次首都经济贸易大学经济学院的美国乔治城大学暑期项目,在到这里之前我对美国的认识仅停留在电影里的了解或者来自其他人的道听途说,来过美国之后,发现自己真正喜欢上了这个国家,很多细节,很多点点滴滴的小事都感染和影响着我。

学校情况

学校的雄伟建筑、校园环境和学校的人文情怀氛围不能不提。

众所周知,美国乔治城大学是一座古老的天主教教会学校,它坐落于华盛顿特区乔治城的一座山坡上,景色优美,沿河而建。从东门进学校,首先看到的是一幢雄伟壮丽的楼,它的名字叫希利堂(Healy Hall),这座楼也是乔治城大学最为著名的标志性建筑之一。因为其外观为尖顶,酷似欧洲哥特式建筑风格的教堂,且酷似一座酷炫的城堡,因此我们的教授戏称它为哈利波特电影中的"霍格沃茨魔法学校"。

我们的宿舍就在"霍格沃茨"的后面,宿舍一共五层,一层有洗衣房和打印室,二层有一个公共休息室,有沙发、台球桌、电视等,供大家娱乐休息。美国的宿舍比大多数中国高校的宿舍条件要好。有独立的卫浴,每层也有一个厨房,一个类似客厅的活动室。宿舍以及教学楼很多地方的门需要刷卡进入,非常安全可靠。校园其实不算大,但每个地方都精心设计,有些建筑看上去很新,有些建筑则看上去有着很长的历史。

学校的食堂大体分三种,一种是类似自助餐似的自助食堂,每顿饭大概在15美元左右;第二种是称重食堂,种类繁多,但一不留神就会拿很多,自然价钱也高;最后一种就是普通的快餐店,类似赛百味、汉堡王之类的。总体来说,美国的餐饮价格要比中国贵出很多,但食物热量高,还是很管饱的。

校园的操场是美式橄榄球的操场,课余时间会有很多学生练习或是比赛。乔治城大学的棒球队也很有名气。学校的体育馆很大,健身器械齐全,在课余闲暇时间,我们也经常会到健身房进行免费锻炼。

总体来说,乔治城大学的校园环境和整体氛围是我理想中的大学应该有的模样。大气的校园、雄伟的建筑、热情的职工以及一木一花都勾勒着一幅完美的大学生活画卷,同时也感染着在这里学习参观的每一位同学。

课堂情况

说实话,之前在国内感受过"外教"的课堂氛围,但身处纯正的美国大学教室中上课还是第一次。这里的课堂不仅给予我丰富的知识,更使我开拓了眼界。总体来说,美国课堂有平等、开放、活跃以及治学严谨这四个特点。

初来乍到,映入我眼帘的是一个圆形的教室,所有的座位都是沿着弧形排列的。教授的讲课位置在最中间,两边是两块巨大的幕布。若以教授的位置为圆心,那么每个学生所在的同一个弧形的位置到圆心的距离都是相等的,我想这正是平等对待每一位学生、公平原则的体现吧。

细心的教授为我们每一个人准备了桌签,以此来认识每一个同学。课堂氛围很好,师生之间有大量的互动。教授时不时向我们提问题,每个人回答得都非常好。教授的课件准备得很充分,不仅有课本上的理论知识,更多的是一些拓展知识,另外还有大量的丰富的例子、论据。课堂是以实践性为主的,一次,教授带领我们去了小镇里的一家甜甜圈店,通过实地调研和采访店主,来检验我们近几天所学的知识,以论文报告的形式提交给老师。这充分体现了美国教育的一个特点,不是光死学课本的知识,更多的是通过自己的实践,积累认识,获得经验,通过自主学习和考察来验证所学的知识。我想这也是为什么美国的教育水平和学术水平以及创新科研能力一直领先于世界其他国家的原因所在吧。这也正是我感受到最大的,也是值得我们每一个人去学习的地方。

除此之外,教授们都非常和蔼可亲,治学严谨。在课堂上,我发现一个现象,每位教授的 PPT 课件里但凡是引用他人的东西,都会在下方清楚地把来源写清,甚至是一张图片、一段话,只要是引用了他人的,都会写得很详尽。这极大地尊重了他人的劳动成果,保护了他人的知识产权,这也是我们应该学习的。

此次学习,我们不仅在课堂上听教授授课,还参观了美国国会、美国微软集团、世界银行、五角大楼以及最高法院等地方。通过跟这些地方高层负责人进行面对面的对话,使我们对各门课程有了更深刻的认识,的确使我们受益匪浅。

生活状况

因为美国的整体收入比国内要高,因此物价水平也很高,在美国的"吃"和"行"的成本我认为尤其高,反而车、衣服、包类等生活必需品甚至比国内还要便宜。因此很多美国人愿意自己做饭吃,因为这样相对来说费用较低。

关于出行,美国的公共交通并没有我想象中的像北京一样发达,但是这里的地铁建造较早，有一定的历史，一直沿用到现在，还是很令人钦佩的。美国的出租车价格很高，所以我们通常是选择公共交通，所有的公共汽车或者是地铁的到达时间都很精确，可以直接在网络上查到每辆车的到达时间和时间间隔，方便了人们的出行，这是我们需要学习的。

在路上，每辆车只要通过路口必定会减速慢行，待司机确保路口没人之后，方加速前行。在美国的马路上，我从来不用担心车堵了我的路，因为每位司机都会先让行人出行，车再前行。有一次我要过马路，车在很远的地方就停了下来，待我完全到达马路对面，车才启动前行，这点让我尤为感动。从点滴的小事中就可以知道我们应该学习什么。

游历内容

好不容易来到美国，除了在华盛顿特区的乔治城大学上课，也去了一些其他地方游历。纽约、芝加哥、波士顿、拉斯维加斯、洛杉矶……从东海岸到西海岸，最后从洛杉矶回国。将近两个星期的游历行程，使我更进一步地了解了美国。

纽约给我的感觉是一个古老与现代交织的城市，可能现在你处于一个现代时尚的摩天大楼，然后走几步到地下就到了一个古老破旧的地铁站。芝加哥同样是一个历史厚重的城市，因为历史上的一把大火，将芝加哥几近毁灭，灾难后重建的芝加哥更像是一个崭新的现代化城市。波士顿是一个港口城市，城市建筑不像纽约和芝加哥那样鳞次栉比，而是更加的亲和，整个城市没有过于紧张忙碌的气息，更多的是像欧洲小镇一样优美和闲适。拉斯维加斯是一座名副其实的被沙漠和戈壁环绕的不夜城，夜晚的霓虹灯和各式各样的建筑显得格外耀眼，大大小小的赌场灯火通明，是美国人度假休闲的绝好去处。洛杉矶是一座独具风情的城市，除了好莱坞环球影城，洛杉矶的圣莫妮卡海滩也别有一番情趣。

40天的美国之旅不仅使我收获了知识和友谊，更重要的是使我增长了见识，开拓了眼界，看到了一个更大的世界。同时觉得，我们应该学会反思，吸取他们的优点，反思自己的不足，取其精华、去其糟粕，不仅让每个个体变得更好，也要让整个社会变得更加美好。

（作者：叶延明　外语系 2014 级本科生）

乔治城大学交流感想

虽然回国已经三周了,但我时常能回想起那段难忘的暑期交流经历,从在华盛顿特区的乔治城大学学习,到与小伙伴们一起去纽约自由行,再到西海岸的旅途,如此紧凑而丰富的行程结束后还没来得及梳理思绪,正好借此机会好好回味一下我的美国之行。

初见·华盛顿

2016 年 7 月 16 日,我们一行 32 位同学在李老师的带领下,乘坐 CA817 航班从北京首都国际机场(PEK)直飞华盛顿杜勒斯国际机场(IAD),历时近 14 小时。我只记得飞了很久,穿越了北极圈的上空,机舱外面一直亮着刺眼的光。待我一觉醒来,飞机已然稳稳地落地滑行,我们从此便踏上了美国的土地。通过严苛的入境检查之后,迎接我们到来的不仅有乔治城大学(GU)的老师和同学们,还有忽然飘来的毛毛细雨。就这样,我们冒着小雨,搭上了开往乔治城大学的校车。初见美国的感受与我想象中的略有不同,一路上少有喧嚣的大街和高耸的大楼,还好有随处可见的美国国旗,悬挂在建筑物上,或是插在私家车的方向盘旁,时刻提醒着我:这里是美国。

7 月 18 日,我们正式开始在乔治城大学的学习。见到的第一位美国老师是丹妮拉(Daniela),她与李老师一起负责安排我们的课程与其他活动。丹妮拉老师非常亲切随和,每次见面她都会微笑着问候我们 how are you,还会为了照顾我们听懂她说的话而特意放慢语速,对每一位同学都关爱有加。我想正是因为她的温柔以待才使彼此陌生的我们拉进了距离。

第一天的活动十分轻松愉快,在欢迎早餐(welcome breakfast)之后,我们在一位学生志愿者的带领下参观了美丽的乔治城大学校园。乔治城大学是美国最古老的天主教耶稣会大学,其天主教建筑风格与现代化建筑并存,可谓独树一帜。下午,我们由一位华裔老爷爷带队参观了华盛顿特区一些标志性景点,比如国会、方尖碑、林肯纪念堂,感受到了属于华盛顿特区的庄重的政治气息。

从第二天起,四位风格迥异却同样认真负责的教授轮番登场,为学生们带来了一系列精彩的课程。西格曼教授(Prof. Sigman)的课程是电子商务和数据库,或许与她讲授的内容是比较前沿的知识有关,她本人也很前卫时尚,每天身着精致的套裙和小礼服,经常播放一些炫酷的小短片,还带我们全班去朋友的甜甜圈店调研,她轻松自如的谈吐总能带动起课堂气氛,让师生互动起来。什库巴教授(Prof. Skuba)则像一位调皮的老顽童,他总能深入浅出地将死板的知识用生动的语言传递给我们,还在课堂上讲述与克林顿总统之间的趣事,尽显机智与幽默。库克教授(Prof. Cooke)给我的第一印象是一位大师级人物,表面看起来很严肃的样子,讲起课来却能与大家谈笑风生,他的满腹经纶不仅体现在了体型上,更融入进了他独到的观点与思想中。多伦教授(Prof. Doran)讲授的是金融相关课程,我认为这是四门课中信息量最大、知识点最多的一门课。她每堂课前都会将 PPT 与习题打印好分发给我们,课程的节奏也把握得很稳,每一个知识点都讲得细致严谨,娓娓道来,听她讲课真是一种美妙的享受。

学习之余,生活更为精彩。在学校的统一组织安排下,全班一起参观了微软公司、国会图书馆、最高法院、世界银行,以及五角大楼,我们十分珍惜这些来之不易的机会,与那里的工作人员畅所欲言。我记得在五角大楼为我们解说的美国大兵听说我们来自中国,笑了笑说他的女朋友也是中国人,后来他又带我们去参观了911 纪念堂,看到那触目惊心的一幕幕,我真切地感受到世界是一体的,唯愿世界和平。此外,我与其他六位小伙伴们愉快地结成了吃饭小分队,每天早上我们一起坐在"豪华"宿舍的长桌旁吃早饭,一起结伴爬坡去上课,一起去最爱的称重食堂吃午餐,一起在回宿舍的路上玩 pokemon,下课后一起逛 M Street,周五晚上一起窝在沙发里吃零食看电影,一起去阳台赏夜景吹晚风,周末一起去 Saveway 囤好下一周的战备粮;我们还一起去骑行、夜登方尖碑、逛动物园看国宝美香、刷遍大大小小的博物馆,美好的日子总因为有美好的人陪伴才记忆犹新啊!

暴走·纽约

毕业典礼的第二天,我们又重新组成了七人小分队奔向纽约,开启了一段新的旅程。纽约不愧被称为世界之都,是全球经济、文化、娱乐、时尚的风向标。当我们看到繁华热闹的街道上簇拥着形形色色的人群,有西服笔挺的高级白领、街头表演的艺术家、滑着滑板飞驰而过的少年、牵着三四条狗逛街的辣妹、开着敞篷车把音乐音量调到最大的花臂黑人小哥、背着宝宝还推着婴儿车的奶爸,最大的感受是文化与文化之间的碰撞与冲突在这里发生了强烈的化学反应,存在即合理,在这里出现的一切都没有什么不可能。在纽约的五天是我回忆中最闪亮的日子,每天都新鲜刺激有看头,我们在华尔街偶遇在乔治城大学一起上课的另一帮同学,我们在自由女神下疯狂自拍,在时代广场与蜘蛛侠、蝙蝠侠合影,在中央公园散步,在洛克菲勒中心俯览夜景,在第五大道看帅哥美女,在百老汇听一场《歌剧魅影》,在大都会和 MOMA 欣赏大师作品。与华盛顿相比,纽约不如华府规矩,街道上的垃圾无人打扫,古老的地铁设施没有扶梯,换乘也不方便,但即便如此,不可否认的是纽约强大的魅力,这是天堂也是地狱的地方,我们对它真是又爱又恨。

玩转·西海岸

离开了纽约,旅途还在继续。我与牧姐两人从纽约飞往洛杉矶,开启了为期十四天的狂玩模式。出于安全与方便的考虑,我们两位女生提前报了旅行团,从洛杉矶坐大巴途径十七里湾,到达旧金山,随后去了优胜美地、羚羊彩穴、布莱斯峡谷、盐湖城、大提顿公园、黄石公园、拉斯维加斯,最后回到洛杉矶,以迪士尼和环球影城作为收官,结束了共40天的美国之行。

总结·感悟

第一次飞往地球的另一边,面对全新的世界是需要信心与勇气的。很感谢父母全力支持我去外面的世界看看,感谢首经贸和乔治城大学提供给我这么难得的机会,感谢负责该项目的高老师、赵老师、李老师以及乔治城大学教授们的辛苦付出。正所谓百闻不如一见,我希望更多的同学们可以抓住机会去感受不同的生活,成为能享受最好的也能承受最坏的人,我想旅行的意义也在于此吧。

(作者:袁小叶　会计学院 2015 级审计专硕)

乔治城大学交流感想

2016 年 7 月 15 日—8 月 21 日,我有幸参加了经济学院与乔治城大学合作的暑期交流项目,这次游学非常有意义、有价值、有收获,我将从学校、学习、生活、自由行几个方面来分享我的感受。

一、学校篇

乔治敦大学麦克多诺商学院(McDonough School of Business)乔治城(亦作乔治敦)大学成立于 1789 年,是美国首都华盛顿特区声誉最高的综合性私立大学。该校在全美 3 000 多所大学中,综合排名第 21,是美国门槛最高的大学之一,录取率仅为 22%。该校与常春藤等大学一起,被公认为全美最好的大学。乔治城大学师资力量雄厚,世界知名的教授、专家汇聚于此,指导着世界最前沿的学术研究课题。乔治城大学的毕业生目前在全球的各个领域,如政治、文学、艺术、商业、法律、医学及非营利机构都占据着重要的领导位置。美国前总统克林顿、前国务卿赖斯、前最高法院首席大法官爱德华·怀特、现任共和党主席迈克尔·斯蒂尔、现任国防部部长罗伯特·盖茨、约旦国王阿普杜拉二世、南非主教德斯蒙德·图图、德国外长宙斯卡·费希尔、菲律宾前总统阿罗约、台湾地区亲民党主席宋楚瑜、前美国驻联合国代表唐纳德·麦克亨利、前国家安全顾问安东尼·莱克都是该校著名校友。

二、学习篇

我们在乔治城大学商学院进行了为期三个星期的经济学课程学习,有四位资历深厚的教授为我们讲授电子商务和数据库、证券市场估值、国际经济环境和美国法律四门课程,其中电子商务和数据库这门课程让我印象最为深刻。

电子商务是以信息网络技术为手段,以商品交换为中心的商务活动;也可理解为在互联网(Internet)、企业内部网(Intranet)和增值网(VAN, Value Added Network)上以电子交易方式进行交易活动和相关服务的活动,是传统商业活动各环节的电子化、网络化、信息化。电子商务通常是指在全球各地广泛的商业贸易活动中,在因特网开放的网络环境下,基于浏览器/服务器应用方式,买卖双方不谋面地进行各种商贸活动,实现消费者的网上购物、商户之间的网上交易和在线电子支付以及各种商务活动、交易活动、金融活动和相关的综合服务活动的一种新型的商业运营模式。各国政府、学者、企业界人士根据自己所处的地位和对电子商务参与的角度和程度的不同,给出了许多不同的定义。电子商务分为:ABC、B2B、B2C、C2C、B2M、M2C、B2A(即 B2G)、C2A(即 C2G)、O2O 等。

西格曼教授(Prof. Sigman)是一位特别有亲和力的教授,她讲述了美国电子商务的流行趋势和主要市场结构,对比了中国和美国的电子商务发展现状以及区别,课上教授非常自然地与同学们互动交流,旨在同学们自己表达自己的观点与想法,上课方式很随和亲切。在课余时间,她带领我们参观了商学院学生通过电子商务自主创业的甜品店,甜品店店主自主创业开办"以手工打造美味"的甜甜圈店,在互联网(Yelp、Facebook、Twitter 等社交网络)上得到了很好的评价与反馈,最后筹资开办了实体店。店主和我们分享了自主创业的经验以及电子商务的作用,使我们受益匪浅。

三、生活篇

乔治城大学坐落于乔治城市区,城市环境非常好,课余时间我和同学都会在市区游玩,其中的博物馆非常有意思。华盛顿作为美国首都,世界大多数知名博物馆都坐落于华盛顿市区。目前史密森尼博物馆属下的博物馆包括阿瑟·M.萨克勒美术馆、赫什霍恩博物馆和雕塑园、国家航空和航天博物馆、美国历史博物馆、美国原住民博物馆、自然历史博物馆、肖像馆、美国邮政博物馆、美国艺术博物馆、史密森国立动物公园等。国立动物园是美国少数几个城市有大熊猫展览的动物园。史密森尼博物馆还有一些展览和研究机构设在马里兰州和弗吉尼亚州等地。其中的弗里尔美术馆和萨克勒美术馆(Freer and Sackler Galleries)以收藏亚洲艺术品为主,里面也一个中国馆。美国国家画廊附属于史密森尼博物馆,但是独立运作。国会图书馆和国家档案馆也是重要的博物馆类型机构。国家档案馆藏有美国独立宣言和美国宪法原件。很多在特区的博物馆都是免费对外开放。

四、自由行

结束了三周的课程,我和其他五位同学组成了小团队开始我们的自由行。第一站去的世界金融中心——纽约,我们预留了足够的时间在纽约旅行,华尔街、自由岛(自由女神)、帝国大厦、洛克菲勒中心等著名景点都有参观,纽约给我们的感受就是城市生活节奏比华盛顿快、基础设施没有中国好。接下来我们往西去了拉斯维加斯、旧金山、洛杉矶,我们报了一个当地的旅行团,把著名景点都参观了一遍,最后在洛杉矶自由行三天。洛杉矶好莱坞、星光大道、环球影城我们觉得是必须去的地方,为期 15 天的旅行在洛杉矶画上了圆满的句号。

　　这次暑期交流项目我了解了乔治城大学商学院专业,对于有想去美国留学的同学,我强烈推荐参加学校的暑期交流项目,能够切身感受一下美国的教学情况以及生活环境;我收获了教授讲授的丰富知识,虽然时间仅为短短的三个星期,但是教授传授的学习方法可以受用终身;我结识了很多新朋友,在学校上课期间一起努力完成作业,一起去操场散步,一起去称重食堂吃饭,课业完成以后还一起自由行,获得了美好又难忘的友谊;我拥有了一段美好的自由行旅程,在美国的一些著名城市都留下了自己的脚印,不仅锻炼了自己的英语口语,也增强了自身的生活能力。最后一句感受:世界那么大,我想去看看!

(作者:袁玥　金融学院 2014 级本科生)

暑期交流感想

初到华盛顿,迎接我们的是一场雨,将长途飞行的疲惫一洗而净。机缘巧合的走错了学校,在一开始,就有了一次简短的城市游(city tour)。每个人都像完全告别了过去一样开启了在华盛顿特区的新生活,车厢里难掩喜悦的惊叹、藏不住的相机快门声、不断刷屏的朋友圈,又新奇又向往的生活最值得期待!

行李安顿好,见了在华盛顿的朋友,找到了在异国他乡的第一份归属感。并不是第一次来华盛顿,但是与第一次不同的是,我知道此行是为了锻炼自己,而非跟随在家人身后。对这座并非完全陌生的城市,还有很多值得探索的地方。看着朋友轻车熟路地和本地人交流、沟通,渐渐地放松了,语言障碍肯定是有的,但是只要敢于张嘴,总能不断进步。

让我印象深刻的是到学校后第二天的参观国会,那天参观结束便下了大雨,与迎接我们来到华盛顿的那场雨不同,这场雨简直是暴风骤雨、狂风暴雨、大雨滂沱、倾盆大雨!所有人在雨中狂奔,来不及上车已经全部湿透,真不知道该怎么形容那种感觉!华盛顿的雷阵雨说来就来、说走就走,待我们上车雨已经几乎停了,本以为大家会抱怨,然而,抱怨不如自拍!现在回想起来,虽然那天淋了雨,但是却特别开心。没点儿遗憾怎么能纪念特殊性呢?一场雨冲淡了大家的拘谨陌生,或许是件好事儿呢!

新的一周正式开始,休息过后便开始上课。在第一周的课程中,西格曼教授(Prof. Sigman)为了让我们更好地体会电子商务、制作商业计划,带我们去校外的一家甜甜圈店参观、品尝,和创始人面对面交流,在轻松愉悦的氛围中让我们对商家的发展历史及其企业文化有了更深入的了解。第二周的课程中,什库巴教授(Prof. Skuba)更像一个邻家的老顽童爷爷,他会在课上开怀大笑,累了会坐在课桌上,无聊了会在转椅上摇摆。他对同学们毫无保留地分享自己的政治看法,让我们彻底适应了课堂环境,让我们变得更敢于交流、乐于交流。第三周的课程中,库克教授(Prof. Cooke)最符合我心目中的大学教授形象,幽默风趣、学识渊博。他会关心我们周末过得怎么样,引导我们给自己的生活打分。在介绍美国法律体系时,他用案例引导我们;研究跨国公司课题时,他用数据说服我们;探讨内幕交易时,他用自己的经验步步深入地加以讲解。还有贯穿三周课程的多伦教授(Prof. Doran),永远衣着得体,声音温柔。

在乔治城大学度过的学习时光,每一位教授都为我们展现了不同的授课方式。从电子商务数据库、股票和债券,再到国际商业环境和美国法律体系,每一位教授都为我们准备了精彩而又充实的内容,我们第一次如此近距离体验到了不同的法律文化和教学方式。教授们时而幽默,时而严肃,为了让我们更好地了解教学内容,几位教授精心制作课件,让我们在笑声中学习到了许多知识。虽然我不能完全理解老师的教学内容,但是我仍然觉得自己收获颇丰:一方面提升了自己的英语听力水平,另一方面也了解了不同于电影中的美国课堂。

不说课堂,校内的生活也十分精彩。各式菜样的餐厅、设施齐全的健身房、安静舒适的自习室,还有别具一格的建筑和绿树成荫的大道。乔治城大学作为美国最古老的天主教耶稣会大学,其建筑本身就很好地体现了一种文化,在这种校园里体验美国文化,再合适不过了。即使不出校园,也完全不会觉得无聊,可以约三五同学一起去健身房运动或者去图书馆自习室安静地复习,可以夜晚抱着薯片和朋友看电影、赏夜景,可以每时每刻都期待着下一顿饭的未知菜单,也可以和室友面对面夜聊畅谈。

印象最深的一次集体活动是吃饭小分队周五晚上在宿舍一起看电影、去阳台吹风。几个女孩子一起看死寂,却一点儿不觉得害怕。露台正对着河对岸的下城(Down Town),虽然已经过了十二点,那里依然灯火通明。当时周围都很安静,大家一起看着河对面的点点灯光,看着天上的点点星光,幸福感由心底升起来。啊!认识这么多朋友也是不虚此行了。想把这番美景照下来,却怎么也照不出,只好记在心里。后来大家嘻嘻哈哈都说了些什么我已经记不清楚了,还发现旁边的宿舍楼楼顶上不知道什么时候也多了一群喝酒聊天的大学生,我觉得他们也是在胡说八道乱扯些没用的,可我们一样开心呀。

华盛顿这座城市作为美国的首都,自然也是文化之都。平日里,下课后我们在市区逛遍博物馆、美术馆,每天在附近的车站下车,走着不同的路回校,只为欣赏到更多不同的街景。无意中遇到卖各类手工巧克力、面包、奶酪的商店,街边演奏的民间艺术家,甚至是走出地铁的那一刹那抬头看见彩虹……这座城市每天都能给我们带来惊喜。

这次来乔治城大学交流,除了让我体验了一次美国文化,还激励了我对日后的规划。准备复习考试的时候,和朋友来到自习室,发现虽然是假期,但是依然有很多学生留在这里学习。在这种环境下,不自觉地想艰苦奋斗。身为一个中国学生,如果以后能真正来美国读书,也一定要尽力做到更好,多去自主思考,而非被动接受老师传授的知识。

　　学校能够提供这次去乔治城大学交流的机会挺好,更多的乐趣和收获需要参与其中才能不断发现。美国课堂上的超强文化感染力会和每个人发生不一样但微妙的化学反应。非常感谢这次交流给了我认识这么多朋友和成长的机会。

(作者:张思　文化与传播学院 2014 级本科生)

乔治城大学的奇妙之旅

2016年7月16早上,五点起床,赶往飞机场。我的内心十分高兴,想着这将是一段新的经历。下飞机后,遇到了大雨,让我想起了我的家乡,这个时候正是雨季。

校内外环境

乔治城大学(GU)校园在波托马克河边的坡地上,并不比首经贸大多少。校园内,花花草草。由于曾经是教会学校,校园里很多宗教石雕,还有蔚为壮观的教堂。校内我最喜欢的地方要属健身房、称重食堂和 uncommon grounds 了。健身房很大,器械区器械丰富、智能,比如跑步机,可以选择多重模式,测量心率,在跑步的同时观看美国各个电视台。篮球场、网球场、壁球场都可供选择。让人没想到的是,里面还有一个大概200米的小型操场供跑步使用,操场周边是热身区域,除了泡沫轴、瑜伽垫、专业的热身杆以外,还设置了跑步机、划船机、椭圆仪等。游泳池,乒乓球台等都包含在内。在底层的便利店还售卖蛋白质饮品和食物。我和几位同学,可以称得上一有时间就去健身房。而称重食堂,顾名思义就是自己选择喜欢的食物后去前台根据重量付款。食堂里的新鲜水果、沙拉、生菜、坚果、韩国泡菜、中国菜、派、汤等,完全满足了我的胃口,让我一试过就不想去别的地方吃饭了。uncommon grounds 是一家咖啡厅。我从小爱喝咖啡。这家咖啡厅的咖啡豆深得我心。全天供应的麦芬,香味浓郁。而更让我喜欢的,是在咖啡厅兼职的美国姑娘。这个美国姑娘有温暖的、甜甜的、大方的笑容,让我一看见她,就喜欢上了她。咖啡厅外面有几组沙发和椅子,还有供学生学习用的桌椅。

校园内外的自然环境特别好,松鼠、灰兔、梅花鹿,总在不经意时出现在你的身边。北门出去的一条石头路,听出租车司机说,已经有一百年了。校园周围都是漂亮的房子。蓝色、白色、橙色、粉色,让人的眼睛应接不暇。我最喜欢的是学校外的波托马克河和 M street。波托马克河和乔治城大学的中间有一条工业时期被污染的小河,河边仍然保留了一些当初的工厂,不过现在,河岸边多了涂鸦、咖啡厅和二手服装店。穿过这条小河,走几步就来到了波托马克河。河上总有一群练习赛艇的人,我也加入其中。河边有高档的酒店、栖息于此的鸭群,还有热闹的 M street。M street 是购物街,每一处都像被精心装扮过一样,让人大饱眼福。从学校向 M street 走,先会遇见著名的 cupcake,就是那家在街角的总是排着十米长队的甜品店。再往前走的十字路口,你能偶遇街头艺人、乞丐、宣传宗教的人们。继续走,有美味的海鲜店和时尚买手店。如果你有耐心再走一点,会看见一家街角书店。书店门很小,有两层,书密密麻麻地摆放着。店主是个头发发白的老人,我进去的时候他正在和另一位买书的老人讨论希拉里,他们俩都支持希拉里,相信她是个有能力的总统。跟着我进来的外国男孩和我一起停下来听他们的讨论。外国男孩扔下自己的包包,就地盘腿坐在地毯上,模样真是天真可爱又透露出成熟的样子。一会儿,进来了另一个白头发的人,加入了对希拉里的讨论。看来这位兄台并不支持希拉里,让我惊讶的是,店长对于有人支持特朗普感到奇怪以及很吃惊。问这位兄台为什么会支持特朗普,甚至说"竟然有人会支持特朗普"。不过,在他们的一番讨论后,店长也接受了有人支持特朗普这个事实。虽然店里面只有五个人,但是已经十分拥挤了。

趣事

1. 到美国的第一天,我想一个人出去购物,然而朋友们十分担心我的安全,所以不让我一个人去。哈哈,我长这么大,都没有被这么关照过。

2. 五点起床,一个人出了宿舍楼向东走,碰到了学校的工作人员还在工作,他们友好地说"good morning"。右前方是操场,碰到了好几个从操场路过前去健身房的同学。他们精神饱满的样子点燃了我因为首经贸早上不能洗澡而无法锻炼的渴望锻炼的心。我开始绕着操场外围跑步,绕回原点后向南走。对面走来的两名黑人女性抽着烟,面无表情,冷冷地对我说"good morning",很酷。前面没有路了,返回,向北跑。路过称重食堂,来到了乔治城大学旁边的医院。医院外边偶尔有人路过,神色都透露出焦虑和担心。医院周围有很多高树,就像《暮光之城》里面看见过的一样。

3. 我用了一整天时间穿梭于华盛顿的博物馆群。其实,博物馆对于我来说吸引力已经不那么大,在街头走着,沐浴在蓝天烈日下,我十分快乐。华盛顿的建筑都是限高的,但是每一处都让我想要记住,这样的美丽,只想好好留在眼中。我带着单反,不停地用定时功能在街头和建筑物前自拍。我享受的就是摄影的乐趣。走过的行人,大部分无视我,但也有人会主动提出帮我拍照,有人对我微笑。这个时候就已经不记得吃饭的事情了,突然饿了,闯进一家咖啡厅,好好休息一下。再次出发,我对每一个需要别人帮忙拍照的人主动提出帮他们拍合影。坐公交回学校的路上,一如既往,街头总是有那么几个跑步爱好者、单车爱好者,公园里面有无氧训练者。

4. 6点起床,我和一个学姐跑步,另一个学姐骑华盛顿的城市单车,用了一个小时到了华盛顿纪念碑。排队一个小时领到了 18 个人的门票。晚上,班级里的 18 个人在华盛顿纪念碑相遇了。这是华盛顿的最高建筑物。回学校已经快 10 点了。

5. 我去找心心念念的古着店,结果一家搬迁了,一家还没有营业。我沿着街道走,迎面走来三个外国男孩,读者可以脑补一下美国街头男孩的形象和他们一摇一摆的走路姿势。没想到,他们朝着我走来了,用带着节奏的英语说了什么,可惜我没听懂。继续走,看见了一家超市,我采购了一大盒蓝莓。真是幸福呀,最喜欢的就是蓝莓和猕猴桃,国内太贵,一直没能纵情吃个够。这下有机会了。

6. 早上 6 点 30 起床后,和在中国的朋友视频,就这样开始愉快的一天。8 点和美国同学约好了一起去波托马克河划船。这个时候已经有好几个人在划船了。蓝天下,碧水上,草木两旁,没什么更能增加我的快乐了。这一次的体验让我更加爱上了运动,也强烈希望尝试赛艇。

7. 在乔治城大学的最后一天,和老师们一起吃了散伙饭。最后一次踏在这条百年老街上,感觉风景似乎更美了。散伙饭后,想要在健身房度过余下的时光。回宿舍楼换好衣服意外发现今天的华盛顿真美,天空美得我不想忘记,阳光刚刚好。于是,拿着单反,在校园、在 M street 上再走过一次。途中意外遇到了一个美国白人男士。1.9 米的个子,白衬衣。擦肩而过后叫住了我,问我来自哪里,叫什么名字,为什么来华盛顿。我本着锻炼口语的目的和他聊天。他问我去过哪里,在华盛顿待多久。我告诉他今天是最后一天了,明早就要去赶飞机。他很吃惊,拿出手机给我看华盛顿各个地方的照片,问我去过吗,还给我看了华盛顿冬季白雪覆盖的照片。看见那白茫茫的一片,我就想,我一定要亲眼看见这一切,我爱上了这个地方。这个美国男士想邀请我和他一起骑单车,我拒绝了。也许来年我再去华盛顿还能偶遇他吧。在美国,总会有不同的人,大声地告诉我,"I like your dress" "You are pretty" "Good",好像他们有用不完的赞美之词。我也享受着这一个月满满的赞美、欣赏和表白。

8. 在星巴克吃早饭,我点了一份坚果、水果和奶酪拼盘。点单的黑人兄弟突然问我的名字。一会儿,我收到了一份香草牛奶。当我询问价钱时,他说"I give you"。大概这就是他销售的手段吧,让我从此爱上了香草牛奶。热爱咖啡厅的我,一大早排在 uncommon grounds 门口,等着成为他们的第一批顾客,喝上一大口卡布奇诺,一整天都活起来了。我也一大早排在星巴克门口,等着成为星巴克的第一批顾客。一天,在乔治城大学的生活老师突然拿着一杯咖啡进了教室,问大家有人爱咖啡吗?只有我一个人表示"I love coffee"。她说,她必须每天早上来一杯咖啡。看来,我遇到了知音呀。无奈自己英语太差,无法告诉她我多么高兴她这么喜欢咖啡。某一天,教授拿着卡布奇诺进了教室,上着课,突然说 uncommon grounds 的咖啡超级棒。真高兴,有人和我一样喜欢 uncommon grounds。往后的一周,班级里面早上买咖啡的同学越来越多了。

总　结

我记得最深的只有这些简单的快乐。并不是没发生过不愉快的事情,只是,我想记录那些是没有意义的。我希望记住的、希望保留的,是我看过的笑脸和我笑的原因。那些在草地打滚的孩子,那个在大树下看书的白人女孩,那几个和我共同沐浴在正午烈日下,面对炽日吃午饭的人们,那些早上六点和正午在操场训练的橄榄球队员。那片蓝天,那些吹过的风,眼前的树。

或许,乔治城大学与中国不同的高等教育方式也很让人难忘,可我只能说我经历过,或许多年后会回去。我唯一还拥有的,是对乔治城大学满满的快乐回忆:是每天早上都想睁开眼睛面对眼前的一切,想看见同学,看见教授,看见生活老师,看见称重食堂,看见 uncommon grounds,看见健身房,看见橄榄球队训练,看见教堂,看见学生中心,看见波托马克河,想要快一点重新经历这一切;是每天晚上在公共区域和国内的朋友视频,一个人跑到三楼的沙发发呆;是每天一起床就和父母视频,去 uncommon grounds 喝咖啡。也许这一切都是如此平凡,让这一切变美的是我本身对于华盛顿这般自然环境的喜爱,就像我的家乡,是我对山川河流的渴望,是每天都想要见到一个人,是每天学习知识,是每天都进步,是每天都能运动,是每天都想燃烧自己。我看见学生中心里的舞蹈房有人在练习拉丁舞,想到了自己好久没有跳过拉丁舞,我想,也许这就是生活吧,在我想跳拉丁舞的时候,有一个舞房。

在乔治城大学,我最大的收获,是认真对待生活。如果要问谁教的,我只能说,我本就认真对待生活,在这里认识的人们,让我更加认真对待生活了而已。

（作者:郑一　经济学院 2015 级本科生）

美国之行随笔

学校情况

乔治城大学坐落于美国首都华盛顿,地理位置优越。乔治城大学是一个天主教学校,校园环境优美,设施齐全。强烈推荐健身房,不仅场地大而且健身器材齐全。当地人非常注重运动与健康,每天早上都会有晨跑和骑自行车的人,街边也很多运动服装用品商店。食堂的话,非常推荐称重食堂,应有尽有,物美价廉。还有就是学校有个学生自营的咖啡屋,那里的咖啡和鹰嘴豆三明治是早餐绝配啊。特别是收银台的美女姐姐和帅气的店员小哥,热情满满,他们的笑容特别治愈,特别温暖!离开了乔治城之后,越发想念这里。

课堂情况

来之前还怕听不懂课堂内容,来了之后发现果然听不懂,不过也没有想象中那么糟糕。西格曼(Sigman)教授的课特别活跃,老师还带我们去实地考察了一家卖多纳圈的店,非常有意思。西格曼教授的教学风格就是我想象中美国大学的教学风格。什库巴(Skuba)教授和库克(Cooke)教授也都是非常幽默、非常有经验的老师,上课的时候会举各种例子,可惜我听不太明白。要是听力再好点,这两位教授的课应该是非常有意思的。多伦(Doran)教授的课偏金融方面,我之前没有接触过,听这门课有点难度,需要好好下下功夫。

生活状况

早上的时候迎着华盛顿特区的阳光,一路慢跑到方尖碑。傍晚时沿着河岸,骑着单车迎风而归。偶尔一个悠闲的上午也会跟小伙伴相约到波托马克河上划船,不用担心,小船很安全也很容易上手,慢慢悠悠划着桨,欣赏着河两岸的风景。周末的时候也会去华盛顿特区的博物馆去逛逛,史密斯的各类博物馆都很值得推荐。说到购物,五角大楼附近的梅西百货里有非常多的打折商品,很多商品都比乔治城那里的便宜,地下一层的炸鸡和爆米花也值得尝一尝。还有最近非常火的SHACK&SHAKE也一定要去试试。

除了在外面瞎逛,乔治城也是可以深度玩玩的地方。乔治城真的太有的可逛了,太多有趣的小店等待着被挖掘。传说中的 Georgetown cupcake,平常下完课就去排队,Shanghai Lounge 的酸菜鱼,真的吃到了好吃的中餐才能吃出的味道。PIER1894 的麻辣海鲜也吃到停不下来,各种泰国菜、寿司、甜品还有就算查了字典也看不懂名字只能看配料表的各国料理。人在乔治城,吃遍全世界。

游历

我们的第一站去了纽约,从华盛顿整齐干净的街区到脏乱差的纽约唐人街,地铁拥挤且闷热,差距太大,一下子无法接受,就开始无比怀念乔治城了。虽然对纽约最初的印象不太好,但是后面几天去华尔街和帝国大厦参观的时候就体验到了纽约繁华的一面。这趟旅程下来对"如果你爱一个人,请带他来纽约;如果你恨一个人,请带他来纽约"这句话有了深刻的理解。还有来之前建议在百老汇官网订一张歌剧门票,我们看了现场版的《歌剧魅影》,非常精彩。

之后就飞去了奥兰多,来到酒店就一个感受:房间真大,价格还比纽约的便宜,真是业界良心!由于我们就在奥兰多停留两天,感觉时间还是有些紧张,就只玩了环球影城。好好玩的话环球影城和迪士尼可以玩上一周的时间。如果你喜欢哈利波特、变形金刚、小黄人、辛普森一家,环球影城就是你的朝圣之旅。

第三站是天使之城"洛杉矶",洛杉矶气候非常舒适,加州的太阳也很大。我们在加州住的小屋子是在 AIRBNB 上订的,主人是个"多肉控",种满了多肉植物。院子很漂亮,房子也很整洁漂亮,坐落在临近日落大道附近的一个居民区里。洛杉矶的房屋建得比较松散和随意,没有乔治城那么紧凑精致。然后是比弗利山庄,对那里印象最深的不是豪宅,而是一家卖手工冰激凌的甜品店;在圣莫妮卡海滩印象最深的不是一望无际的大海和美丽的夕阳,而是旁边美食街的华夫饼加炸鸡。好吧,美食最能打动我。

最后一站是旧金山,我们是坐火车从洛杉矶一路向北坐到旧金山。真的非常庆幸,我们没有订机票或者大巴去,虽然火车有 11 个小时的行程,却一点也不枯燥。火车内有专门的观赏车厢,非常干净舒适,最普通的硬座也比国内一等座宽敞。坐在观赏车厢的沙发上,吃着火车上买的泡面零食,听着音乐,观赏着西雅图海岸线的美景和美国西部特有的地貌特征,每一段旅程都有不一样的风景。

旧金山是真的冷啊,大夏天的只有 17℃ 左右。旧金山我们玩得很是随意,也没有什么特别的计划。酒店出门后,看见旧金山特有的当当车,说上就上,却意外到达了渔人码头。一路上司机大姐热情地讲解着沿途的风景商铺,偶尔也会特别幽默地吐槽小姑娘的短裙。渔人码头最令我难忘的应该是一场说跳就跳的街头集体广场舞,还有美味的面包碗和大螃蟹。

感受

　　来之前我还很忐忑,怕我们两个女孩出去玩会不会不安全,到了美国后胆子越来越大,经常玩到很晚。真的很喜欢乔治城,以后有钱了,一定要在这里买个房子。在这次旅途中我走过了更多的路,也见识到了各式各样形形色色的人。大部分美国人真的很热情,很愿意主动去帮你。遇到自己花钱给流浪汉盛饭的善良黑人店员小哥,火车上非常幽默推销咖啡的黑人大叔,热情的胖胖的萌萌的奥兰多酒店前台,冷漠的纽约公交车司机,还有街头奇装异服的怪人。也是他们让我对美国这个包容性特别强的国家有了更深刻的体验。这趟美国之旅我真的收获很多,不仅仅是体验了美国的美食、美景和大学校园,更重要的是我结识了一帮谈天说地的小伙伴,真的很珍惜也很感谢跟他们在一起玩耍的时光。

(作者:倪文颖　城市经济与公共管理学院 2014 级本科生)

赴美国乔治城大学游学感想

　　今年夏天,抱着体验国外大学生活的目的,跟随首经贸乔治城大学暑期交流项目的团队一起奔赴美国,进行为期三周的学习。其实,本着将来也会出国读研的想法,我想要出国先提前体验一番,独立自主,脱离父母,学习在陌生语言环境中的生活。所以我报名参加了这个乔治城大学的暑期项目,因为毕竟已经是一个开学大四的学生。以前的任何一次出国旅行,基本都会有父母的陪伴,总会有人帮忙处理好几乎所有的事情,不用担心"啊,我这个东西忘记带了……""啊,这个怎么办?"等问题。总而言之,不一样的经历肯定会给人生带来不一样的经验。

　　由于是大三的暑假,还肩负着要去进行专业实习的"重任",刚好在放假和去美国之间有将近三周时间,用紧凑的时间实习完,就收拾东西准备奔赴美国。在T3航站楼集合的时候,有种莫名其妙的紧张感,于是只能不断用"既来之则安之"这样的话来安慰自己。周围的同学因为没接触过,所以基本属于完全陌生的状态,不过幸好是和好朋友一起结伴参加这个项目,不会太孤单。

　　十几个小时的飞行时间,觉得自己最明智的就是前一天晚上塞进书包里的易携带的拖鞋还有U型枕,可能小型MP3也算一个。下了飞机,出了机场就赶上了大雨,然而雨伞在箱子里封着,小伙伴也没有雨伞在外面,真的有点慌乱。幸好是车开到了学校,雨就基本不下了。办完入住手续之后,剩下的时间就是在宿舍收拾东西和调整时差了。去的时候赶上了花季,学校真是不能更美丽了。

　　睡醒一觉的第二天,正好赶上是头伏,上午开完会,中午就开始和小伙伴到处寻找可以吃到饺子的地方,搜到周围有家叫Shanghai Lounge的中餐馆,不愧传说中的全美第六!后期,Safeway成为我和小伙伴一起购买早餐、水果和杂物的每三天必须去一次的地方。

三周学习开始,第一天是学校游览和市区游览。上午暴晒,下午暴雨,天气多变到不行。因为导游的一句"Keep going",在几十秒钟之后被淋成落汤鸡。后来回到车上,后面的行程基本没有参加了。这也是后来多次故地(国会)重游的重要原因之一吧。

第一周的第二天开始了西格曼(Sigman)教授的课程。西格曼教授为人和蔼可亲,她的课上起来基本没有压力,课堂气氛很轻松,而且教授会联系一些时下很火热的话题来讨论,当时最为火热的手机 app 莫过于 Pokemon GO 这款小精灵和户外运动相结合的手机游戏,当西格曼教授选择谈论这个话题作为课程的开始,让大家引起共鸣的同时也使课堂气氛变得更轻松了。短短三天的课堂,对于西格曼教授说的大数据也有了浅薄的认识,教授还抽出半天时间带我们去了附近一家甜甜圈店,并让那家甜甜圈店的创始人给我们谈论一下创业的经历。可以说,西格曼教授的课是我三周的学习中印象最深、最喜欢的课程了。

每周的周五都由多伦(Doran)教授为我们讲授有关股票和债券的课程。多伦教授讲得很好,而且还会放一些视频来帮助我们理解,但是由于我的专业和这个课程差别较大,所以对于课程也不能全然理解,但是,依旧努力跟随教授的速度,学习比较专业的知识。

第二周的前四天是什库巴(Skuba)教授讲解有关国际贸易环境的知识。什库巴教授讲话比较风趣幽默,时不常说个笑话或者亲身经历的事,逗得大家笑得很开心,课堂气氛很轻松,所以课堂互动也都很轻松随意,甚至有时候什库巴教授讲到兴头上,会突然跳着坐到桌子上,一边晃腿一边讲,显得教授整个人都很可爱。把考试当作礼物的什库巴教授,这样的教授也是不多见了吧!

最后一周的前四天是由库克(Cooke)教授给我们讲解,库克教授深知我们还没有在华盛顿玩够,所以把上下午的课程都压缩在上午上完,这样我们下午就可以接着出去玩了。库克教授虽然看似是一个风趣幽默的人,其实他个性中不乏严谨认真的特点,比较喜欢学生响应他提出的问题,即使在即将下课的时候也希望同学们可以随便说说,讲讲这节课收获了什么,有什么评论,甚至谈谈对于教授的个人评价也是可以的。教授很喜欢从当天的新闻事件来讲授这一节课的内容,所以在他的课程的那几天,对于新闻的获取速度真的是非同一般。

接下来我想说说有关在周末和空闲时间是怎么度过的。因为和小伙伴结伴而行,真是去了不少地方,而且华盛顿的环境相对于我们接下来去的几个城市,应该算是最好的了。华盛顿的博物馆基本都集中在市中心附近,而且博物馆的质量和数量都是别的城市不能相比的,所以我还是很推荐在空闲时间去博物馆多转一转,而且不仅仅是博物馆,很多地标性建筑也应该去看一看。我们这一届很幸运,被带

去五角大楼进行参观,但在去过了五角大楼内部之后,对于进不去白宫就更有了一丝遗憾。方尖碑早晨排队可以免费领票参观方尖碑内部,并且升到方尖碑顶端俯览整个华盛顿的机会也是不可多得的,如果有可能,越早去排队越好。甚至白天上去一次,晚上上去一次,可以看到完全不一样的景观。国会的话,我们前前后后去了四、五次,相连的国会图书馆真的是一个很神奇的地方,如果有可能的话,去主阅览室看看内部,你会感叹国会图书馆的藏书量和它内部的装饰,很有历史感。其实我觉得我们的空闲时间基本都在市中心那一块,每一次都可以看到方尖碑。

这次游学,前前后后大约有一个多月的时间,学习到的东西,绝对不是在国内可以体验到的;经历了各种各样的事情,也觉得自己确实成长了不少。最后,还是很感谢可以有这次机会参加乔治城大学的暑期交流项目。

(作者:孙玥 城市经济与公共管理学院 2013 级本科生)

暑假交流心得

　　这个暑假我参加了由经济学院组织的为期一个月的交流活动,感触颇多。交流的学校是美国最古老的天主教大学乔治城大学,它坐落在风景如画的乔治城小镇以及波托马克河畔。学校建筑以古罗马式建筑风格为主,保留着古老的天主教堂,校园内的著名建筑希利堂(Healy Hall)被收录在美国国家史迹名录中。校内学习、娱乐设施相当完备,有图书馆、生物实验室、健身房、游泳馆、电影院等。交通也很便利,可以选择乘校车到地铁站,也可以选择在校门口乘坐公交车或出租车出行,除此之外还有一种更加环保的出行方式——租自行车。

　　当然本次项目的并不是去考察乔治城大学的学校情况,而是去商学院进行学习。国外的教学方式与中国的教学方式有很大的不同。中国的教学方式更注重老师讲,学生只需要认真听讲、做笔记,必要的时候老师会让学生在课堂上做一些练习,其他的部分都由学生完成老师留的作业去补充。而美国的教学方式就相对轻松愉快一些,课堂上老师与学生就好像朋友聊天那样十分轻松,而且注重学生自己动手实践。以西格曼(Sigman)教授的数据库课为例,上课过程中她讲授很少,如何操作她会给我们一个模拟练习的网址让我们自己去探索,当在探索过程中遇到了困难,她会在一旁提示指导,不会直接告诉你应该怎么做,而是给你一个思路引导你自己去想办法。国外老师留作业和中国老师留作业也有着很大的区别。中国老师留的作业有固定的解题方法、答案,对就是对,错就是错。而国外老师留的作业有很强的开放性,通常情况下并没有一个固定的答案,只要是符合逻辑都可以是对的。还是以西格曼教授的课为例,本次项目的安排是一门课的学时一个星期,每一门课程结束,教授以考试或者作业的形式对学生的学习情况进行考察。西格曼教授选择的是小组作业,她先将我们分成8个小组,然后带我们参观了一个当地的甜甜圈甜品店,并邀请店主为我讲述他的创业历程,而她的作业是"如果这家店要在一个新的地区开一家分店,请你的小组为他们进行宣传"。我和我的组员听到这个作业的时候真是一头四个大,因为我们从来没有做过这样的作业,完全不知道该如何下手。但是经过我们不懈的努力加上熬了两个晚上的夜,我们终于写出了一份计划,虽然最后教授给的成绩不是特别高,但是在这个过程中我们收获的远比那个写在计划上的成绩重要得多、有意义得多。

　　中西方由于历史发展的差异导致文化和生活方式上有很大的不同。不得不说,中国在公共交通和基础设施方面做得比国外真的是好得太多了。有一次我和小伙伴们要坐公交车去附近的梅西百货逛街,还有两三站的时候车突然停了,司机师傅对我们说到了终点站,请我们全部下车,我们和他理论还有两三站才到站,他对我们说,他到点下班,所以这辆车到这里结束服务了。这样的事情在中国是绝对不会发生的!不过,这里的公共交通不发达也是有原因的,美国私家车保有量很大,几乎每家都有车,所以乘坐公共交通的人很少,导致政府并没有很重视它的发展。还有一种现象在中国也很少见,那就是小费文化。在美国餐厅里打工的服务生,他们的工资一般都很低,主要的收入就是客人给的小费。小费是自愿给的,不强制,给多少主要取决于你消费了多少,中午一般是消费金额的百分之十到十五,但是晚餐的话会贵一些,要给到百分之十五到二十。可能是因为自愿给小费的缘故,餐厅的服务人员服务态度都特别好。生活方式最大的一点不同就是美国人消费奉行“及时行乐”,必要时可以透支未来的钱,而中国人喜欢“未雨绸缪”,花费的少储蓄的多。信用卡消费在美国的使用程度非常高,大到加油站,小到饮料贩售机都可以使用,所以美国人出门很少带现金,一张卡可以搞定所有的事情。信用卡的透支功能简直是购物狂的福音,透支未来的钱去买自己喜欢的东西,不过还款期限前一定要还清,否则会有信用污点记录。而中国人更喜欢把钱存到银行里以备不时之需,更喜欢带着现金出门,自己花了多少钱自己心里有个数。

除了以上这三方面的感受,我在闲暇时间遇到的一位收藏者更让我有了一个新的人生目标。认识他是在一个偶然的机会,他家里收藏着各种类型的书,不光有珍藏版的古典名著、城市发展历史,还有小的时候看的漫画书。除此之外还有一些明信片和画,明信片是从十九世纪开始的,而且每张明信片上都有当年的邮戳和邮票。他从小就喜欢收集这些东西,现在由于要搬家了,所以将这些全部卖掉。我问他会不会觉得不舍得,他告诉我人生中有这样的经历已经是很美好的记忆,他希望这些东西可以帮助别人,找回他们美好的记忆。我觉得这样的人生既有时间的长度,也有生命的宽度,我希望我的人生也可以像他一样,收藏记忆,然后当一天我必须要舍弃它们的时候,它们可以帮别人找回属于他们的美好记忆。这位收藏者在我离开时的时候送给了我两枚已经不再发行的一美元硬币,我会好好珍藏它们,来记住这给了我新的人生目标的收藏者。

这次的暑假交流虽然只有短短的一个月时间,但在这一个月里我不仅在知识方面获得了提升,而且收获了一段不一样的人生体验。这段人生体验会是我一辈子的美好回忆,当我垂垂老矣的时候还愿意想起。

(作者:王婧　经济学院 2015 级本科生)

赴美感受

怀着一颗激动的心踏上了美国旅途。十几个小时的飞行,虽然身体疲惫,却依然磨灭不了兴奋的心情。先感受到的是华盛顿无常的天气,雨水落在身上冰凉冰凉的。在车上忍不住观察着这座城市的一切,还惊喜地看到路边小树林中的三只小鹿,这让我对华盛顿的一切更加期待。

乔治城大学是美国少有的有围墙的学校。校园很大,建筑的位置也没有规律可循,开始经常因为不熟悉而迷路。校园内设施设计非常人性化。印象最深的是设施完备的体育馆,各种球类的场地和数不过来的健身器械,还有室内田径场、游泳馆。在那里尝试了一直想玩的壁球。食堂里有各种自助和称重付费的美食,各有各的特点,称重食堂还经常见到在学习的同学。

此行最让我急迫地想要了解的就是美国文化中的开放性。事实证明,最令人惊喜的也是其开放性。课堂上,教授除了教授知识外还经常鼓励我们说出自己的想法,课堂上没有对错,只有每个人不同的思想。每一节课都有不同的收获,每一个教授都有自己的特点。西格曼教授(Prof. Sigman)教我们数据库,我们会在课堂上实践所学的知识。她还带我们去了当地一家甜甜圈店,听创始人给我们讲述他们的经历。西格曼教授的耐心和平易近人让我完全没有了刚开始的紧张。什库巴(Skuba)教授的个人经历很丰富,讲话幽默风趣,讲课过程经常结合自己的经历。记得最清楚的是他每次上课都要拿一杯咖啡,一杯咖啡就能让他开心,想起来像是个淘气可爱的小男孩儿。库克教授(Prof. Cooke)教授教美国法律,课堂上同样轻松幽默。我们经常能在去教室的路上遇到他,他总是热情地和我们打招呼。三周的课程中比较难的是股票和基金课程,多伦教授(Prof. Doran)很温文尔雅,每次都很耐心地讲解每一个我们不懂的地方。另外,教授们治学都相当严谨,PPT中任何引用的信息,哪怕只是一句话也会在底部标清楚来源。短短三周,我收获到了很多比知识更珍贵的思想和启发。

在环城游(city tour)和参观国会大厦的时候,带领我们的是华盛顿的华裔教授周哲明先生。周先生是退休到华盛顿工作的,她语气很温和,总是笑着和我们交谈,给我们讲解华盛顿和国会的情况,让我感受到周先生极高的素养和文化修养。还有从下飞机就帮助我们的超级亲切的凯西(Cathy),在这三周,她给了我们很深的印象。

周末或是课下我们总会去市区里面转一转。街道上常常能见到跑步和骑行的人，还有很多人热爱的划船项目，公车上、马路旁也不乏读书的人们。美国人不管是否熟识，都会很友好地微笑着交谈，见到朋友还会做出很夸张的表情。其实多观察会发现，美国之所以文化很开放，是因为在美国居住的人来自世界各地。

华盛顿的博物馆很多。因为时间有限，我们只选择了几个感兴趣的。比如间谍博物馆、自然博物馆和美国国家美术馆等。这里的博物馆有几点给人很不一样的感觉，一是除了知识介绍以外，有很多亲身体验的项目，比如自然博物馆有很多答题项目或者微型显微镜观察微生物，间谍博物馆内有爬隧道体验等。其次是，在博物馆内有很多家长会给孩子讲解，或是大部分人都会一个一个去读旁边的解释牌，在美术馆内会有人拿着纸笔在临摹名画。总之，在华盛顿，随处都可以感受到浓郁的艺术氛围。

三周课程结束，我开始了自由行。我选择的是在美西自驾。先去了炎热的拉斯维加斯，繁华和奢靡简直无法形容。这是个不眠之城，每到夜晚才是生活的真正开始。除了酒吧、赌场、狂欢，每一个大酒店都值得去看一看，每一个都有自己鲜明的主题，一条拉斯维加斯大道集合了世界上很多地方的特点。随后飞去了旧金山，在机场取车就开始了自驾之旅。一下飞机，就感受到了旧金山的寒意。要自驾的小伙伴一定要仔细了解美国的交通规则，大体上和国内没差别，但是细说的话还是有很多不同，不详细去了解真的很危险。美国人开车秩序非常好，自觉性极高，也正是这样，在没有特殊情况下，美国人的车速都是很快的。此外，这次我真切体会到了高德地图多么好用，谷歌绝不会耐心地把一个出口提醒很多遍。

旧金山市内不大，很多要去的景点走路就解决了。交通也比较方便。在旧金山玩了两天就起程上一号公路，直奔洛杉矶。一号公路上走走停停用了两天，中途在一个小镇住下。期间有漂亮的小房子、慵懒的海象，一望无际的大海，黄色花田，弯弯曲曲的山路，笔直望不到头的田间公路等，意想不到的景色在一条公路上两天之内全部感受到了。到了洛杉矶立刻暖和起来，这几个城市中气候最舒服的就数洛杉矶了。洛杉矶一定不能错过环球影城。那是一个用科技建立起来的游乐园，通过视觉就能达到坐过山车的效果，再加上电影主题，就像是在电影里和主人公一起上天入地一般。

大概一个月的生活体验，能感受到美国人的友好和热情。除了能够了解到不同的文化，最重要的是在学习和欣赏他人的同时能够引发不同的思考和做事及生活方式，亲身体验到的很多东西是不能从书本和影视作品中获得的。当你在马路上走着，身边的人都在轻松交谈，时不时对你点头一笑，问声好；有时有穿短裤背心、迎着太阳的人从你身边跑过；有时你会路过一个靠在路边低头读书的老人，这时候你才能真切感受到这里是美国。文化氛围是不能够用语言描述清楚的。

（作者：王雪涵　经济学院 2015 级本科生）

美国交流感想

七月中旬,我跟随学校游学的队伍来到了地球另一头的国家——美利坚合众国。刚从飞机场出来,机场上空就飘来一大朵乌云,雨瞬间就下起来了,凉风伴随着大雨吹过,还真有点冷呢。经过14个小时的飞行,极度疲劳的我在抵达位于华盛顿的乔治城大学后,开始倒时差这项大工程。头一天晚上没有睡,结果飞机上也睡不着,我脑袋一直处于一种昏昏沉沉的状态,所以没有跟着其他同学出去采购,而是简单归置了一下自己的杂物。总之,美国给我的第一印象,就是雨说下就下,还挺凉快。不过,经过后来几个星期的生活,发现美国跟我想的有很大的偏差。比如,真的好晒!

乔治城大学位于华盛顿的富人区乔治城。城市沿丘陵建设,每天上下课从宿舍走到教室就跟爬了一座山一样,这让常年生活在平原地区的我很无奈。电影或者美剧中,美国的大学都是大学城的样子,很大很大,然而乔治城大学并没有我想象中的那么大面积。特别印象深刻的是学校专门的自习空间,据说,里面的家具还有环境设计都是由校内的同学们自己完成的,目的就是为了给同学们一个舒服的自习氛围。我没有找到他们的图书馆,后来看隔壁宿舍同学的照片,那么棒的图书馆!真的好遗憾。在学校里一直往东走,会有一个体育馆,健身房、游泳池什么的都在里面,听说里面还可以打壁球、打篮球,有很多爱好运动的小伙伴,他们表示在里面玩耍得很开心。托富人区的福,大学附近很安静也很安全。哦对了,我还见过野生的鹿,两头。每次从学校走去逛街或者买东西,都会有一种以后老了来这儿"安享晚年"的想法。

我们是在一间阶梯教室里上课,课堂就跟我想象的一样,轻松有趣,教授幽默。教授在课堂上理论的东西讲得很少,总是用像星巴克这种我们都知道的品牌举一些特别生动的例子,通过讲述它们的故事,阐述之前告诉我们的各种理论。还会在举例子的时候模仿开可乐罐的声音。要是所有老师都这么萌,还会不好好听讲玩手机吗!说到上课,就不得不说到作业,一共上了三周课,最后也只是做了一次作业而已。一个老师的一次作业不能代表美国老师留作业的特点,但是由于我只有这一次机会,也只能把它当作美国大学中的作业特点。这次的作业内容是"假设开一家店,你会用什么社交媒体的方式来宣传它?"作业分组进行,四个人一组。在完成作业的过程中,我们一步步实现了老师想要达到的目的,选择搭档,集体讨论,分工作业,进行整合。整个过程中,把团队合作还有思想的碰撞演绎得淋漓尽致。这让我觉得,美国的学生,要么不写作业,要么就写一个大的。这个作业对于他们来说可能是一项很简单的任务,但是对于我们这些没有这种经验的人来说,这就是一项考验。因为打开脑洞的时候,才发现,自己平时的那些个想法基本都是些小儿科,该正经打开的脑洞似乎从来没有打开过,想法什么的半天也就只有一个。老实说,我很喜欢这种作业模式。

在华盛顿的三个星期,生活方面是很自由的,无拘无束,除了上课的时间,每天的行程完全自己掌握、自己安排,想去博物馆,想去打壁球,想去逛街,想去就去。自由的生活状态,这很美国。宿舍环境很棒,有一种就想在那儿待着不想回学校宿舍的冲动,因为洗澡不用出门。学校的超市虽然小,但是平时需要的生活物品还算齐全,不过价钱贵一些。离得不远就有一家大型超市,我们基本上买东西都会去那边买,因为便宜。而且,那里貌似是当地人每周去采购的地方,所以很生活化。如果时差倒过来了的话,生活方面跟我们在北京差不了太多。只有一点我很无奈,就是饮食。食堂里最多的是各种各样的水果与蔬菜,旁边放着各种的沙拉酱。就是一点,没有热菜!好吧,其实有。但是那些热菜真是不敢恭维,唯一我觉得好吃、吃得下去的可能就是炒面了。

三个星期里,我没有去华盛顿比较著名的那些博物馆,我觉得很遗憾。华盛顿最闻名世界的地方,除了白宫我没去任何地儿。三周的课程结束后,我飞去了纽约,后来又去了奥兰多。美国还是很好玩的,就是只有一点,太阳太毒!出门五分钟,一定会出汗。还有就是,我在纽约的时代广场和帝国大厦,看到了国内"五一"和"十一"才能看到的"人肉长城"。人那叫一个多。以致后来我每次排队都跟自己说,没事,这点时间算什么,我可是排过帝国大厦的人。如果做个比较的话,纽约就像上海,奥兰多就像一个山清水秀的度假胜地。可能是性格使然,相比之下,我更喜欢奥兰多,比纽约清净,又比华盛顿热闹。就是打车钱贵了点。美国人民很好,可能每次我感觉他们人很好的时候都是只有我一个弱女子的时候,问路啊砍价啊什么的,都会很好说话。就算她赶时间,甚至你都能看见叫住她时她不耐烦的表情,但是看到你一个人,她就会变得很耐心。

如果让我用两千字表达我对这次美国之行的感想,说实话有点挤。美国是一个很好的国家,学习也好,生活也好,游玩也好,样样都好,就是有时候人太多要排队,这点让我实在很难接受!好吧,言归正传,美国给我的感觉有时候跟中国很像,有时候又很不一样。对于我来说,用一个他们形容中国的词语,美国是一个神秘的国家,我想去深入地了解它,理解它。如果有时间,我一定会再去一次,来弥补我这次的遗憾!

(作者:陈雨蔚 经济学院 2015 级本科生)

发现更好的自己

——乔治城大学暑期交流有感

总 记

从得知这个暑期交流项目到准备材料和一次次的宣讲会,再到真正踏出国门的一刻,每一步都并非想象中轻松。在乔治城大学经过为期三周的学习,再到和朋友们周游美国,当最终平稳降落在首都机场,盘算着开学的时间已所剩无几时,心中充满了感慨。这次在乔治城大学学习和生活的经历给我带来的远远比预想中的多。

真正来到华盛顿这个陌生的城市时,我遇到了很多意想不到的困难,除了语言的障碍、教学方式的差异,更有生活方式、饮食、气候等诸多问题。但随之而来的,也有人生视野的开拓、独立性和抗压性的提升、专业领域的深层次感悟,每一点进步和每一次发现自己更大的潜力,都让我很惊喜,也更加充满动力。

如果要用最有概括性的一个词语来形容这次旅程,那一定是:不虚此行!

课堂感悟

我们在乔治城大学的课程都是由学校的在职教授授课,接近 30 人组成一个班,有清晰的课表、不同种类的课程和时间安排,而且每位教授都有自己独特的教学风格。西格曼(Sigman)教授讲经济与数据,虽然在国内对这两个方面都有一些了解,但在学习中却深深感受到了国内外的教学差异。相比较而言,国外的教学更加细致到位,注重实践和学生的自主思考能力。例如,为研究现代媒体和数据在经营中的作用,让我们与品牌创始人面对面交谈。此后,我们分成若干小组共同完成一份关于如何在任意一个我们选择的地区运用互联网的力量推广品牌的商业计划书,我觉得美国老师上课好像更注重实用性,他们对理论的讲解相对偏少,通过这次大作业就能看出来。基本上比较重要的内容老师们都希望我们能通过实际操作,将自己的思考和知识融合在一起。

我发现,在课堂上老师们非常喜欢提出能激起学生发散性思维的问题,这样几乎在课上的所有时间我们的思维都是处于一种活跃的状态。关于多伦(Doran)教授的课,虽然能感觉到她讲的多数为财税方面的基础知识,但是由于我完全没接触过它们,课上的每一个点对我来说基本上都是崭新的,这使我不得不努力跟上,尽力理解。另一门是什库巴(Skuba)教授的国际商务环境,不得不承认,他不拘小节的授课风格加上特别的试卷让我对他留下了深刻的印象。

同时穿插在我们课程中间的还有不少参观活动。我想说,这些参观活动每一项都是一次难能可贵的经历,是一笔财富。例如,在谷歌(Google)、在国际货币基金组织(IMF)的参观活动中,我们有幸能和他们的主要负责人一起坐下来深入讨论问题。还有一些非常珍贵的机会,例如参观最高法院、五角大楼和世界银行,走进这些往常只出现在新闻中的神秘建筑,更不用提和世界银行的管理层们开展小型会谈了。总的感觉,在国内,需要我们自己去思考的东西太少,或者说老师太过于信任我们,总是只要求我们去看,但是不要求我们把看了的结果写下来或者表达出来。

学校概况

乔治城大学被认为是美国25所全明星顶尖大学之一,也被认为是美国最好的天主教耶稣会大学。美国前总统比尔·克林顿、菲律宾前总统阿罗约及台湾地区政治人物宋楚瑜等是乔治城大学的校友。

学校周边是一片非常安静整洁的住宅区,夜间的安全问题基本有保障,向河岸的方向走,是各类商店形成的商业街,在校园内有一个超市和若干食堂、咖啡厅、沙拉吧,满足了胃口的需要,而且在学校附近有两家大中型超市,购物也非常方便。乔治城大学的图书馆和数据库资源都非常丰富,全校覆盖高速的无线网络,建有一个室外足球场,一个拥有各类场地器材和游泳池的室内体育馆,凭学生证可以免费进去健身。校内绿树成荫,巨大的环形草地上搭配了一些花树和高大的老树,让整个学校绿意浓浓,但我认为最有特点的是学校以希利堂(Healy Hall)为代表造就的如教堂般的庄严又很有灵气的一栋栋教学楼。学校的吉祥物是一只叫杰克(Jack)的斗牛犬,并且以它命名的校队在美国高校中颇具声望。

如果想运动,这里是极好的选择。早晨的晨跑在乔治城地区是一种非常普遍的现象,更有不少人会选择沿河一直跑到林肯纪念堂附近的林荫大道。河边有专门为骑车和跑步者修建的道路,一路上看朝阳升起,景色美妙非凡。

市区的景区部分有很多租车点,用信用卡担保,非常便宜的价格就可以租到。而恰好其中一个租车点就在学校门口。说真的我并不会骑车,但是勇敢地骑了第一次后就一发不可收拾,有很多技能就是在不经意间练就的。建议经验不是很丰富的尽量找专门骑车、跑步的路骑,虽然大路上司机一般会让着你,但是摔一下还是挺疼的。临近河边必然就有赛艇,个人感受是一人划得快,两人安全,各取所需。两个人租一个艇比较划算。河面上风景壮丽,微风习习,需要带自拍杆,需要发朋友圈直播小视频。作为一个不会游泳的胖子,这是我做的第二个勇敢的决定。

生活体验

在乔治城大学学习期间,我们入住的是两人一间的学校宿舍,进楼需要刷卡,上电梯需要刷卡,在宿舍楼的一层有大量洗衣机和烘干机,还有打印机,二层有不少沙发、电视和台球桌。宿舍楼的每一层都有厨房和公共休息室,个人感觉居住环境相当不错,方便、安全。

以前常常听说,美国人都是自顾自的生活,都很冷漠。然而我在美国感受到的却是一个很温暖的氛围。每天走在校园里,迎面走来的人总是会对我们微笑,无论认识还是不认识。他们的笑容让我感觉到美国人并不冷漠,而是很友好。

游历体验

在结束了暑期学习后,我和同行的一个朋友自华盛顿出发,游览了纽约、奥兰多、洛杉矶和旧金山。期间我们没有跟团,自己规划、自己设计行程,展开了百转千回的美国之旅。

其中值得一提的是交通方面,在大城市地铁和公共巴士是主要的市内交通工具。比如纽约,有十条以上的地铁线路,覆盖整个曼哈顿及周边一些地区,真的可以是几条街就有个地铁站,但是地铁下面没有信号,也不会报站,甚至夏天地铁里也没有空调,这让我非常受不了。如果去较远的地方,公共巴士、火车、飞机也都是不错的选择。需要注意的是,不是每个地方都有火车站和机场,所以有时候需要打车或者做大巴去另一个城市搭火车或飞机。当时我们选择的就是美国的 Greyhound/Peter Pan Bus(美国灰狗长途巴士)。作为美国最著名的全国性长途汽车公司,灰狗公司在各地都有班车服务。与乘火车和飞机相比,长途巴士是一种相对便宜且便捷的公共交通方式。灰狗巴士有很大的行李箱,免费的无线网络和插座,让你漫长的旅途不再无聊。订票同样简单,网上预订好票打印出来,上车时给司机看一下就行了。在洛杉矶到旧金山的路上,我们选择了坐火车,火车的价格比长途巴士贵并且速度慢,这使火车必须用其他方式吸引客源。车厢有两层,座位间距相当宽敞,并且配有观光车厢,一路上风景由沙砾山石变为漫长的海岸线,海滩旁边就是火车轨道,虽然时间漫长,但是能舒适地看到如此风景,感觉还是非常值得的。

在美国乔治城大学的暑期交流学习,我不仅体会到了美国的校园宿舍生活,并且还学会了如何更好更有效率地学习,同时自己各方面的自主能力都有了很大的提高。我想,从今以后,我更清楚地知道怎么才能更好地学习、更好地生活。这个暑假的生活会成为我生命中最有价值的一段人生历程,更是我以后人生的转折点。我要好好珍惜这段经历,努力创造出更加美好的未来!

（作者:郭依彤　城市经济与公共管理学院 2014 级本科生）

2016 年暑期国际交流活动总结

2016 年暑假，我有幸参与了经济学院举办的暑期国际交流活动，和来自不同学院、不同年级的 31 位同学一起，在美国乔治城大学参加了为期三周的暑期项目。在短短的三周中，我感受了美国的课堂氛围、当地人的生活方式，还游览了华盛顿的许多景点，收获颇丰。

作为一名大一的学生，在 7 月 14 日期末考试结束后的第三天，我就登上了去美国的飞机。刚刚结束的大考使我松了一口气，也让我对在美国的学习充满期待。很早就听闻美国是一个崇尚素质教育的国家，学生的课业负担比较轻，有更多的时间去进行各种各样的社会实践。但这次去美国参加交流，使我发现他们的学习也并不轻松。这次的交流活动每天的上课时间从早上九点半到下午三点半。学校一共为我们开设了四门课程：国际贸易、市场营销、信息技术和公司财务基础。其中给我留下最深刻印象的是公司财务基础这门课。作为一名大一的学生，我虽然是金融专业的，但由于还没有学习过专业课程，老师讲课进度又比较快，有时候一次课会发好几份讲义，所以感觉这门课学起来比较吃力。因此我在教授的答疑时间去寻求帮助。教授是一位五六十岁的女性，平时打扮得十分合体，看起来有些不苟言笑。出乎我意料的是，她十分愿意帮助我，很耐心地解答我的问题，还借给我课本让我在课下学习——因为课程时间安排比较紧张，所以我们上课的时候采用的都是课件和讲义的授课方式，重点突出但有些知识点就忽略不讲了，对于我这样的入门新手来说有点难以理解。一本将近 600 页全英文的财务教材，我在两周的时间内只读完了一半，但确实让我对财务知识有了一个初步的认识。而令我感到惊喜的是，我在新学期的四门专业课中有三门都涉及了财务相关的课程，老师在授课的过程中讲到了不少我当时看到过的知识，这也算是提前进行了一下预习吧！

除了体验美国的课堂文化以外，我们还体验了留学生的生活。学校为我们安排了两人一间的宿舍，每两间宿舍共用卫生间和淋浴。教室和宿舍距离不远，我们上课只需要走 15 分钟。宿舍楼前是活动中心和食堂，楼后是图书馆。民以食为天，学校里有自助餐厅、校内西餐厅、星巴克、一些快餐厅以及学生自营的沙拉吧，多种多样的选择足以满足我们的日常需要。而由于初到美国时人生地不熟、中美饮食习惯存在差异等因素，同行的同学们常常选择光顾一家位于校外的称重餐厅。这个称重餐厅采用特别的收费策略，与传统的点菜计价不同，采用全部统一价格，按重量收费的方式，食客自助取餐，在出口处称重计价。餐厅菜品种类多样，菜、肉、蛋、奶、主食等一应俱全。除了称重区以外，餐厅还提供比萨、甜点和寿司。菜品种类多样的同时，料理方式也比较符合中国人的口味，加之位置紧邻学校，价格相对较低，学生能负担得起，因此在学生中比较受欢迎。但是有趣的是，当我们和教授谈起这家餐厅时，他却是一脸嫌弃的表情："那个很难吃的！"可能是中美饮食文化存在差异吧。

宿舍楼的公共空间里有微波炉和冰箱，我们可以从离学校不算很远的超市买回一周所需的各种食物，不用担心会变质。我在网上看到过不少留学生吐槽因为学校在村里，去一趟超市要开两、三个小时的车，日常生活非常不方便。实际上，由于乔治城的地理位置位于美国首都华盛顿旁的乔治城小镇上，因此日常生活还是比较方便的。学校有免费的校车，校门外就有公交车，出行十分便利。

我和舍友经常在课余时间乘坐公交车去华盛顿的各个景点游览，我们去了唐人街、白宫、国会大厦、方尖碑，还逛了当地大大小小的博物馆。华盛顿的特色之一就是博物馆了，各种主题的博物馆汇聚在博物馆群之中，让人应接不暇。史密森博物馆、美国自然历史博物馆、美国国家艺术馆、美国航天博物馆、美国历史博物馆、华盛顿间谍博物馆、华盛顿新闻博物馆等，为我们展现了各个方面的美国历史与文化。我对艺术比较感兴趣，因此更喜欢去逛艺术博物馆。我看到了不少以前只在书上或者画册上才能看到的稀世珍品，增长了我的见识。与网上或者书本上看到的画不同，原作让我看到了最真实的色彩和画家创作时最真实的感受。而且通过直接欣赏原作，我还能清晰地看到水彩画上留下的钴蓝色底稿，静物油画上色彩叠加的笔触，这是一种真实的视觉享受。在华盛顿的三周里，我和室友一起逛了大大小小很多家艺术博物馆，看到了经典的和现代的各种画作、雕塑等艺术品，使我感到非常满足而幸福。

在逛博物馆的时候，有一件事让我感触很深，那就是对于当地人来说，博物馆是一个没有门槛的地方，很多博物馆都是免费开放，而且也不要求入馆的人着装正式，你可以穿着人字拖鞋在世界名画前席地而坐。我想，这种宽松的氛围是有利于人们接受文化和知识的熏陶的吧！因为如此的文化氛围，博物馆不仅是游客的去处，许多当地的父母也愿意带着孩子来博物馆过周末，从小培养孩子对知识的兴趣和文化素养，对孩子未来的发展十分有利。

这次的美国之行，在三周的匆匆之中给我留下了丰富的回忆，有关校园、有关课程、有关游览……因此我认为这次的美国行是十分有意义的，我想我会时常怀念这段时光。

（作者：胡婉林　金融学院 2015 级本科生）

乔治城大学交流感想

2016年暑假,我有幸参加了经济学院乔治城大学暑期交流活动,短短三周的课程与在美生活,真的让我了解了很多,学习了很多,也成长了很多。

早就听闻乔治城大学是一所在全美排名第21的天主教大学,带着向往和期待,在7月16日我踏上了飞往华盛顿的飞机。14个小时的漫长飞行后,我终于到达了华盛顿,但华盛顿的天气却并不是我想象中的那么友好。我们一下飞机就见外面的云彩层层叠叠地开始聚拢,紧接着下起了雨。好在带队老师和当地老师的及时接应,我们才得以以最快的速度上了回学校的巴士,奇妙的三周乔治城之旅开始了。

在学校正式上课的前一天,乔治城大学细心地给我们安排了一个华裔的学姐带领我们逛校园,以便让我们尽快适应学校的生活。其中令我印象最深刻的就是在学校一个最古老也是标志性的建筑门前,有一个印有校徽的地毯,在下台阶的时候学姐仔细叮嘱我们,一定不要踩这个地毯,否则不会顺利毕业。一听到不会顺利毕业,我们每个人从先前的昂首阔步地往前走一下子开始小心翼翼起来,生怕这种厄运发生在自己身上。当天下午,学校为我们组织了城市游览,于是我再一次领略到了华盛顿天气的不友善,只要有一层云便下雨,于是我们刚刚参观完国会之后便被大雨弄得寸步难行。当我们每一个人都淋透了,雨势也便缓和了。

在这次项目中,学院安排了很多课程,我深深体会到了中式教育和美式教育的不同。在中国大学,可能理论学习更多一些,课堂上面听老师讲,自己下课回家复习,却很少有机会能把我们所学的东西带到实践中去;而在美国,老师则在给我们讲授理论知识的同时更加注重我们的实践,如带我们去甜甜圈店实践;在课堂上通过真实的操作给我们讲解股票,运用大家都知道的游戏由浅入深地给大家讲授课程,利用中国的例子来讲解……我也切身体会到了美国的教育理念,感觉它真正做到了理论与实践相结合。而且美国的老师喜欢与同学们上课进行互动,让同学们加入自己的独立思考,加入自己所在国家的例子,真正做到了文化交融,理论共通。

乔治城大学不仅教育资源丰富,其硬件设施也相当完备。在这个学校上学幸福感极高,因为学生的福利是极大的。学校里面有校车,可以免费坐到附近的地铁站、超市等地方,甚至还能去市中心!校园里设有移动设备充电桩,即使在室外的草坪上静静地看一天的电脑、手机,也不用怕设备没电,随时随地可以充电。学校里面的健身房是我最爱去的地方,里面的设备不仅仅是崭新的,还全部可以免费使用,看得出来,在这样一个炸鸡薯条汉堡包的国度,学校为了学生们的身体健康操碎了心。我们宿舍楼的二层就有台球厅,还有液晶电视,随处都是沙发,让我们真切感受到了家的感觉,也突然明白了为什么好多美国电影中孩子上了大学就把家里的东西搬空,把自己的房间腾出来。其实这个学校最最让我目瞪口呆的是它的食堂。和我们的食堂不一样的是,它基本是自取称重,里面包含了世界各地的菜系,在被垃圾食品折磨的时候去食堂吃到中国菜简直能让人心头一暖。

学校曾组织我们去微软大楼、国会图书馆、最高法院、五角大楼、世界银行参观。里面的工作人员虽然性格不同,工作的性质也不同,但是谈吐举止之间透露出来的只有两个字——优秀。每个人优秀但又不失个性,比如在五角大楼带领我们参观的一个军人,给人一种威严的感觉,在给我们讲解的过程中总是冒出一两句美式幽默,又显得十分可爱。在世界银行参观的时候,和我们首先交流的是一个华人,彬彬有礼,耐心专业并认真地回答我们提出来的问题。其实参观了这么多的地方,最能勉励我的便是遇见的这么多的优秀的人,变得和他们一样优秀可靠成了我人生新的目标。

华盛顿有很多的博物馆,我这次有一些小小的遗憾,没有逛完我感兴趣的博物馆,不过把遗憾留在以后,只能和它说一句后会有期。

没有高楼的华盛顿,闲适怡然的华盛顿,蓝天白云的华盛顿,厚重踏实的华盛顿。用短短三周的时间来了解这座城市,和这座城市相处已然成为我人生中重要的宝藏。感谢陪我看过风景的人,勉励我、成为我目标的人,我遇见过的人,他们全部代表着我在华盛顿生活的回忆。喜欢这里的慢悠悠,喜欢这里的庄重。

这次的交流活动虽然时间很短,但是已然成为我最美好的回忆。感谢学校和经济学院提供的机会,让我得以在那么好的大学学习生活,让我认识了那么多那么好的朋友,经历了那么多奇妙的事情,也让我收获了很多。从一开始的语言不通、各个方面的手足无措到现在可以基本应对一些正常的生活琐事甚至还可以偶尔和陌生人闲聊两句,感受到成长真是一件不可思议的事情。在短短三周中飞速成长与进步,在脱离了父母和熟识的朋友,在全新的环境认识全新的自己,适应全新的生活方式,总之,感觉很奇妙也很美妙。

这段回忆将变成我人生中最宝贵的一部分,我将永远记着华盛顿的云,少时美不胜收,多时大雨倾盆,夕阳西下时多彩多姿,雨过天晴时温柔绚丽。

(作者:姬亚峰　法学院 2015 级硕士研究生)

Fancy Memory in Georgetown University

——for my fantastic summer-program travel

Sometimes it is really hard to live the Georgetown life over again. That doesn't mean that memorizing is a tough process. By contrast, it will just let you be caught into the life and all the surroundings there deeply. I have to say, I love this fantastic summer program, even it just last approximately 3 weeks.

Honestly, before writing something good in GU, there are too many impressive points to list, and each one of it is glistening and memorable. Anyway, at the beginning of this article, I want to show my appreciation for all the guys in this short term travel. Because thanks for your guys cooperation and kindness, I can enjoy every mine day in D. C.

The lifestyle there is causal and comfortable. Maybe you will feel a little bit nervous at the first time. I had the same kind of feeling when I was on the way back to school with other 3 new good friends there in the first evening. But after knowing the good public security in D. C. , I can be myself. Georgetown University is an eco-friendly place, sort of a natural garden, in which you can easily find kinds of plants and cute animals. Outside the campus, you can find the Potomac River which is a wonderful place to go rowing and special view point to enjoy the beauty of D. C. Inside, the architectural style is classic and time-honored. I still remember we visited the Healy Hall, its superstition and many other buildings and infrastructure. About the infrastructure, I have some details to share with you. The student apartment is humanized. The lobby is well decorated and on the second floor there is a huge rest room where you can play billiards and watch TV etc. In addition, each floor from the third to fifth has its own kitchen and a mini living room. As Georgetown University is one of the traveling sites in the local area, some buildings like Healy Hall are landmarks so if you play Pokémongo, you will find loads of Pokémon stations. Though GU is located in the Georgetown, the transportation is still convenient. You can choose different kinds of ways and it won't take you too much time. The school bus service is free but you need check the time and shifts. I really want to recommend you to go biking to the city center. You can easily find the bike borrowing station in front of the school gate near the Healy Hall, and the fees are cheap.

By biking, you can explore more details about this town and enjoy the native living style in a native way. Also, you can use Uber or Didi if you like. Besides, the most fabulous place I'm really into is the gym. It is such a nice place that I can never stop to think about it. The gym is extremely huge and includes many kinds of sports. We always enjoy our squash time there. In total, you will love the Georgetown University's Campus when the first time you see it.

Compared with the serene and comfortable living style, the food there is diversified and original. There are approximately 5 food services in GU. Epicurean restaurant is my best choice. The decoration style is mixed with 4 areas specialties. The main part of it is weighting canteen which has diversified food, some daily soup and other deserts. As its name shows, it will let you pay the bill count on the weight your food has. On the right side, 2 special areas will catch you. They are Mini sushi bar and teppenyaki. (I didn't try it, but it looks good). Besides, a medium size pub is on the left side and you can have a drink there watching some funny shows. Another 4 restaurants are respectively located near the McDonald Business school and student center on the opposite of the dorm apartment. Believe me the food in the campus can meet almost all your needs. The following part maybe you are extremely curious about is the local restaurant. First of all, be careful you are in Georgetown and Georgetown is a prosperous block. That means various kinds of restaurants are waiting for you so you don't have to worry about it. Our first station is Flavor restaurant; a good looking place not only has emotional appeal but has cute waiters. Additionally, it is a little busy and you'd better go there earlier. Near this restaurant you can gotcha a Brazil restaurant with a red ads board opening 24 hours and its crab kind of food is good. Actually, we almost never try the same restaurant again except a Mexico seafood restaurant. Along the south street to the city center, on the opposite of the local church near the crossing you can find it with a lobster board. The taste there suits our Asians well and you can pick the $55 combo mixed with chicken lobster, crabs, mussel, sausage and potato etc., which is a really big meal. It seems like the Chinese will always miss their home food in the foreign Countries. There are 2 Chinese canteens I want recommend to you just for the homesick sake. They are Shanghai lounge in Georgetown and Chongqing house in the D. C. center. Other things like the Georgetown cupcakes, macarons and many kinds of restaurants you can find and check the quality stars of them on the app Yelp.

Studying in the Georgetown University is an enjoyable process. I still remember the first day we visit the MSB business school which is donated by someone. Its infrastructure is well and we were studying in an exquisite classroom. We have 9 courses totally. They are respectively e-commerce & databases, stocks and bonds, valuation, the international business environment, mutual funds and hedge funds, legal system, examining global companies, foreign corrupt practices act and insider trading. It seems a little bit hard for someone to finish 9 courses only in 3 weeks and people majoring in different specialty may have obstacles when learning something they never know. Actually, all the professors there are really nice and full of patience. They will teach you some basic knowledge and then do something challengeable. We have learned a lot through quizzes, exam and group work. But I want to say, on the one side, learning something new is important indeed, on the other side, experiencing the culture differences and the education system is also essential.

Sharing is a great way to express what you are thinking at some point and all the professors are open to talk about it. Like Professor Skuba and Professor Cooke, they always share some news or own perspectives to us with full of humor. Besides, Prof. Betsy has taken us to one of her student's District Donuts shop for visiting and changed us idea with each other. But there are something different about the class disciplines, you'd better not use your phones during the class.

The outdoor activities are also excited. Among them, Smithson museum is worth visiting. And all the Smithson museums are free of charge. Some of them are full of humanistic characteristics like Smithson national history type. Others I want to recommend are Smithson natural museum and Smithson art museum, especially the latter which is dramatic and a wonderful place for meditation.

I have to say those museums impress me a lot because they have been one of the basic infrastructures of this city providing loads of chance for people to know more about their Country and surroundings around the world nearby, and all these things are free. Another famous site is Memorial, a great place to overlook this city. And we were very lucky because we have booked the tickets to the top of it. So here is a good suggestion for you. There are also some interested chargeable museums. Spy museum is deserved. When visiting it, you will behave as a spy and remember some personal details. Taking this information, you can begin your spy travel with experiencing some facilities and professional equipment. Except independent travel, Georgetown University has planned lots of visiting tour includes visiting some famous top-tier companies, institutions & departments, pentagon and city tour. In Microsoft, we had a deep discussion with one of the managers and tried some motion sensing games. Then we visited the White House, the Supreme Judicial Court and so on. I think visiting pentagon is the most interesting tour. As it is very hard to make an appointment and the procedure is rather complicated, it deserves because we have known some background and details about the history and had a nice talk with the guarder who has Chinese decent through this visiting.

3 – weeks program is not too long but what we learn and what we experience are rich. To some extent, it is a preparation for my postgraduate life. There are several benefits that I believe I have gained from this program. The initial one is the courage. When meeting a new surroundings, I should be brave and open up to accept something new and be adapted to some barriers and even change it. Another thing is my thinking way. Linear thinking is important, especially in a diversified culture area. Social inclusion is an important index to analyze its vitality. That is to say I should try to learn something in its specific culture or even emotion. Besides, please cherish and be grateful. I have made some really good friends during these 3 weeks and they were always accompanying with me. Even someone or something just accompanies with us for some time, the relationship and emotion will be kept for good. I really cherish those 3 weeks, those nice teachers and those good people I have met. I wish I can go back to there in the next future.

Last, I want to show my appreciation to the School of Economics and teachers. I believe I will always cherish the memory of this time.

(作者:贾骁健　财政税务学院 2013 级本科生)

乔治城大学交流感想

学校环境

乔治城大学位于华盛顿特区,坐落于乔治城。正式行程的第一天上午,学校安排了一顿欢迎早餐,但此后所有饮食都需要自己解决了。在欢迎早餐上,我们和将要与我们共度三周的其中三位教授见面。美国大学的教授都非常友善,说话带着小小的美式幽默。

上午还安排了一个校园游览(campus tour),领队是乔治城大学的在校学生。她带着我们基本上环绕整个校园,同时讲解学校的历史沿革。

她最后说,有人问她为什么选择乔治城大学。她回答说,乔治城大学毗邻华盛顿市中心,南隔波托马克河望弗吉尼亚州,在享受华盛顿特区(D.C.)优质资源的同时,却仍能保留乔治城——这座古老小镇所带来的安宁与静谧。

之前到校时,有负责人带全员办理入住手续,领取宿舍钥匙。正式行程的下午,到卡务中心办理带个人照片的 Go Card,类似校园卡。校园卡是支持充值的,但实际上就日常消费来说,现金和银行卡更为便利。但如果需要使用洗衣机则只能用校园卡。

生活状况

我们住在 Ryan Hall 的五层,有一个公用的厨房区,但不提供食材和任何厨具餐具,厨房里有烤箱和微波炉。住宿是两人一间,两间共用一个卫生间。房间装修统一简洁,会提供床单和薄被。Ryan Hall 的二层有接水处和台球桌,一层有洗衣间。

学校没有所谓的食堂,很多餐饮小店都是学生自主运营。例如宿舍楼对面的楼,我们习惯称为大学生活动中心,里面有一家餐厅和一个早餐店。上课楼旁边的 Regents Hall 用途偏向于实验楼,紧挨着的 Leavey Center 有很多的餐饮店,包括赛百味、星巴克等。学校中独立的餐饮店一个是 O'Donovan Dining Hall,主打自助餐;另一个是 Epicurean Restaurant,食物统一价格称重结算。

Leavey Center 中还有一家小超市。如果需要去大型超市,可以乘坐学校免费的 Shuttle Bus 去附近的 CVS 或者 Safeway。

乔治城都是沿街小房,不乏餐饮购物等去处,很多有趣的小店可供大家自行发现。

至于校内自习的去处,推荐大学生活动中心,有小隔间。学校有自习楼,没去过不予评价,且似乎不止一处。

课堂情况

总共有四位教授给我们授课,课时总共三周。上课时间多为上午九点到十二点,下午一点半到三点,下午自由时间很充裕,课时有时会有略微调整。

西格曼(Sigman)教授在第一周讲授关于数据库的相关内容。她喜欢和学生互动,乐于让我们举例,热爱新媒体,教学内容相对简单易懂。

什库巴(Skuba)教授在第二周给我们上课。他曾作为布什政府的一员,不过丝毫没有架子。什库巴教授脸上总挂着微笑,很有亲和力。他喜欢开玩笑,美式幽默,让人觉得风度翩翩。他主讲国际贸易环境,让我们从美国,或说美国政客的角度再次看待中国在世界上的地位及影响。这门课专业性不能说很强,但非常令人开阔眼界。我至今还记得他对现代企业的要求:Global + Local = Glocal。

库克(Cooke)教授负责第三周。他的课程主要分为美国法律体系和全球连锁贸易两部分。作为在本校毕业的法律硕士,他对美国法律部分的讲授简直得心应手。听他讲法律并不枯燥,他让我们知道美国最高法院的 9 人制——当今缺少一位,还通过各种有趣的案例讲解党派在案件审判中的影响。他每天一早就会打开电脑关心前一交易日中国股市的情况,还会跟我们分享投资经验——失败经验。

多伦(Doran)教授主讲关于财务管理的内容,非常具有专业性。这门课对于已经学过财务管理的学生来说非常好接受,但是对其他学生可能会稍有难度。课程知识量大,但体系构架具有逻辑,不仅是对财务管理知识的传授,更多的是介绍金融产品和金融市场。

游历内容

正式行程的第一天下午有环城游(city tour),一位华裔老师带队讲解。我们去的第一天正赶上华盛顿暴雨,所以行程大概只走了一半。第一周还参观了微软公司。第二周去了最高法院和国会图书馆,第三周是世界银行,晚上还登上了方尖碑顶鸟瞰华盛顿的夜景。

除去统一安排的行程,大家可以结组自由活动。华盛顿的博物馆大多在一条街上,远一点还有规模很大的动物园,再加上华盛顿属于美国的政治中心,其代表性建筑——例如白宫也很值得一去。总的来说,可游玩的景点还是比较多的。游玩的话可以乘坐地铁和公交,但相对而言,这里的公共交通没有国内特别是北京便捷。优步(Uber)是不错的选择。令人惊讶的是滴滴也可以用。如果行程较近,或者是单向行程,可以选择租一辆自行车。学校正门门口就有租车点,非常方便。

三周学习生活结束后,我们又各自选择了在美国各地的游玩,之后陆陆续续返程回国。

活动感想

常言道:"读万卷书,行万里路",在美利坚一个月的生活,不仅仅让我们学到了知识,更重要的是增长了见识。首先,在学习方面令人颇有感触:在这里,除了有教授们生动深刻的课堂教学,还有轻松自由的学术氛围和开放包容的学习环境。其次,我感受到了美国校园里有着国内大学所不具备的许多特质,诸如学校里有许多锻炼和娱乐设施,使学生们在学习之余可以得到很好的身心放松;再如这里的校园,非常注重对历史的记忆,学校设有公墓,缅怀那些曾经为学校建设做出过贡献的前辈,这份对前人的崇敬,在国内校园是很难见到的。还有,通过这次活动,我感受到了美国文化独有的魅力,开放、自由、包容,这些标志共同组成了魅力独特的美国精神。

记忆中,那些快乐的时光,转瞬即逝;

但回忆起来,都历历在目;

也许,这方土地,我永远也不再踏上;

也许,对于乔治城的记忆,将永远成为记忆;

倘若这样,我会好好珍藏这份回忆,

如若有缘,我静候下次更好的相遇。

(作者:贾宇凡　经济学院 2015 级本科生)

在美国的学与游

——记暑期乔治城大学交流项目

近 14 个小时的飞行,跨越太平洋和国际日期变更线,我们一行 30 余人从北京国际机场 T3 航站楼,抵达了美国华盛顿杜勒斯机场,开始了我自己在美国一个月的学与游。

到达华盛顿的时间是美国东部时间的下午,乔治城大学(GU)派来给我们接机的是一位名叫凯茜的华裔女老师,校方也很贴心地给我们配了车。7 月的华盛顿是个多雨的时节,我们刚下飞机时还是晴空万里,傍晚时分已经下起来不小的雨。坐在车上看着雨中的华盛顿,前往我们此行的目的地,乔治城大学。

初到乔治城大学

十几个小时的舟车劳顿,在学生中心办好住宿手续之后,一心想着赶快回宿舍休息。宿舍的位置很好,窗外便是延绵的波托马克河以及河对面的弗吉尼亚;从首经贸来到乔治城的学生们都被分配在一栋学生公寓的 5 楼,每层楼有两个配有微波炉、冰箱、烤箱和各类餐具的厨房。由于时差还没有倒过来,天才蒙蒙亮,但大伙儿都起来了,于是商量着去学校的周边走走。乔治城大学坐落在华盛顿特区西边的乔治城,这里的居民多是一些富人、外国使节以及政府官员,相对比较安全,也很有秩序。

清晨雨后的华盛顿和乔治城都很静谧,道路两旁楼房的建筑风格很有特点,我们漫步在街道上,眼前的一切都是那么新鲜,未知的国度、未知的校园、未知的文化,深深吸引着我们。早上,乔治城的行人不多,但偶尔能遇到一些早起晨跑的人。大约 10 点多,乔治城大学校方的接待人员带我们参观并介绍了乔治城大学里的主要建筑和校园景观。因为乔治城大学(GU)是个天主教大学,校园中有着形态各异散发着古典和宗教文化气息的哥特式石雕建筑;同时也有着充满现代气息的商学院和实验楼。此外,藏书众多的图书馆、供个人学习和小组讨论的多媒体自习室、设备齐全的免费健身房、书店纪念品店,还有各式各样种类丰富的餐厅。于是,我们满怀着众多的未知与期待,开始了我们为期三周的在乔治城大学的学习。

157

学习与参观

在乔治城大学的三周里,校方给我们安排了4门课,每天2节课,每节课两个小时,早上9:30~11:30,下午1:30~3:30。课程分别是电子商务、国际贸易、金融市场的基础知识以及美国司法体系。教授们上课的着装都非常正式得体,上课的PPT课件和相关资料都是精心准备的。由于我们是来自中国的学生,教授们在课堂上讲课的语速会比较慢,时不时停下来问我们能不能跟上他的语速。西格曼(Sigman)教授给我们上的是有关电子商务的课程,她向我们询问了中国电子商务的发展情况,尤其是WeChat在我们生活中的运用,她还带我们去了一家手工制作多纳圈的创业小店,让我们向店长请教有关线上推广营销等问题;多伦(Doran)教授给我们上的课程是有关金融市场里如股票、债券、资产评估、基金等的一些基本知识。多伦教授给人有点高冷的感觉,在课堂上不像其他的教授经常给我们开一些玩笑,因为长得有点像德国总理默克尔,课下大伙儿都喊她默克尔。什库巴(Skuba)教授是我个人非常喜欢的教授,他在美国的商务部有过丰富的任职经历,经常代表美国商务部与中方的企业进行谈判,接受过CCTV2的专访,是一位支持经济全球化和贸易自由化的共和党人(虽然是共和党人,但是他并不支持特朗普,还在课堂上调侃特朗普不懂经济)。最后一位是库克(Cooke)教授,讲授美国司法体系,他上课很幽默,课上的内容也很充实。他在菲律宾和越南待过很多年,经常会拿现在的越南与三四十年前的中国进行对比。他还有点小顽皮,在最后的结课考试上,他竟然出了一道题让我们猜测他平时经常做哪项运动!

在课堂上,教授们不仅仅局限于讲授课件里的内容,而是会追踪最近的一些新闻事件,再结合课堂上的要点进行分析和点评。美国的课堂上,老师都会主动引导我们独立的思考问题,并鼓励我们说出自己的观点,积极与老师进行互动、交流。有时候,教授们会给我们布置一些作业,在每门课结束的时候也会进行一些随堂小考,不是很难,课上认真听了课下及时去复习一下课件,都没有什么问题。

此外,乔治城大学为我们安排了很多参观活动。乔治城大学地处美国政治中心——华盛顿,自然拥有诸多的地利之便,也少不了要去参观国会山、最高法院、国会图书馆、五角大楼、世界银行、微软等。印象最为深刻的当属我们到达华盛顿第一天下午的那次活动,是由一位来自上海的教授爷爷带领我们在华盛顿市区进行游览,然后参观国会山和林肯纪念堂。坐在校车上老爷爷给我们讲解了沿途的著名建筑(水门大厦、方尖碑、林肯纪念堂、国会山、杰弗逊纪念堂等)。美国的国会大厦坐落在一座很矮很矮的小山上,所以又被称作国会山,国会山中心建筑的顶部还在修缮(据说将在2016年11月大选时完工),国会大厦的左右两边分别是众议院和参议院。因为我平时特别喜欢看美剧《纸牌屋》，当我们通过了安检，来到了国会山的内部，心里还是有点小激动。除了参观议会大厅之外，最大的收获就是路过了民主党的办公室。从国会山出来返回校车的路上，我们遇上了一场瓢泼大雨，被华盛顿好好地 washing 了一遍。

华盛顿的日常生活

在华盛顿的三周时间，总共两个周末再加上一些课余时间，基本上足够把华盛顿进行深度游一遍了。我是大一参加的这个项目，除了本学院的同学，别的学院学长学姐也不怎么认识，但是很幸运的是，在美国认识了一批"老司机"，于是每次自由活动的时间，我们几个人都会一起出去玩。在华盛顿有着众多的博物馆，而且基本都坐落在一条大街上，差不多所有的博物馆都是免费开放的。我们第一个周末去了很多地方，先是沿着一条中轴线，参观了华盛顿的地标之一方尖碑，以及周边的二战纪念碑、越战纪念碑、韩战纪念碑、林肯纪念堂、反思池。7 月的华盛顿非常晒，大约快到 11 点，我们赶紧跑到了各种博物馆吹吹空调避暑。给我印象最深的就是航空航天博物馆，里面有美国登月的太空舱、登陆火星的探路者号，还有躺着看的、非常适合我们这群"京瘫"的立体球幕电影。到了饭点我们在 yelp 上找了一家比萨店，在去的路上，我们路过了 FBI 的总部，还有号称华盛顿长安街的宾夕法尼亚大道，从白宫的背面一窥美国的权力之巅……总之，这么多地方玩下来真的很累。第二周我们去了华盛顿的动物园，沿着波托马克河骑行到了马丁·路德金、罗斯福和杰弗森纪念堂，登顶了方尖碑，一览日落时分华盛顿的夜景，享受在华盛顿夜里骑行的乐趣。

我觉得除了华盛顿市区的一些景观，乔治城也有很多值得去的地方，值得去一逛的小店，值得去尝试的美食。最后一天，我们和教授来到了一家泰国餐馆，在这里一起聚餐一去聊天，颁发结课证，每个人手持着证书和四位教授一起合影留念。第二天早晨，我们一起约定了继续在美国东部自由行的几个小伙伴，带着我们的行李离开了乔治城大学，离开了被老师无数次调侃酷似霍格沃茨的希利堂（Healy Hall）。伴着整点的钟声，结束了为期三周的乔治城大学之行。

外面的世界很精彩，外面的世界也很无奈。算上课程结束后大约 10 天的自由行，我一共在美国待了一个月。这一个月里不仅仅体验了美国的文化和大学生活，一个人在国外也学会了自己独立生活，融入当地的文化中。短短的一个月也许改变不了太多，但是足以给我带来很多不一样的体验和思考。

（作者：江含宇　信息学院 2015 级本科生）

暑期美国交流报告

　　大二后的这个暑假,在经历了一系列繁忙的准备后,我终于如愿以偿地参加了学校暑期在美国乔治城大学交流的项目。短短一个月的美国学习生活,成了我一次不可多得的宝贵的人生经历。为了更好地记录这段难能可贵的经历,下面我将从如下四个方面说说我的感受:

一、学校情况

　　乔治城大学创建于 1789 年,是美国最古老的大学之一,也是美国最古老的天主教耶稣会大学。乔治城大学位于美国首都华盛顿特区,是一所美国综合性私立大学,位列 2015—2016 年度 US NEWS 美国大学本科排名第 21 名。2017 年 US-News 美国大学排名,乔治城大学排第 20 名。

　　我们这次交流所在的乔治城大学主校区位于华盛顿特区的市中心,坐落在风景如画的乔治城以及波托马克河畔;校园内的著名建筑希利堂(Healy Hall)被收录在美国国家史迹名录中。乔治城大学距白宫西北面两英里(约 3.2 公里)左右,许多外国使节的子女在此读书,因而赋予了该大学很浓的国际色彩,并由此获得了"政客乐园"的称号;同时,乔治城大学也是美国民众心目中一所颇具贵族气质的学校。

　　初来美国的当天,我们的飞机降落在距乔治城大学车程约 45 分钟的华盛顿杜勒斯国际机场。虽然正值盛夏,那天的天气却分外凉爽,天空飘着蒙蒙细雨,空气清新,微风习习。从机场到学校的途中我们一路领略到了美国乡间的清新恬淡,也见识了市区的繁忙车流,而在穿过乔治城商业区的时候,则无一例外集体被镇上复古的建筑、诱人的美食招牌和琳琅满目的商品所吸引,路途的困顿瞬时被抛在脑后。

　　整个乔治城地区地势高低起伏,进入学校的大门必须要走过一个长长的上坡,而首先映入眼帘的,是一大片开阔的足球场。学校虽然走复古风,但体育场却建设保养得十分得当,一点也不"复古"。

　　我们的宿舍在学校内地势较高的地方,因而第一天我们只能拖着箱子沿着一个长长的坡道"爬"向宿舍,不过,舒适的宿舍居住环境让我们忘记了一切辛劳。我们所在的学生公寓正在学校著名建筑希利堂后面,靠近学校的北门,出行十分方便。宿舍刷卡进入,安全有保障,室内两人一间,四人公用一间卫浴,宿舍内配有中央空调、两张单人床、一人一套课桌椅和储物柜(但不提供毛巾、牙具等物品),走廊内有一间客厅、一个厨房,厅内餐桌、冰箱、微波炉、电磁炉等设施一应俱全,在一楼还有一间宽敞的洗衣房,而二楼便是学生活动中心,课余时间可以在那里打打台球、聊聊天。最让我开心的,是我们这间宿舍在走廊尽头,恰好有两扇窗户,向外可以看到校内一间小教堂,还能听着教堂的钟声入眠。

第一周的时候学校内一位华裔志愿者带领我们参观了校园。简单来说,乔治城大学占地面积并不大,但地势高低起伏,建筑错落有致地分布着。校内的建筑有很独特的天主教风格,希利堂更神似《哈利波特》中的霍格沃茨魔法学校。一番讲解下来,我对这所历史悠久的学校有了更深的了解,更多的是满满的期待。

二、课堂情况

这一次的交流中,我们的首要任务就是体验一下美国的大学学习,尽可能多地深入体验他们的教育文化,汲取多元化的知识。我们的课程内容涉及颇为广泛,包含了商业、法律、政治、科技、数字媒体等多个领域。

然而,我们大多数人最大也是最实际的问题就是——语言不通。全英文的授课,且是地道的美式英语,加上课堂内容涉及许多专有名词,一开始上课的时候非常不习惯。在美国上课和国内不同,这里是纯英语环境,并不像在国内上英语课,有听不懂的地方老师会慢下来给你翻译。于是我们只能更认真地听课,勤记笔记,字典不离手。

所幸乔治城大学的教授们都十分友好,为了照顾我们会放慢语速,一旦我们有听不懂的地方就会耐心地讲解,课堂气氛十分融洽。美国的老师会鼓励学生多提问,他们并不介意学生"打断"课堂,而是更愿意在课上与学生互动交流。我认为这样的授课方式更容易拉近学生和老师的距离,同时也更能产生思想上的碰撞,激发灵感,冲破思维定式。

此外,每门课的考查内容也五花八门,有闭卷考试,也有小测验形式的,更有实际一点的,带领我们去校外参观镇上的甜品店后写一份网络企划案。总体来说,考试都不难,只要认真听讲,有自己的思考,考试通过就没问题。

三、生活状况

在美国,生活中遇到的最大问题便是交流障碍。初来乍到,什么都不懂的我们基本依靠手机,因此,提前做足功课,查好基本信息很重要。出行必备的几款 APP 我认为有:Google Map,Uber,Eat24,Yelp 这几款。

　　乔治城大学所在的地区白天十分繁华,校外紧挨着一片环境优美的高档住宅区,每栋建筑都体现出主人别具一格的审美,挨家挨户的小房子宛若童话故事一般美好。穿过这片街区就是乔治城镇了,镇上各式商店一应俱全。例如大型百货超市 CVS 是 24 小时营业的,在它斜对面有一家 7-11 便利店,周围的街边有家中式快餐店,店员和大厨都是中国人,因而打电话订外卖十分方便。除了很多快餐店、汉堡店之外,也不乏一些较为正式的西餐厅,我们第一天晚上就大胆尝试了一家复古风餐厅,看不懂菜单的情况下一顿盲点,付出了惨痛的代价。在这里必须要说的是,美国的餐厅大部分只提供冰水,只有少数中餐厅会提供温水(快餐店除外)。如果不怕麻烦,也可以坐车去市中心,那里会有更多更丰富的餐厅可供选择,个人推荐 Friday 餐厅,一大份碳烤猪排只要 10 美元,超级划算。

　　而另一边走路半小时或从学校坐校车十分钟便可到一家大型超市 Safeway,里面以食品为主,铺天盖地的各种食物让我们挑花了眼。美国人格外钟爱速冻食品,他们的速冻食品可不简单,超市内整整三大列高高的冰柜,琳琅满目的速冻食品从比萨、意面、饺子、炒饭,到汉堡、华夫饼,甚至还有速冻炒菜。一番采购后便收获满满。此时若是累了,可以打个 Uber 或者租一辆自行车,很快便能回校。

　　说到出行,平时对我们来说最方便的便是走路了,因为学校和镇上都不大,若非赶时间走路即可到达想去的地方。但如果要去较远的地方,例如市中心或是一河之隔的弗吉尼亚州,可以首选校外巴士,或者乘校车去往最近的地铁站。乘坐交通工具可以在地铁站用现金或信用卡自助办理一张交通卡(不可退),十分便捷。如果懒得走路,几个人拼车也十分划算(最让我们惊喜的一次是打到了一辆凯迪拉克),而出租车,短途的话也不算贵。值得一提的是,美国的出租车可以用信用卡结账,并且出租车也是要给小费的。

　　而假如你是比较宅的人,就像我们平时懒得走动,或是午休时间紧的话,校内的称重食堂是不二选择。自助取餐的形式很人性化,菜品种类多样(包括基本的中餐),所有菜品以称重的方式结账,简单便捷。除此之外,教学楼旁的学生中心也有星巴克、汉堡店、赛百味等快餐,最省事的话,楼内的一家便利店内买个三明治和一盒水果就能解决问题。

　　课余时间,除了参观游览,我们最喜欢的就是逛街了。不得不说,美国的商品种类繁多,同样的商品与国内比,价格也优惠不少,这样好的机会怎能错过呢。于是短短的三周时间,我们把乔治城的商业街和市区的百货大楼都逛了个遍,淘到了不少好东西。推荐买美国本土牌子的商品,更为划算。虽然华盛顿特区没有奥特莱斯,但并不妨碍我们的血拼,一些打折店的商品依然十分划算。据我们了解,在华盛顿特区购买的商品是不能退税的,但税率会写在小票上。说到小票,无论购买什么一定要保存好它,因为美国的退换货十分人性化,即便买回的商品打开过外包装甚至使用过,只要顾客带小票来要求退换,都是可以的,绝对顾客至上。

四、游历内容

华盛顿特区是一个历史悠久且充满政治气息的古老城市。市区内有非常多的公立博物馆,还有一些私人博物馆。所有的公立博物馆都是免费的,私人主题博物馆的票价则相对较高。我们来到华盛顿,除了上课之外,最感兴趣的便是逛这些博物馆了。短短的二十来天,我们充分利用课余时间逛了许多博物馆,有史密森自然博物馆、印第安人博物馆、航空航天博物馆、美国国家美术馆、间谍博物馆等。每一座博物馆都十分宏伟大气,参观的过程能学到非常多书本以外的知识。

刚到美国的第二天,学校为我们安排了一整天的环城游(city tour),我们去了国会山、最高法院、国会图书馆等地。然而当天下午天公不作美,一场突然而至的瓢泼大雨把我们一行人淋成了落汤鸡。于是没能好好参观林肯纪念堂和白宫。但之后的周末,我们自发组织参观了林肯纪念堂、马丁·路德·金纪念碑,还远眺了白宫后院,和正门的警察合了影。夜幕降临时,我们赶往方尖碑,拿着白天排队抢到的票登上了方尖碑的最高点,俯瞰特区的夜景。

除了上课之外,学校每周组织我们进行一次特别参观。三周的时间我们参观了微软总部、世界银行,以及五角大楼。这些地方都不是想来就能来的,因此我十分感谢学校能为我们提供这么难得的机会,大大开阔了我们的眼界。这些游览经历,丰富了我的阅历,引起了我的思考,是一段十分宝贵的旅程。

短暂的美国之行结束了,这个暑假因为参加了乔治城大学的交流学习而分外充实。短短一篇小文远远无法记录我在美国一个月学习生活的全部,更不足以描绘美国之行的精彩。这趟遥远的异国旅程将会成为我非常美好的回忆。

(作者:蔡思睿　经济学院 2014 级本科生)

加州大学圣迭戈分校暑期交流感想

课堂及学校

加州大学圣迭戈分校(UCSD)是加州大学(UC)系统里的学校,来到这里的第一感觉就是活力。以前听传言说圣迭戈分校实际上是SD(Social Dead)的缩写,讽刺这里的学生社交能力差,学校社会活动不多。到这里我发现,即使是在暑期,不是正常上课期间,学校各处也是生机勃勃,到处有学生滑着滑板,骑着自行车,或是卧在树下学习看书。

来到学校的第一天,暑期项目负责人格雷丝(Grace)便带我们参观了校园,介绍了餐厅、图书馆、上课地点等,还带我们办理了校园卡、公交Compass Card。关于餐厅,我去得最多的一家是panda express,毕竟是我们中国人的菜品,吃着比较习惯,它的炒面、糖醋里脊、西兰花牛肉都非常好吃。听教我们文化课的奥尔森(Olson)教授说,很多她的美国学生到中国都吵着要吃Round Chicken(糖醋里脊)和Beef &Broccoli(牛肉西兰花),他们以为这些是传统的中国菜。

餐厅里我还去过Rubio,主要做墨西哥菜。通常是墨西哥卷(taco)+像妙脆角一样的零食(chips)+红豆(pinto beans)的套餐。整个套餐不用餐具,正宗的吃法是徒手吃taco,用chips吃pinto beans。不过说到吃,这里饭菜的最大特点就是量大,尤其是快餐店,我吃过的所有快餐店如汉堡王(Burger King),肯德基(KFC),5guys,给的量比中国同等价位的餐都要多。

课堂方面,我最喜欢的日常课程是第一天下午就开始上课的贝尔奇(Belch)教授的产品营销管理(Product Marketing Management)。贝尔奇教授即将就任San Diego State University的系主任,教学水平自然非常可靠,讲课也十分生动有趣。虽然已是一名老教授,但他丝毫不照本宣科,时常在介绍营销概念或是手段时引入当今流行的事例。他经常提到,也是我们课堂重点分析的两个品牌就是Under Armor和中国的小米。Under Armor现在在美国十分流行,作为运动装备品牌,其热度已逐渐赶超耐克(Nike),我亲眼所见街上的孩子,晨跑的、骑自行车的,十有八九穿的都是Under Armor。通过贝尔奇教授的介绍和讲解,我们明白了是营销手段和品牌塑造给Under Armor带来了成功。它所请的品牌代言人,从来不是什么有名的、众所周知的成功体育人士,而是一些一文不名、刚刚进入职业联赛,或是处于上升期遇到困难的运动员。广告通过对他们日常训练的特写给受众们一种努力向上、拼搏进取的精神，正是这种精神打动了受众，让受众认为，其实我与画面中的人相差不多，如果我付出相同程度的努力，我也能进入职业联赛，闯出一番天地。Under Armor就成了这种精神的寄托物，这可谓是非常成功的营销策略。

奥尔森教授的文化课程也十分有趣，我们不仅了解到不同国家、不同地区的不同文化，更深入了解了这种文化是如何形成的，最后还用两种模型帮助分析不同文化的特质。黄教授的领导力发展课程让我印象深刻，课程中深刻探讨了领导力的来源，强调每个人都能成为一个好领导者（leader），并推荐我们阅读其兄弟的出版物。

美国教授的课堂互动和课堂参与的要求非常高，在这点上我们这批同学做的还有所不足，虽然也有几位同学经常回应老师的问题并主动提出问题，但主要还是固定在那么几个同学身上，我想这和平时在国内的学习状态有关，国内课堂并没有着重培养我们这一方面的能力。

城市

圣迭戈真的是一个度假胜地，这里有着加州美好的天气，按County President的话说，天气只有Good和Better。这里又是滨海城市，大大小小的海滩不计其数，离学校不远的一处是黑滩（Black Beach），那里我去过两次，一大特点是海滩在山下，从山上到海滩的路很险很长，每次上下都累得够呛。另外，这里还是个裸体海滩，在高峰期去的话（下午），会看到很多男男女女没有顾虑地裸体晒太阳。还有一个遛狗海滩（先姑且这么叫它吧），是寄宿家庭带我们去的。另外在奥莱那边也有一处Ocean Side海滩，风景算是几处海滩中最美的。最后就是我们看海豹的地方有一处小海滩，但那里更多的还是海边岩石，海豹就平躺在这些岩石上晒太阳。海豹算是国内很少见的动物，亲眼见到让我们很开心，但它们身上总散发着恶臭。我们去的这一个月，刚好还赶上圣迭戈一年一度的动漫展（Comic-Con），也就是国内常说的动漫人物角色扮演（cosplay），各类角色，动漫的、游戏的、电影的、电视剧的，都会出现在现场，据说卷福也亲临现场，但他只在有门票准入的地方出现，而门票早在几个月前就售空了。尽管如此，在主场外也有很多可以看可以玩的，化妆者很热情，会欣然答应每一个合影者的请求。

通过一个月左右的体验，我切身感到这个城市主要有这么几个特点：其一，车辆礼让行人，不管有无红绿灯，只要看见了行人穿过，就算在几米开外，这里的司机也会减速慢行。这是令我感到很意外的一点，开始我以为这是这里人文明的习惯，后来才知道这是加州的法律规定。其二，这里的饮酒年龄是21岁，在来之前我确实没有想到像美国这么自由的国家居然饮酒年龄设定这么晚,而他们的驾驶年龄却很早。其三,让座在国内我已经养成了习惯,不管是坐地铁还是公交车,空座不是太多就选择站着,有老年人上车就主动让座,但在这里,我每天坐公交车上下学,很多次试图礼让座位,但对方大都不予理睬。我想这也许和美国人那种自强独立的心态有关吧。

寄宿家庭

我们的寄宿家庭是个重组家庭,女主人瑞秋(Raychel)是墨西哥裔,是主要接待我们的人,男主人丹尼尔(Daniel)是一名主厨,这让我们感到非常幸运。虽然由于主厨一天的工作都在做饭,回到家的饭菜有时也就敷衍着过去了,但不得不说丹尼尔的厨艺是令我们惊叹的。且不说他在 Youtube 上已有上传做菜教学,单就我们的切身体会而言,他会大量各种各样的菜品,就连中国菜也做得很地道正宗。有一次他做了虾仁蔬菜炒面,令我们大开胃口,有一种回国的感觉。瑞秋家还养了三条狗,品种都不一样,但相处得很好,我们喂给它们东西时从不互相抢,到了晚上不乱叫,自己就跑到沙发上排好位置睡觉了。

瑞秋貌似是寄宿家庭的专业户,与我们同住的还有一个来自沙特阿拉伯的小哥,已经完成了在此的学业但还要待上一阵子。在我们来此的第四周,这位阿拉伯小哥就走了,但马上又添了一个芝加哥来的小伙,刚毕业被分配到圣迭戈工作,由于没有找到地方住先寄宿在瑞秋家。可见瑞秋是十分好客的,也许是想给这个重组的家庭增添一些气氛吧,我十分肯定我们走后很快会有新一波学生寄宿在她家。

(作者:白桐延　经济学院 2013 级本科生)

美国暑期交流感想

　　我叫蔡南,来自文传学院,广告专业。于2016年7月16日参与了由经济学院主办的暑期国际交流项目。此次交流活动成了我人生中最为难忘也是最为珍贵的经历。下面就让我来分享一下这一个月的奇闻逸事和校园生活吧。

　　关于我的寄宿家庭(Homestay),用4个字来形容:非常满意!在这期间,由于一些个人原因,我换了一个家。先说说第一个家(F1):F1是一个不靠近海的精致小公寓,装修布置得非常舒适干净。家里有5口人:爸爸、妈妈、弟弟和两个妹妹,每个人都特别好相处。刚来到美国,很多事情不太熟悉,总觉得很孤单无助。爸爸妈妈非常贴心地问我们有没有什么想去的地方、想买的东西。他们非常愿意开车带我们到四周转转。就这一个小小的举动,让我感受到了身处异国他乡的温暖。我们坐在车上,他们也会非常热情地与我们聊天,谈谈美食,聊聊音乐,为我们介绍圣迭戈周围好玩的地方,还带我们买了许多日用品。周末还有家庭活动:带着食物与毛毯来到社区草坪看电影《疯狂动物城》。伴着明媚的阳光,吃着美食,喝着冷饮,坐在草坪上看着可爱的孩子们打闹嬉戏,听着电影开场前的社区音乐会,感受着圣迭戈人民惬意的生活。虽然由于一些原因只与他们相处了短短的一周,但我依然很开心、很感谢他们给我带来的轻松与愉悦。

　　伴随着不舍,我来到了第二个家(F2):F2是一个沿海的2层小型别墅,配有游泳池。家里有三条狗、一只猫、一只乌龟、三只鸟,简直是一个小型动物园。房主只有朱迪(Judy)一人,我们5个女孩合住在一起,早上我们可以自己做早餐,烤土司、煎鸡蛋、煎培根,再自制一些简易沙拉配上一杯浓浓的咖啡,开启这美好的一天。晚餐通常是朱迪为我们准备:米饭、沙拉为主,每天会有不同的配菜,意面、鸡肉、牛肉、派、韩国料理……非常丰富美味。除了美食,我们经常会和朱迪一起出门听音乐会,感受圣迭戈的文化,享受极度视听盛宴。我们还有家庭晚间电影活动,全家人聚在一起,窝在沙发上抱着狗狗看电影,时常还能听到来自朱迪的影评。这种活动不仅锻炼了我的口语听力,更让我了解到了美国文化的不同方面。通过与这两个家庭的朝夕相处,让我深入了解到美国人民的生活习惯、交流方式和处事风格。

　　关于校园生活,我的感触颇多!先从校园本身说起。加州大学圣迭戈分校(UCSD)面积很大,最著名的就是它的图书馆,形状特别奇异,堪比一件艺术品。周围的景色特别优美,有草坪、水池。校园的食堂也特别大,有各种美食:希腊餐、印度餐、中餐、日本料理、韩国料理、美国快餐,堪称是一个味觉盛宴。说到校园,肯定免不了要谈到课堂学习,这也是给我感触最深的一部分。我们 36 个交流生在一间大教室里上课,课程一共有三门:全球文化、领导力、市场营销,另外还有三个讲座。每个教授都非常专业可爱。给我印象最深的就是讲"领导力"的黄教授,他是一个年过花甲的亚洲老头,非常可爱。他已经在美国生活 50 多年了,讲课风格是非常美式的自由风格(free-style)。他经常鼓励我们要在课堂上多发言,随意发言,畅所欲言。我由一个典型的害羞的中国学生逐渐变得更加开放,更加自信,更加敢于发表自己的看法,逐渐形成了自己独立的观点与见解。

第二个给我留下深刻印象的是女教授奥尔森(Olson),她让我们更加直观地了解到美式教育。她讲课的风格更加随意,语言幽默风趣,经常会运用一些夸张的面部表情和肢体动作,给我们留下了非常深刻的印象。同时她讲课的内容也不是枯燥的概念定义,没有大量的文字资料和死板的课堂气氛,相反地,她课堂上带给我们的大多是一些抽象夸张的图片、简短精练的文字和生动具体的小故事。把抽象的文字概念转化成易懂简单的图片与故事,让我非常享受课堂上的时光,也能很好地理解老师所讲的内容。

在课程的最后,我们有一个小组大作业——以"中美差异"为主题选一个具体的题目探讨,同时需要在课堂上进行全英展示。这对于我来说无疑是一个巨大的挑战。面对美国教授,全程用英文讲述自己对于中美文化差异的看法,这让我感觉到了压力与不自信。但是我想要克服这种害怕的心理,我想要有所改变,我觉得自己应该采取些行动,做些什么。所以,我向朱迪寻求帮助,她不仅帮助我改了 PPT,同时也教给了我公共演讲的诀窍和秘密,这对于我来说简直就是至宝。虽然心里还是有些紧张,但我不害怕了,我认为自己准备得足够充分,要拿出些自信来。于是,我铭记着朱迪的秘诀站在讲台前,故意放慢了语速,力争把每一个单词都说清楚,把自己的想法表达清楚。慢慢地,我感到自己变得自然,语言、肢体动作,包括面部表情也不再那么僵硬。这一刻,我才了解到此次现场演示(presentation)的意义,它不仅是为了让我们了解中美文化差异方面的知识,更是锻炼我们站在讲台前自信大胆地表达自己想法的能力。毫无疑问,这次课程对英语听力和口语的提升非常巨大,对我的锻炼更是让我受益匪浅。通过这一个月的课程,我学到的绝对不仅仅是知识,更多的是综合的能力。

说完学习,自然也不能忘记游玩!在美国的这一个月,我与小伙伴相约去了不少地方。还记得我们去的第一个地方是 seaport village。在这里,看到了海、军舰、非常精致漂亮的房子,吹着海风,看着树下的鸽子,感到十分平静与惬意。随后,我们就来到了一年一度圣迭戈最为著名的地方:Comic - Con。这里有各式各样的角色扮演,真的是非常有趣,让我大开眼界,我和小伙伴不停地与人合影。之后我们又利用周末时间去了海滩,感受海浪的冲洗。去了洛杉矶环球影城,玩了各种各样疯狂的项目,遇见了小黄人、哈利波特、变形金刚,甚至还有吸血鬼——这一切都是那么的刺激有趣。之后,我们去了圣迭戈海洋世界,观看了海豚、海狮和白鲸的精彩表演,看到了企鹅、海龟及各种各样的鱼,体验了过山车和激流勇进。在这里我感受到了小动物们可爱聪明的一面,也看到了美国人对于动物的发自内心的兴趣与热爱,这些都深深地感染了我。

　　总而言之,通过这一个月在美国的生活与学习,我看到了不一样的天空,不论是知识还是能力,心态还是生活,都发生了变化,都得到了升华。没错! 我更爱现在的自己!

(作者:蔡南　文传学院 2014 级本科生)

圣迭戈是一个神奇的城市

大约在初中的时候就知道了圣迭戈这座城市。这是全世界的农业中心,是助增世界粮食产量的圣地,是金坷垃的故乡("美国,圣迭戈")。

当然,除此之外,更多的还是海洋世界、环球影城等景点,以及同墨西哥相连的地理环境。

一下飞机,在机场就能感受到圣迭戈的温带海洋性气候。这里地广人稀,工厂很少。相对于国内快节奏的生活来说,圣迭戈更加适合悠闲地生活。太阳很晒,但是由于近海的原因,气温并不高。对于生活在这里的人们来说,防止晒伤是更重要的问题。

我寄宿在一家 20 年前移民到这里的菲律宾家庭。当然鉴于最近的国际形势,我们都没有选择政治作为交谈的内容。来时我还担心大家会不会很尴尬,但是今天是住在这里的第 6 天,我们谈笑风生。

要说有什么不习惯的话,就是圣迭戈的公交系统了。由于住在城郊,距离加州大学圣迭戈分校(UCSD)相对较远,一般我们会选择乘坐公交车上学。这里的公交车不同于国内,在工作日一般一小时两班,节假日一小时一班。城市数字化程度很高,通过手机应用可以知道公交车的所在位置,这样出行时就会方便许多。

谈谈我学习的地方吧。加州大学圣迭戈分校(University of California,San Diego)是一座非常美丽的大学。与国内大学感觉不同,圣迭戈分校的分区相对随性。从地图上来看,并不像国内大学四四方方,但是区域分布却非常明显。校园里面有很多让人眼前一亮的景色,比如盖泽尔图书馆,满地树皮散发着香味的小道,工程大楼楼顶的反重力小屋,能看到海岸线的大道。

盖泽尔图书馆共有 8 层,其中地下有两层,作为学生自习的地方。盖泽尔图书馆囊括了图书馆和自习楼的双重作用。1 楼 2 楼作为自习楼,允许小声讨论和交流。越往高层走,对静音的要求就越高,对此官方的解释是:"The higher you are, the more silent it will be." 有趣吧,不是很懂之间的逻辑关系。

值得一提的是盖泽尔图书馆旁边有一个雕像。雕像是西奥多·盖泽尔在创作《戴帽子的猫》。没错,盖泽尔先生出资建造了这座图书馆,而圣迭戈分校也因为他的慷慨捐赠为他树立了一座雕像。

和国内的老师上课有些不同的是,国外的老师对于苏格拉底那一套教育方法用得很顺手。相对于用教案来直接教授学生们的教育方法,他们更喜欢用师生问答的方式来引导我们。

我们还去了环球影城主题游乐园。那里面有很多著名电影中的场景,还有很多高素质的演员进行现场表演,当然最让人激动的还是身处电影场景之中的感觉。《侏罗纪公园》《变形金刚》《哈利波特》《辛普森一家》《行尸走肉》《卑鄙的我》,一处处经典影片场景的再现,简直让人童心爆炸。

海洋世界特别有趣,看了海豹海滩以后,你就会觉得任何动物争地盘什么的都是假象(其实是真的),因为它们跟人类距离如此接近,还都是野生的。不过它们好像胆子有点大……包括旁边的海鸥,站再近它也不会怕你。这些动物都特别有灵性,除了动物们的表演,还有杂技团的精彩演出,也是非常的赞!

Mushu 是寄宿家庭养的小狗,特别萌,此刻,我格外想念它。

(作者:曹思楠 法学院 2013 级本科生)

交流感想

2016 年 7 月,我有幸来到加州大学圣迭戈分校,进行了为期四周的暑期交流。对于第一次进行校外交流,也是第一次出国的我来说,这次交流无疑是收获颇丰的。期间我不仅学习到了许多新的知识,而且充分体验到了美国生活,感受到了美国的文化,这些都增长了我的见识,拓宽了我的眼界。这样的收获令我惊喜,仿佛一个人拨开了夜空中的一片云,本只是为了看一看是否那里遮着一颗星,却无意间发现云的背后竟藏着一道美丽耀眼的银河。我深觉自己无比幸运,并感谢那些交流期间给予我帮助和关怀的老师、同学和外国友人,也希望今后还有机会参加这样有意义的活动。

写下这篇交流感想的时候,我已经离开美国快一个月了,但交流期间那些宝贵的记忆和深刻的感受却丝毫没有淡忘。为了全面介绍我的这次交流生活,我会从学校情况、课堂情况、生活状况、游历内容几个方面着手介绍,希望我的这次经历能带给阅读此文的你同样的愉悦和感动。

加州大学圣迭戈分校(USCD)位于著名的拉荷亚(La Jolla)海岸边,其面积之大,亦如宽阔的海洋,不同学院和建筑的布局很分散,就像海上散落的船只。如同大多数美国高校一样,它的校园是与中国大学不同的开放式校园,以一种敞开怀抱的姿态迎接着来自世界各地的学子们。

我最喜欢的,是在波塞冬雕塑边的小店里买上一碗自选冰淇淋,捧着一路沿着坡向上走,与安静伫立路边的 Bookstore 相视一笑,与追风的滑板男孩们擦肩而过,感受着这所异国校园里的沉静与活力。斜坡的尽头是一个十字路口,路的前方是一大片黄色的树林,不知这林间是否分出了两条路让人选择?我踏碎一片迎接秋的落叶走进密林,惊醒了一只黑色的鸟。它突然从我眼前掠过,振翅间带起荒草与细小的沙石,双翼扇起的风却带着海的咸湿气息,仿佛海洋与陆地在此相遇。蓦地,一曲轻扬的音乐穿过树林传入我的耳侧,寻着音乐的方向找去,在一处空旷地,我见到了一棵藏匿在树林间的黑色的树。这棵树枝干没有树叶,有人告诉我,它的生命本已经结束了,于是全身被钉上钉子做成了铁树,继续高昂着光滑的脖颈立在这里,用灵魂吟唱着。校园里像这样的树还有两棵;除了隐秘在另一片树林里会朗诵诗歌的"文学树",还有图书馆前的"沉默树"(silence tree)。它安静地矗立在那里,仿佛已沉浸在字里行间。

被一片片黄色树林环绕着的,是圣迭戈分校最具标志性的建筑——镜面图书馆。图书馆的外墙由玻璃制成,倒映着澄澈的蓝天和悠然的白云,仿佛世界在对着镜子顾影自怜。馆内藏书海量、设施齐全,不仅一层提供了电脑,并且每一层都有许多书桌用于自习。放学后来到图书馆,捧一本书在桌前阅读,让暖暖的阳光透过玻璃窗洒在书页和肩头,不只是在学习,更是一种享受。

美国的课堂风格也与中国不尽相同。教授商务战略(Business Strategies)课的老师上课十分有趣,言不足以达意,便手之舞之足之蹈之,课堂仿佛成了她表演的舞台。她用生动的讲解,将我们带入以橄榄球精神为代表的美国文化世界,带我们看到汗水与碰撞背后蕴藏的美国人对自由、平等、个性的追求,并让我们更加深刻地理解了中国人深入骨髓的家国情怀。领导力(Leadership)的老师热衷于和学生交流,他的课堂总是最活跃的。在他的一节课上,我们做了 MBTI 性格测试,测试结果显示我是 ENTP 发明家人格,这让我对自己有了更加清楚的认识。教市场营销(Marketing)的老师自称是一位跟不上时代的功能机忠实粉丝,但我们有幸见证了他换上智能机的全过程。他常常会分享自己的生活经历,来帮助我们理解课本上的知识。最令我印象深刻的是他说的为妻子买包的故事,最后得出的结论更是让我记忆犹新:"Happy wife, happy life."

参加这次交流项目的同学被分为两人一组,住在寄宿家庭。我被分到的寄宿家庭离学校很近,主人是一位漂亮的单亲妈妈,带着一个可爱的两岁小男孩。当她告诉我们她已经离婚两次了时,我其实是惊讶又怀疑的,毕竟她看起来幸福又快乐,甚至有孩子般的淘气与活力,像所有年轻女性一样追求美丽和打扮自己,并且爱好广泛,喜欢打网球、游泳、跳舞。她就像我想象中《飘》里的女主角郝思嘉,即使在爱情里受过伤,即使经历过不幸与痛苦,仍然对生活充满期待与希望,仍然无比热爱着生活。

圣迭戈及附近有许多好玩的地方和著名的景点。在一个周末,我和朋友去了位于洛杉矶的环球影城。其中的 4D 室内过山车真是绝妙,它能让人身临场景之中,带入感十足。尤其是其中的哈利波特主题园,不仅还原了霍格沃兹学校的建筑场景,还有许多店面售卖周边产品,并且在城堡中排队的过程中,游客能全程观看哈利波特的剧情。

值得一提的,在环球影城内,我们能看见许多坐在轮椅上的残疾人和老年人,并且每个设施都有残疾人的专用通道,让他们能享受到与正常人同等的娱乐权利。不像许多在中国的残疾人或老年人,因为腿脚不方便,或因为害怕周围嘲讽、歧视的目光,他们更多选择尽量不出门,更别提去娱乐场所享受生活。虽然苍天无情,剥夺健康,偷走青春,但人间有爱。因此我认为,我们国家对弱势群体的关怀,确实亟待提高。同时,美国人似乎在职业平等上做得更好,不同职业、收入、社会地位的人们也能成为朋友。每天清晨搭公交车时,乘客和司机总会亲切地微笑打招呼。我曾见过开着豪车的青年,主动要求送海滩捡瓶子的老太太回家;也曾见过在公交车上女司机被醉汉骚扰时,挺身而出的乘客。那种人和人之间互相的尊重与关怀,着实让人感动。

再次感谢经济学院给我的这次交流机会,也感谢在这次项目中给予我关照的老师和同学们,谢谢大家。

(作者:陈天娇　经济学院 2014 级本科生)

不一样的交流之旅

学校情况

加州大学圣迭戈分校(UCSD)实际上不在圣迭戈市,而在拉霍亚。这是圣迭戈附近的一个富人区。La Jolla 是西班牙语,宝藏的意思,j 发作英语 h 的音,ll 发作英语 y 的音,所以读作拉霍亚。圣迭戈分校是以世界顶级的斯克里普斯海洋学院及圣迭戈市医学体系为主建立的,拥有一流的研究和教学设施,其中,生物学尤其著名。

初到圣迭戈分校,首要的感受就是校园特别大。圣迭戈分校占地 866 公顷,是加州大学洛杉矶分校(UCLA)的 6 倍,所以,参观的时候会走得比较辛苦。同时,圣迭戈分校在山上,高低坡在这里非常多。第一天报到时,项目负责人带我们熟悉了一下从校园入口到上课教室的路,大概走了一个小时。当然,这包括了讲解的时间,一般来说,从上课的 GPS 教室走到公交站,大概需要花费 25 分钟的时间,还必须是非常快的脚步。所以,开课第三天,终于理解为什么很多人带滑板和自行车上学了。

在学校里,Price Center 位于学校中心,一般中午会在这边吃饭,其中,Panda Express(美国非常流行的中餐)在这里很受欢迎。在 Price Center 旁边有 bookstore,里面有学校的纪念品售卖,同时,也可以买苹果产品和笔记本电脑,会比外边便宜100 美元左右。

一般坐车在 Gilman Dr. 公交站,凭着开学发的一个月的公交卡,可以免费坐公交车。学校附近有两条公交环线,201 和 202,一个顺时针开,一个逆时针开。这条环线上有很多小区,大多是圣迭戈分校学生住的地方。在 La Jolla Village 那站,会有很多购物商城和超市。同时,两个环线坐到头,就是 UTC 公交站,这里是个换乘中心,有许多路公交车,同时,UTC 有个购物街区,包括 Nordstrom,Macys,Sephora 等一些大型的商城,隔段时间就会有许多促销活动,非常适合各种"买买买"。

在 Convoy 和 Clairemont Mesa,有中国超市、韩国超市、日本超市,有 Target、有85 度,还有各种中餐(川菜粤菜都有)、日料、韩式烤肉。更远一些可以到时尚谷(Fashion Valley),比 UTC 更全一些的购物中心。去那儿其实也不难,从学校坐 41路到底站或者坐 150 路到老城(Old Town)再转地铁。由于圣迭戈分校比较方便的交通,去附近的海滩也好,远一点的购物中心也好,都不是难事。

生活游玩

在学校学习期间,会住在寄宿家庭(homestay),寄宿家庭的选择是通过最初填写的申请表决定的,所以,一定要认真填写。我们的寄宿家庭女主人是英国人,所以她非常喜欢喝茶,这让我们的美国生活不愁没有热水喝。寄宿家庭一家人都很热情和友好,刚入住就带我们去了 Point Loma 看灯塔和海峡。

同时,我们会在每天吃饭的时候交流一下今天的经历,以及一些日常生活话题,这无疑是提高口语的捷径。因为热情的寄宿家庭主人,我们还参加过一次比萨派对(pizza party)。开始,我以为就是吃各种比萨,后来才知道,是自己 DIY 比萨,自己擀面皮,自己加馅料,然后自己烤完分享给大家吃。party 上有中国人、日本人、西班牙人、英国人、澳大利亚人等,大家一边聊天一边唱歌,一边吃比萨,真的是很有意思的活动。

由于圣迭戈分校周围海滩很多,下课后,我们便会去海滩玩。圣迭戈主要有两个大的海滩,拉荷亚海滩(La Jolla Beach)和太平洋海滩(Pacific Beach)。如果在学校,坐公交就可以到拉荷亚海滩去玩,拉荷亚这块的海滩很多,如果想看海豹,就要去拉荷亚海湾,可以非常近距离地看到海豹,如果不怕意外伤害,摸海豹也是可以的。这片地区的房子是全美房价最贵的房了之一,景色非常漂亮,而且也有很多景色很好的饭店可以去体验,边吃饭边看海滩景色和海豹海鸥,心情真的很好。

这里还有个公园,没有海豹,但是人非常多,许多小孩躺在滑板上等着海浪淹没他们,如果要去这里玩,一定带好泳衣,因为你一定会忍不住下水,也不用担心玩完水后的冲澡问题,会有公共的喷头,非常方便。

如果更喜欢现代的海滩,有酒吧,有帅哥,可以冲浪,喜欢各种水上游乐项目,那就可以去太平洋海滩,这里会有更多的年轻人,尤其是晚上非常热闹,时不时地还会有小型音乐会举办。

圣迭戈还有个特别有名的游乐园——海洋世界(Sea World),去这里,其实主要是看各种动物表演,非常精彩,最有名的是虎鲸表演。当然,海豚、海狮等的表演也很有意思,非常值得去看。看表演时,座位也是有讲究的,座位上会标注哪几排是会湿身的区域,所以,在坐之前,最好先考虑清楚。如果是中午,我觉得湿身会很凉快,干得也很快,但是如果临近傍晚,最好还是靠后坐,如果不小心被淋湿,在游乐场各处,也会有烘干衣服的房间,很方便。

在海洋世界里,还有一些游乐设施,过山车、漂流等,最好早上早点去,先把过山车玩完,因为到了中午,排队时间会非常长。傍晚玩漂流等一些水上项目,可能会很冷。同时,也可以在海洋世界里参观各种海洋动物,每个动物的水池设计都非常人性化,特别方便观看。例如,虎鲸的观看,可以走个下坡,以水下的视角观看;也可以去餐厅位置,以水面上的视角观看。也可以坐观光塔,可以俯瞰整个海洋世界。

圣迭戈还有另一个比较有名的地方,就是动物园,圣迭戈动物园是全球最大的动物园之一,占地100英亩(约40.5公顷),拥有世界上最先进的管理设施,栖息着800多种动物,包括猎豹、麝香牛、赤熊、火烈鸟等稀有物种。公园内有巴士可供游人乘坐,也可以搭乘空中缆车skyfari。除了动物,园内随处可见的亚热带植物群落也很有名。其中动物园以"熊猫区"人气最旺,熊猫是从中国运来的,展区位于动物园的正中央。动物园设计的特点之一,是大多数动物都是处在高于游客的位置,需要略仰视去观看,体现了对动物的尊重;还有每天定时的Keeper Talk,可以和饲养员互动。除了动物展示之外,动物园也不忘顺便秀一下丰富的植物品种,比如围出一小片土地种满马达加斯加岛特有的植物。这个动物园,对于喜欢生物的同学来说,是个非常好的游玩场所。

暑期圣迭戈分校交流项目,带给我不一样的体验。

(作者:陈雅菡　经济学院2013级本科生)

2016 暑期交流感想

学校情况

首先,UCSD 是加州大学圣迭戈分校(University of California, San Diego)的简称,在 2016 美国新闻与世界报道(US News)全球顶尖大学排名中位列全球第 19 位。它是一所位于美国加州的著名公立大学,属于加州大学系统之一,位于南加州圣迭戈市的拉荷亚(La Jolla)社区。

课堂情况

交流期间我们一共学习了三门课程、听若干讲座和进行了一次圣迭戈政府(San Diego County Government)的参观。

1. 市场营销与管理(Product Marketing and Management)

通过大量案例,提纲挈领地讲了关于市场营销的各方面知识,包括基本原理、产品策略、定价策略、市场调研、市场细分等,并分析了全球化背景下中国企业进入海外市场所面临的困境和需要的改变等。最后的期末论文是对小米市场营销的案例分析,运用了之前课程所讲授的知识。

2. 全球商务战略(Global Business Strategies)

理论性地分析各国文化差异的现象和成因,包括地理环境如何影响文化形成;通过 primary message system 的十个方面分析各国文化差异;介绍了 Hofstede cross-cultural values,对文化差异形成理论性的归纳并且探讨其如何影响决策等。在这门课上,我们还分成 4 人一个小组,以小组为单位进行关于中美文化差异的现场演示(presentation)。

3. 组织领导力(Organizational Leadership)

教授是一个华裔老先生,主要是在讲如何"领导自己"、意识认知层面的各种东西,还有如何理解别人和沟通等。虽然给我的感觉这门课的内容比较鸡汤,不过这位教授很有感染力,本身也是个很有趣的老头儿,让我感觉可能这确实是他活了大半辈子之后浓缩下来的人生感悟,然后传达给了我们。所以这门课听上去感觉实质性的东西较少(可能我们谈到实质性的内容时说的是知识点、概念这一类的东西),但是这门课对于我们未来的影响甚大,或许在将来的某一天,在遇到问题或面临决策的时候,会忽然回想起这位教授所传达的理念,从而解决我的问题或改变我的决策。

圣迭戈政府的参观,由 supervisor 介绍了美国 county(郡)和 city(市)的区别,关于圣迭戈的地理环境、发展状况。之后回答了同学们提出的各种问题。

相比国内,国外的课堂氛围更轻松随意,天马行空但都紧扣主题。学生可以自由发言,随意切入。虽然目前国内高校在加强学生自主学习方面做了很多积极的努力和尝试,但或许是因为课堂学生人数太多,或许是传统的授课模式还根深蒂固,课堂氛围还是略显沉闷了些。虽然由于专业门槛、英语口语水平等多方面因素的制约,我们没能做到在每门课上都展开热烈的讨论,但这里的教授们的确都非常鼓励我们在听课的过程中遇到不懂的地方随时提问,有异议的地方也可以随时提出,当堂讨论。课堂活跃度最高的一门课当属"组织领导力",在老师的鼓励和引导下,同学们努力用有限的英文表达着课堂所学之心得和日常所见之感悟。

生活状况

住宿方面,我和另一个同学住在一家墨西哥老夫妇的家里,老两口人很善良,对我们很好,尤其值得称道的是老爷子做饭非常好吃,每天的晚饭换着花样做,而且味道都很好。因此这四周的时间几乎完全没有感受到出国普遍遇到的饮食不习惯问题。

在这儿每天坐公交车上下学,而公交车站都有通过短信查询实时车辆信息的功能,准确的回复距离下班车到站还有几分钟,因此这边坐公交车如果掐着点儿去坐车,基本不用花等车的时间。并且车站每站之间间隔距离很短,每辆车之间大概间隔15到20分钟,因此不管去哪儿坐公交车都很方便。另外感谢科技的发展,在懒得坐公交车的时候还有优步(Uber)可以选择。

我们住的地方周围有中国超市、韩国超市、日本超市,也有各种中餐日料韩国烧烤,因此饮食方面随时都能吃到亚洲味道,十分方便。

三周的课程虽紧张,但因为每天三点半下课后的时间都可以自由支配,这三个星期,除了留在公寓完成老师布置的任务外,我们这一群小伙伴如同寻宝一般,几乎跑遍了圣迭戈城市的各个角落。沿着海岸线各有特色的海滩、充满童话色彩的巴尔博亚公园、精彩缤纷的海洋馆、别具特色的科罗拉多岛……甚至是远近大小的购物中心,我们都做好了攻略和准备,并在合理的安排下无一遗漏地尽情游览、感受。城市临海而建,却没有内陆沿海城市的潮湿咸腥,海边有慵懒的海狮,逐鸟的幼童,还有我们学着当地人的样子扔橄榄、玩飞盘,留下无数欢声笑语。

正如人们都说的那样,这个城市的美丝毫不会因为期望值高就让人失望,反而总会比想象中的更美。它美得那么惬意,那么自然,那么不露痕迹却又暗藏惊喜,让人无法言说。不同于传统中华文化中庙宇宫殿的恢宏壮美、园林掩映的曲径通幽、青松翠柏的超然洒脱、明月清泉的闲淡雅趣,圣迭戈给我的感觉只有宁静,而我,在这充满异域风情的油画里,在这平静安稳的现世间,只觉得身与心都在悄然释放。

游历内容

在圣迭戈,包括在四周课程结束之后去的洛杉矶和旧金山,遇到的所有人都很好。无论是看见我们站在路旁犹豫要不要上车而好心询问又耐心解答的公车司机,还是对因误推商店的门而引起警铃大作的我们报以友善微笑的超市管理员,无论是迭戈当地人还是 ABC 或亚洲其他国家的人,他们对我们的问题都是有问必答。不讨论个例,那边整体人民的精神状态都比国内更有朝气,每天碰见的大多数人,哪怕是从事简单重复工作的公交司机、售货员等,都充满热情,态度友善。这里人们的整体素质是很高的。最简单的例子,每个人都很遵守社会秩序,比如排队,在买东西的时候,哪怕我只是站在收银台的旁边八丈远,没在排队,有人进来之后也会问我 Are you in the line? 确认之后才会走到收银台前。而我回京的第二天早上去买一次早点,就碰见好几次插队的人,反差之大令我印象深刻。

在课程结束之后我和另一个朋友一起去了距离圣迭戈车程仅 3 个小时的洛杉矶,停留了三天,去了洛杉矶的下城、好莱坞、圣莫尼卡(Santa Monica)海滩和环球影城。之后走著名的一号公路一路向北,沿途边走边停,最后抵达旧金山。在旧金山又停留两天后回国。这一路给我最大的感觉就是:还是家里舒坦!

(作者:陈子木　财税学院 2013 级本科生)

美国交流

——一次不一样的体验

作为一名到美国学习交流一个月的大二学生,我最初的目的不仅仅是为了学习。二十年生活在北京甚至连外地都没怎么去过,我心里感觉压抑和自卑,总希望见到不一样的风景,体验外国人的生活方式。我的英语成绩虽然不是好得拔尖,但口语绝对超群,这一点到美国也得到了证实。这么优越的条件在中国却无用武之地,我实在不甘心。如果说正经一点的动因,那大概是我想领略一下外国的启发式教育方法,以及国外学术研究的情况。当前经济形势是全球的热点,经济乃是国家和个人发展的基础,我迫切地想知道更多当前的经济形势,以及在美国人眼中中国以及其他国家的样子。

也许这曾经是一个冒失的决定。毕竟二十年不出北京,直到抵达美国听到潮水一般的英语时,我才从心里意识到这里不再是我熟悉的中国,惊讶得难以相信。当然我从没有后悔选择这里。这里有新鲜的空气,如诗如画的大海,亲如父母的寄宿家庭主人以及不同的生活方式。这些都让我感到新鲜有趣。

到美国最先接触的是英语。很高兴,许多美国人都会问我从哪里来。因为他们不明白,为什么这个黄皮肤的亚洲年轻人有着让他们都分辨不出的欧洲口音。英国、法国、中国香港和欧洲大陆,老外们告诉我他们听不出我是中国来的。他们更不敢相信的是,我竟然没有出过国。觉得我说话像法国人的男孩问我,为什么刚学了几个月法语就能这么轻松地以假乱真,而他学了几年西班牙语说得还是不好。这件事着实让我窃喜了一番。

寄宿家庭一家和我朝夕相处。他们是墨西哥移民,二层小别墅里住着 16 口人。一家人不仅其乐融融,对我们也非常热情慷慨。孩子们没有父母的管束,性格独立而且人际交往能力特别强。他们乐于和我们交朋友,和所有性格的人都聊得来。他们喜欢闹,爱笑,一点小事就能让他们开怀。他们重视家庭,重视团聚,一家人经常在一起聚餐,每两周他们还会邀请各自的朋友在家中聚餐。大家在一起有说有笑,互相嬉闹,离开的时候也是带着笑容互相道别。这一个月的熏陶甚至让我的性格都变得更加开朗了。

对于我们来说,最重要的莫过于各种课程,我们在加州大学圣迭戈分校学习了一个月。那是个世界排名靠前的学校,不仅教育资源丰富,景色也十分优美。校园里不同的教学楼拔地而起,每天看形形色色的人们穿越校园。既有匆匆走过的学生,也有慕名而来的游人。一个月的校园生活对我来说,仿佛一场美妙的梦,曾经存在现在却感到遥不可及。

我们在加州大学圣迭戈分校主要学习产品市场与管理、组织领导力和全球商业战略三门课程。产品市场与管理是一位和蔼可亲的美国老先生授课,主要的内容是市场营销的渠道和方式、不同商品的营销方式,以及商品的品牌效应。在他的课上,我了解到市场营销人才是目前社会短缺的人才,社会不再缺乏生产力,而是急需将多余的商品卖出去。市场营销是一门复杂的学问,步骤极其烦琐且实现较为艰难。同时,营销的同时需要很细致地考虑消费者的心理。这其中包括商品的价格、创新以及品牌效应。品牌效应被单独提出来作为一节课。目前世界前一百强的品牌,中国占到极少一部分,而美国则是优秀品牌集聚地。老先生告诉我们,中国品牌需要创新和开拓市场,同时质量需要提高。不过他说对中国的品牌很看好,也许未来的二十年甚至十年里,中国会有更多的品牌走向世界。

组织领导力是一位在抗日战争期间移民到美国的中国老人授课,这门课的授课内容稍微偏离主题。老先生对领导能力并不做过多介绍,而是大谈生命哲学。Life is good! 这是他经常提起的一句话。他让我们每天面对镜子里的自己微笑,每天想想令自己高兴的三件事,以及将学过的知识发短信到中国告诉父母等。他教会了我乐观和豁达,也许这正是美国人积极向上的原因。

一个慈祥的美国老太太教授全球商业战略。她的课程的主要内容是讲述世界各国的文化差异。围绕不同方面,大到各国政治小到居家生活,她都能通过语言将各国的生活状态生动地呈现出来。她从美国与中国的差异延伸到美国与欧洲大陆的差异,又讲到非洲甚至南极和北极,好像一次奇妙的环球之旅。我十分钦佩这位教授,她在上课前刚从北京赶回美国。她曾游历欧洲和非洲许多国家,研究过不同国家的文化。她还对中国的百家争鸣很感兴趣,专门对此做过一番深刻的思考。不得不承认,第一眼看到这位教授就觉得她有一种无与伦比的气质。这位教授很注重打扮,每次上课都把自己打扮得漂漂亮亮,但她基本不化妆,属于自然的气质美。她上课侃侃而谈,从不大讲定义和概念,而是从生活中的实例出发让我们身临其境地感受不同文化。在我眼里,她是一个完美的人,无论是学识和人格,都具有无穷的魅力。

我们还会偶尔接触一些讲座,一般都是较难的课程作为讲座课程。最后一节课尤其令我印象深刻。一位研究了一辈子中国经济的美国老先生,对中国目前的经济形势给我们做了一次细致的分析。他的中文比我们的英文还要好,可以毫无障碍地用中文和我们交流。在他的课上,他用各种数据和图表向我们描述了中国经济的现状。他认为,中国正处在高速发展之后停滞不前的时期,正如同曾经高速发展过后的韩国和日本。他说这是全世界的经济现象。某一国家经济高速发展二十多年后便会陷入停滞不前的困境,只有及时转型或正确的管理才能转危为安。他指出,中国目前最大的问题就是经济发展不均匀,地区间以及社会阶层之间贫富差距过大。中国人口很多,使得经济总量居世界前列,然而人均经济水平还不高。例如,中国小汽车的普及速度和总数比美国都要高,然而人均汽车保有量美国却是中国的五倍。老先生讲,中国目前处在很艰难的时期,只有慢慢改善经济发展的不均衡以及社会问题,才能慢慢走出目前的困境。这是给我印象最深的一节课,这位美国老先生的坦诚也让我肃然起敬。

除此以外,令我感受颇深的还有美国公共设施的人性化和人民素质。美国的公共设施都体现着非常强的人性化特点,例如厕所永远干净如新,永远能在厕所里找到厕纸。公交车也有方便乘客和残疾人的装置,每辆车也都有准确的时刻表供乘客参考。美国人素质很高。刚到美国的前几天,我甚至不敢相信自己亲眼看到的一切——所有小汽车自愿停下来等行人过马路,尽管周围没有摄像头;在餐厅大家吃完饭都主动将餐盘放到残食台;上车和下车过程中,总会听到司机或乘客相互致谢;当我遇到困难时,绝大多数美国人都会竭尽全力帮我,直帮到我不好意思了他们还会不停地嘱咐我……这些都令我感到震惊和感动,因为在中国几乎从来不会见到。在这种环境下生活一天的感觉是舒适而温馨的,晚上睡觉也会做好梦。我也会想到去尽量帮助遇到困难的外国人,这大概就是国民教育的力量。

课余时间我也去游历圣迭戈。去过野生动物园和海洋公园,还站在美国边境的大桥上遥望墨西哥。美国的公园的确更加有趣,野生动物园里的鸟类甚至散养,但它们从不飞走。海洋公园里的海豚和海豹可以让游人随便触摸,摸起来就像橡胶皮。海洋公园里有不少表演,每个都精彩绝伦,引人入胜。时间的缘故我并没能游历更多,但这些经历足以让我久久怀念。

我只能说这次经历带给我不少惊喜。也许将来的某一天,我会再次坐上飞机去往美国吧。

(作者:崔天旭　经济学院 2014 级本科生)

来到了梦想中的国家

就在今年，我十分荣幸可以参加我们学校的暑期项目，而且来到了美国加州大学圣迭戈分校。去美国是我从小的梦想，一直想去这个梦幻而神奇的国度。本来我都不知道自己什么时候可以去美国，但来到大学以后我的这个梦想竟然实现了，首先要在这里感谢学校给我这次机会，让我感受到了实现梦想的激动，然后还要感谢我的父母对我的支持。

在去美国之前，我们所有同学都准备了好久，我也对这件事情激情满满，填完申请表以后马上去办理了自己人生中的第一本护照，之后每一天的等待都是煎熬，一心想着护照什么时候可以拿到手上。每次老师在讲关于去美国的相关事宜时都认真听，认真完成每一项任务。拿到护照，办完签证，随时准备出发。

终于到了 7 月 16 日，我们起飞了，坐了长达十几个小时的飞机，来到了西雅图，然后转机来到了我们的目的地——圣迭戈。一下飞机，我们寄宿家庭的主人来接我们了，一直被我们叫"妈妈"(mum)的女主人，和后来跟我关系非常不错的女儿。在车上我感觉到了一种莫名的陌生，好像是我的认知在作怪。因为到家时是晚上，所以第一天没看到什么风景，但是隔天早上起床后，跑到外面的我当时被眼前所看到的景观震撼了！哇，实在太美了，比我想象中的还要美，它真把我迷倒了。门口停着几辆车，全是他们家的；天气出奇晴朗，跟我家乡有的一比；对面有一大片草坪，后来那里就是我们玩的地方和遛狗的地方；草坪旁有个特别干净的游泳池；街道上几乎没有什么行走的车辆，也没什么行人，特别安静和干净。然而，在房子里的生活让我感到十分热闹。因为我们的家庭是个四世同堂，再加上我们四个来自中国的学生，还有四条狗，大家在一起时特别热闹。

周一到了，早上我们吃到了"妈妈"精心为我们做的营养早餐，吃完早餐，要去上课了，第一天是"妈妈"送我们去的，之后的每一天都是我们自己乘坐公交去上学和回家，让我们感受美国学生的生活。

加州大学圣迭戈分校，隶属于加州大学系统，成立于 1960 年，位于美国西部小城拉荷亚(La Jolla, CA)，是美国的一所著名公立大学，也被誉为"公立常春藤"之一。整个学校坐落在山上，所以走着去上课非常吃力。在学校里，Price center 位于学校中心，有 Panda Express、赛百味(Subway)、汉堡王(Burger King)等快餐，我们每天的的午餐基本上都是在这里解决的。旁边也有 bookstore，卖书和学校的文化衫，下午下了课我都会来这里逛逛。在校园里,到处可以看到学生在用滑板当作自己的代步工具,看起来特别酷,所以在一个周末,我特地跑到了当地的奥特莱斯买了属于自己的第一个滑板,从那以后我每天都带着它,上下课滑着滑板,仿佛我就是这里的学生,体验着他们上下课的感觉。

上课期间,我感受到了美国的教学方法,认识到了美国学生的学习风格和学习氛围。老师不是一味在上面讲,而是更注重师生之间的互动,而且很希望我们能够把自己的问题大声说出来,而不是不出声。虽然我英文不是太好,但是我仍然觉得课很有趣,因为要动脑筋的地方多了,回答问题的机会多了,课就变得更有意思了。同学之间讨论的次数也特别多,所以认识对方也就容易多了,我似乎爱上了这种学习方式,爱上了这种课堂。

在这一个月中,最令我难忘的就是在这里我交到了朋友,他们就是这一家的女儿黛西(Daisy)、两个儿子雅各布和赛地(Jacob & Sebby),还有女儿的三个朋友塞姆、克里斯蒂娜和卡德拉(Sam,Chirstina,Kandra),起初我每天晚上跟黛西聊到很晚,没想到她也跟我们一样,听同样的音乐,喜欢同样的明星。之后我每周跟她去教堂,尽管我不是基督徒,但我还是尊重她的信仰。之后,我就在教堂认识了她的朋友们。他们也跟我很聊得来,而且很喜欢我的幽默,因为我们的笑点差不多同样低。自从那以后,他们让黛西每次礼拜都带上我,后来就很熟了,他们去哪里玩都会带上我。记得我有一次无意间说我很喜欢兰博基尼,没想到说者无意,听者有心,他们带我来到了兰博基尼专卖店,这让我非常感动。现在写这个的时候,其实我是很想念他们的。在我临走前的一天晚上,他们六个人还专门为我送行,把我接到塞姆家,给我专门做冰淇淋、放电影,那天晚上我们聊到了很晚很晚。克里斯蒂娜把她带了很多年的手环送给我,说你一定要回来,到时候记得把手环还给我。我想这次来美国值了,交到了这么多这么好的朋友,我已经心满意足了。关于我跟他们,有太多太多的回忆,实在令人难忘,而且这友情无法形容,来得那么突然而短暂,但却那么刻骨铭心。

美国,不愧是我梦中的美国,它给我的第一印象是那么的美好,感谢"妈妈"和"爸爸",感谢黛西、雅各布、塞蒂、塞姆、克里斯蒂娜、肯德拉,你们给了我那么多美好的回忆。

谢谢你,美国!

(作者:旦增多吉　经济学院 2015 级本科生)

圣迭戈分校暑期项目感想

最初了解到这个项目的时候,我以为是和初中、高中的夏令营差不多。但是随着报名之后经过面试与老师的讲解之后,我觉得在这个项目中可以学到东西。所以,怀着期待与激动的心情,我踏上了赴美的飞机。

经过 14 个小时的飞行,我们终于到达了圣迭戈。下了飞机之后,来到取行李处,便看到举着精美牌子的寄宿家庭(homestay)的主人。在寻找我的名字的时候,脑海中出现了一个问题——我的寄宿家庭的主人会是什么样的呢?带着这样的好奇,我发现了一个被爸爸抱着的可爱的小朋友。当我看到他爸爸手中举着的牌子时,我笑了,这个可爱的小朋友的爸爸就是我的寄宿家庭主人。在进行短暂的自我介绍后,我们又回到了行李处取行李。拿到行李之后,我的美国之行正式开启了。

一进家门,就见到了热情的女主人。我的寄宿家庭是一个三口之家。他们的孩子欧文是一个第二天即将过 3 岁生日的小男孩。主人邀请我和小伙伴参加第二天他们孩子的生日聚会。这一天就在对第二天生日聚会的期待中结束了。躺在床上的时候,内心还是有点不敢相信,自己真的独自跨越重洋,来到了美国。

第二天的生日聚会,我感受到了美国人的热情与豪爽。见到了男女主人的各个亲戚,他们热情地招待我们,告诉我们美式比萨(pizza)的吃法,这一天就在 party 中度过了。而这样的 party,也拉近了我和主人之间的距离。

到达美国的第二天,我们正式开始上课了。早上男主人把我们送到学校。我看到了辽阔的学校。学校建在一个山坡上,有着气派的图书馆、广阔的运动场、菜品丰富的餐厅和各式各样的教学楼。这样的学校,简直犹如一个自然公园。来到学校的第一天,我就深深地被这个学校迷住了,爱上了这个学校。

在加州大学圣迭戈分校(UCSD)的一个月里,我学习了三门课程:组织领导力(Organizational Leadership)、产品营销与管理(Product Marketing and Management)、全球商务战略(Global Business Strategy)。产品营销与管理课程的教授,是一个很美式的教授。衬衫、西裤,是他每次上课时的装束。他有着美国男士的绅士风度与幽默,在课堂上经常会有一些幽默的话语。我印象最深刻的,当属他说过的:You have good wife,have good life. 在他的课上,这些小幽默都蕴含着重要信息。他把繁杂的理论比喻成生活中的事情,让我们能够理解得更透彻。

组织领导力的黄(Huang)教授是一位生在中国、长在美国的华裔老爷爷。上他的课是最轻松、最愉快的。虽然美国的课堂崇尚自由提问，但是有些时候，尤其是在遇到学术性较强或者课堂氛围很庄重的时候，公开问问题是很难开口的。但是黄教授的课程，讲授的是心理学方面的知识，告诉我们要有信心，要会宽恕。他的课堂氛围轻松，同学提问也很多。他会在课堂上给我们做 MBTI，告诉我们每个人呈现的性格是怎样的，不同的性格会有怎样的不同点；甚至还会在每节课后问我们学到了什么。而最让我震撼的就是他的期末考试。他的期末考试不是闭卷测试，不是写论文，更不是做演示（presentation），而是写一份详细的人生规划。通过这个"期末考试"，我对自己进行了透彻的分析，渐渐明白了自己想要的是什么。

全球商务战略的教授是一位刚从中国访学回到美国的女教授。她用对比的方法，为我们展现了世界文化。更通过让我们完成小组讨论与做现场演示，让我们更详细全面地了解了中国与美国的文化差异。

在圣迭戈的这一个月，我不仅学到了理论知识，更深刻了解了美国的文化。周末的时候去了圣迭戈的旅游景点，我看到了海豚、虎鲸的表演；见识了各种威武的军舰；感受到了边境的庄严与肃穆；在 universal studio 体验了现实与梦幻的结合。美国是一个吸引人的国家，不仅是它的景点，最吸引人的，是它的文化。在那里，过马路不用担心汽车会横冲直撞，抢占道路，因为无论在什么情况下，那里的驾驶者都会礼让行人，当行人有意让路给汽车时，他们会招手让行人先行。坐公交不用担心乘客会互相拥挤，抢占车门，因为那里的乘客都有高素质，上车时会互相礼让。迷茫时不会出现不知所措，手忙脚乱，因为那里的路人都格外热情友好，当我遇到问题向他们询问时，他们都会热情地告诉我，甚至会亲自指引我。这样的事情，我在圣迭戈经历了好多好多，多到我以为人本来就应该这样。

这一个暑期项目，让我有许多的感慨。

首先，就学习方面来说，上课勇于提问才会学到自己真正需要的知识。每个人关于课程的需求点是不一样的，即使同在一个课堂，同一个老师，也不能面面俱到，这时候就需要自己主动了。遇到不明白的问题要及时问出来，如果因为不好意思而放弃自己的疑惑，久而久之，就会发现自己并没有学到什么知识。自助提问不仅是学习知识的过程，更是一个锻炼自己的机会。

其次，就生活方面来说，离开父母，远赴重洋，虽然只有一个月的时间，但是在这一个月里，我需要顾到自己的方方面面，从饮食到居住，无时无刻不在锻炼我的自理能力。当我在没有父母的陪伴下去超市挑选蔬菜水果时，才知道自己的生活能力并没有我想的那么强。虽说在宿舍居住，也是离开父母的庇护，但并不需要过多的生活常识。但是在圣迭戈，生活中的方方面面都需要自己打理。通过摸索与实践，我学会了挑选新鲜的瓜果蔬菜，学会了简单的早餐制作，更和小伙伴做了饺子作为对主人的报答。这些看似简单的事情,真正动手操作起来,才发现并不是那么容易。不远行,不知生活难。只有真正体会过,才会懂得。也只有真正体会过,才会在成功时收获喜悦。

最后我想说,一个国家的实力不仅体现在经济与军事实力上,国家的软实力也是重要的一方面。在圣迭戈,我感受到了美国人的素质与涵养,同时也在努力向他们学习。虽然现在还做不到尽善尽美,但是回到中国,我还会保持着那份真善美。

(作者:杜倩　经济学院 2013 级本科生)

加州大学圣迭戈分校交流感想

时间过得飞快,为期40天的美国生活已经结束了。这是我第一次出国,也是第一次自己单独离开父母这么长的时间。可以说,这次出国交流的经历对于我而言意义非凡。尽管美国之行已经结束了一段时间,加州大学圣迭戈分校(UCSD)课堂上教授丰富多彩的授课内容、寄宿家庭(homestay)中与众不同的生活经历、项目中同学们相处的愉快时光,以及漫游美西时看到一处处美景……这些经历至今仍让我记忆犹新。

初到加州大学圣迭戈分校,我就被这里的一切深深地吸引了。从道路两侧散发着清香的小树林,到建筑风格独特的图书馆,再到设计精巧并且适合学生与教授交流的教室,这里的一切都与中国的大学差异很大,让我大开眼界。在课堂上,我深刻地感受到了中美教育方式的差异,相比于中国老师,美国老师更注重与学生的交流互动,几乎每一位教授都会在课堂上鼓励我们积极发言。在课堂上老师告诉我们,可以随时打断他们的讲课,自由地提出我们的问题,这一点与中国老师很不同。对于我而言,在这么多陌生的同学和老师面前讲话,尤其是讲英文,是一个很大的挑战。在领导力(leadership)课程老师的鼓励下,我最终勇敢地在全班同学面前发言,表达了自己的想法。"领导力"课程的老师曾鼓励我们说,"讲给别人听是最好的学习方式",当我在课堂上将我所学的知识与感悟与大家分享时,我感觉我自己对知识的理解也深入了一步。无论是从锻炼勇气还是学习知识的角度,可以说,我从上课发言中受益匪浅。

在课堂上,我另一个感受就是美国教授更注重案例分析,而不是大段理论的讲解。"市场营销"的教授为我们讲授了很多生动的企业案例,从苹果手机、swatch手表到耐克,这些生动的案例不禁让我对品牌的价值与营销策略有了更深入的理解,也让我更好地理解了美国的经济文化。

在课程的考核方式上,美国的教授会更多地选择论文的形式,而不是考试的形式。在圣迭戈分校学习期间,我感觉我们要写的论文真的好多,除了最后的结课论文,在课程中间也有许多论文要写。其实写好这些文章并不简单,要想写好论文,单纯听教授的课是远远不够的,还要自己在课下阅读相关的文献以及查阅大量的资料。我的一个现在在美国读书的朋友跟我介绍说,在美国的课堂上,教授只是给学生一个学习的思路,真正学习要靠自己在课下阅读大量的文献书籍,所以熬夜写论文对于在美国大学学习的学生而言已是司空见惯的事。因此，我认为我应该在本科学习的过程中，通过多读书来扩展自己的知识面，并且还要努力提升自己的英文水平，为日后出国深造打下坚实的基础。

在项目结束前一天，学校带领我们参观了圣迭戈郡政府，这段经历也让我收获良多。相比于中国的政府，圣迭戈政府更加开放。步入圣迭戈郡政府大楼，我就被这里深深地吸引了，尤其是这里热情亲切的郡长。圣迭戈郡郡长是一个和蔼的老爷爷，在我们落座之后，他热情地欢迎我们来到圣迭戈。在观看完圣迭戈的宣传片之后，他为我们耐心细致地将讲解了圣迭戈的基本情况与发展前景。我了解到，圣迭戈不是一个城市，而是一个郡（county），圣迭戈被划分为了18个市，这18个市大多位于海边，因为海边气候适宜，因此大多数人选择住在海边。郡长介绍，未来圣迭戈会继续完善城轨系统，并且会建立缆车系统来方便市民的出行。当我看到缆车的设计图时，真的感觉这个设计太酷了。同学们都被郡长的介绍深深地吸引了，在介绍之后，很多同学都积极地向郡长提出了自己的问题，郡长一一细致解答，最后还亲切地与我们合影。可以说，这次参观郡政府和与郡长交流的经历让我受益匪浅，这次经历不仅让我对圣迭戈有了更深入的了解，让我更喜欢这里，也让我对美国的政府有了一些了解。

当然，在美国的经历也不全是这么愉快，我也曾经遇到过困难。记得在圣迭戈的第一个周末，在订好去中途岛航母博物馆的门票之后，我却得知主人拒绝在周末接送我们的消息。那时我和我的室友都没有在打车软件优步（Uber）上注册成功，根本无法打车出行，从我们的寄宿家庭走到最近的车站需要足足1个小时。我们同主人讲了我们的难处，主人仍旧拒绝接送我们。无奈之下，我们只能自己走到车站，下午回家时，我们又一起相约走回家中。由于圣迭戈的路都是坡路，我们走得很辛苦，那天晚上回家时我们的衣服都被汗水打湿了，小腿也很酸疼。出门在外，人生地不熟，尤其是在国外还存在语言与文化的障碍，生活不可能像在家里一样方便，遇到困难总是在所难免的。我想起之前和父母一起出去的时候也会遇到很多困难和麻烦，但是每次父母都会把问题解决了，所以我从未感觉到出门在外的困难与艰辛。我常常在想，其实解决困难的过程也是锻炼自己和成长的过程，这些经历也是难能可贵的。更何况我一直都想出国读研，无论是在学习方面，还是在生活方面，出国读书遇到的困难一定会更多，只有多锻炼自己解决问题的能力，在心理上做好准备，才能更好地适应将来在美国读书的生活。

在交流项目结束之后，我和同学参团游了美西，相比于在圣迭戈分校的学习经历，这段经历就平淡了许多，尽管我们看到了许多美西的美景，却不像在圣迭戈期间能对美国有那样多的了解。

美国之行已然结束了,但这段经历却永远印在了我的脑海中,无法磨灭。我认识了许多朋友,也对美国的文化与大学教育有了更深刻的了解。最后,感谢经济学院为我们提供了这样难得的机会,让我们得以了解美国。

(作者:范玉 统计学院 2014 级本科生)

我在美国的 40 天

飞过太平洋,跨过一道道时区,我们一行人于 7 月 16 日到达了那个海边的美丽城市——圣迭戈。在这里,我们将要开始为期一个月的学习生活。这一个月里所学的,加上之后所见的,就是我在美国的最大收获。

学习方面,我学会了享受学习的过程。在加州大学圣迭戈分校(UCSD)学习的这段时间里,我们每天上午和下午都各有两个小时的课程,从上午十点到下午三点是我们在学校的上课时间。在这期间,我们共学习了三门课,同时还穿插几次课题讲座。一个月的学习,让我逐渐学会了享受学习的整个过程。

首先是享受课堂。美国课堂与中国不同,在那里,打断老师讲课不是一种不礼貌,而是老师希望的课堂上学生的畅所欲言。刚刚开始上课的那几天,同学们还没有适应,课堂上很安静,时常会听到教授问:"Any questions?"这时大家或面面相觑,或腼腆地笑笑。不过时间久了,在美国课堂气氛的渲染下,以及班级中"勇敢者"的带领下,越来越多的同学开始在课堂上分享他们的收获以及疑问。课上与老师的交流,不仅仅是参与课堂的表现,更多的是另一种更加直接的学习方式。在听课的过程中,同样的讲课内容但是对于不同的人而言,接收到的知识各不相同。而在我们接收的过程中,错误的理解时有发生。那么在这种情况下,在课堂上与大家分享自己的所学就是一个暴露问题的最佳办法。通过在课上与老师、同学分享自己的所学以及自己对于课上某一知识的理解,就可以以最快、最直接的方式让老师清楚我们的学习程度,暴露出我们对于某一知识点的理解错误。老师在听过同学们的发言后可以将错误一一指出,更方便我们学习新知识。同时,轻松的课堂环境,与实际相结合的课堂内容,都是我在美国课堂中所感受到的。

其次是享受课后的学习。每次领导力课程后,老师都会留写一页纸感想的作业。不同于我们平时课上老师留的那些容易在网上找到参考答案的题,王教授给我们的作业是需要我们自己理解、自己完成的作业。印象最深刻的是一次看"Shark Tank"后的观后感。这是美国本土一档真人创业投资节目,很少在国内网站上出现。因此我们所面临的第一个难题就是如何理解 6 集没有字幕的美国本土真人秀节目。我和两个同学决定以小组学习的方式来完成这项作业。三个人利用周末的时间,观看六部 Shark Tank,看完之后在我们这个三人小组内讨论并交流感想。利用周末的两个下午,我们完成了这项作业。这是我第一次真正意义上体会到什么是小组学习。

我们在圣迭戈分校的学习生活中,图书馆也是我们另一个学习的好去处。图书馆一层设有小组学习的地方,一般低声的讨论是被允许的。那里的自习区也是一个吸引我的去处。图书馆以玻璃做外墙,自习的地方往往靠近窗边。一大扇玻璃旁,一个单人沙发,一张小圆桌,一台笔记本,一本书,还有窗外洒进来的光。我享受那惬意的学习环境,那样的环境中,身心是最放松的,也就最容易塌下心来认真思考。

一个月的寄宿家庭(homestay)生活同样令我难忘。感谢我的好运气让我分到了房东帕蒂(Patti)的家。因为她的贴心安排,我有幸体验到了我认为最接近他们本土方式的生活。刚到那里的两个星期,除了学习,我的生活中充满着海边音乐会、沙滩上的篝火晚餐、出海、游泳、派对等一系列精彩的课余生活。帕蒂说为了让我们不想家,她要让我们尽快融入这里的生活。现在想想,真的很怀念开着车,带着沙滩椅和一大堆吃的奔向海边的生活,也很怀念 Del mar 的落日。在与房东一家相处的过程中,我们更是学到了美国人"没心没肺"的相处方式。与他们的交流很简单直白,喜欢和不喜欢之间没有模糊的边缘。是他们用行动教会我如何表达自己,告诉我要勇于说出自己的想法,而不要有太多顾忌。这样的相处模式会更加轻松、更加真诚。当然,这其中也包括勇于承认自己的错误和自己的不足。我们多数时候总是想着如何掩饰,不知不觉就为自己和他人造成了困扰。

一个月的学习生活结束之后,我们又踏上了美国西部的旅途。整个行程更像是一次半自助行。自己安排从圣迭戈到洛杉矶的行程,自己处理好交通问题,自己去安排在酒店的生活。在圣迭戈一个月的生活,很大程度上锻炼了我们在这里的生活能力。我们也形成了出门在外要节俭的好习惯。我们跟旅行团的时候,会提前在酒店周围的一元店买好第二天要喝的矿泉水。一美元六瓶的价格远远要好于一般便利店 1 美元一瓶的矿泉水。这样的小事在这十天中时有发生,我们也因此比同行的其他人有了更少的开销。这一点,对于计划着日后出国留学的我们而言至关重要,这是在异国他乡生活的最基本技能。

转眼这个暑假就过去了,现在我们又回到了学校,回到了各自的班级。回想起暑假在美国的经历,往事都还历历在目。这个项目的好处之一就在于它为我们提供了一个体验当地生活的机会。不再是把学生放进学校与外面的世界隔绝起来,我们有机会与当地人接触,真正了解美国人的生活与文化。同时,学校的课程以及老师的引导让我们开始慢慢享受学习的过程,更加积极主动,更加独立自主。当然,最重要的是,我收获了来自大洋彼岸的深厚友谊。

(作者:郭鸣茹　经济学院 2014 级本科生)

美国圣迭戈暑期交流感想

美国于我而言,说是渴望,倒不如说是一种期待:处于地球另一面的国家到底是一个怎样的存在？看惯了荧屏上的高谈阔论,我总想了解一个完全不同的西方国家的人们真实的生存状态,最基础、最简单,同时也最真实的生存状态。我说过,其实我并不介意暑期课程需要多么高的质量,这次目前人生中最远的一次旅行,我只是想称其为一种经历,一份迟来的18岁的生日礼物。

就单单这一份礼物而言,我很喜欢。

当坐上飞机的时候还没有什么实际感受,当忙忙碌碌近20个小时之后,终于透过飞机的舷窗看到圣迭戈的夜景时,美国的气息才渐渐到来。

寄宿家庭的主人很和善,墨西哥女佣人也会时不时做一些墨西哥饭菜让我们开开眼界,家里的两条大狗也为我们带来了无穷的乐趣。两个女儿都是早早开始尝试打工,男主人在夏威夷有自己的手表公司,女主人在美国也是职场精英。他们常常会站在不同的角度为我们解答实际问题,商业不再是书本中的知识而是真实运作的,仅仅在这个寄宿家庭中,我就学到了很多。

圣迭戈的生活节奏非常慢,从家里去学校半个小时一趟的公交车真的让我们体验了一次什么叫作慢生活,这才发现等待并不是纯粹的无聊和浪费时间:看海鸥在树下啄食,遛狗的人竭力控制住狗跑的方向,孩子们成群结队地去海滩嬉戏,张扬的跑车安静地等待着绿灯的到来;从公车的车窗外就能看见大海,浪花一层层卷着冲浪的人群,阳光暖暖地洒下,座位对面的人安静地读书……一切有一种说不出的安逸,难怪人们都说圣迭戈是个养老的好地方。

再说说课程,三门课程分别是产品市场与管理、组织领导力和全球商业战略。

产品市场与管理的老师是一个和蔼的老先生,他有在Under Armor工作的经历,并且他的两个儿子一个在谷歌工作,一个自主创业小有成就。一个商业气氛浓厚的家庭带给这位老先生很多关于产品这一链条的深入思考。他鼓励我们多读有关企业经营方面的书,以加深我们对于如何进行产品推销的印象并形成自己的见解。带着些许老式的美式幽默,老先生总是将自己的亲身经历与书本上的理论结合起来讲授,最后还很开心地告诉我们他终于在家人的"逼迫"下买了他第一部智能手机。

组织领导能力的讲师是一个出生于鼓浪屿的华裔老教授。他推荐给我们许多有关领导力的书籍资料与影视资料,在大量的阅读下结合自己的感受来完成作业。他的授课内容集中在自己对自己的领导上,即为自己的未来负责,指导自己的人生。

全球商业战略的授课老师是一位经历丰富的女老师,她去过世界上很多地方,对各个地方尤其是中国的现状有自己独到的见解。她可以从一个方面将世界各地展开来讲,并且有着自己的一套严密的逻辑体系。我们从中可以学到很多知识和看待世界的方法。她对中国的认知远在我的想象之外,因为她时不时能够提到一个连中国人自己都不怎么能注意到的问题并对此做出合理的解释。她的种种气质和风度是很多人所期待的讲师风采,侃侃而谈,在一个小小的教室里,我从未想到,视野可以如此开阔。

走在美国的街道上,心情总是很愉悦。过路的人会友好地打招呼,总是时不时有海风吹来,道路两旁的座椅无人擦拭却总是清洁无尘,再昂贵的跑车都会礼让行人,而过马路的行人也会报以微笑以示感谢……美国人民的素质真的很令人震惊。一位坐着轮椅的人花费很久才坐上公交车,整个公交车内的乘客都欣然等待;公车内的残障设施也很完备,除了上车花费一些时间,根本感受不到他与旁人的区别;人们会自觉地将自己吃完的餐盘放到残食台并整理干净桌子;过没有红绿灯的小马路甚至可以不用看过往的车辆,因为司机们都会停车让行人先走;上下公交车,乘客会跟司机问好和感谢,当我们有一次不知道该坐哪一辆车时,司机居然下车指着时刻表告诉我们应该在哪里坐车……当这种完全颠覆以往经济的生活方式出现的时候,惊讶的地方很多,感动的地方同样很多。

周末去了圣迭戈的海洋馆和乐高公园。海洋馆的海豚,当它们听从饲养员的命令探出头之后,游客们可以随意用手触摸它们,哈哈,那是一种很不真实的触感,当时还有些担心这样下去海豚会不会生病,不过园方似乎并不介意。喇叭里一遍又一遍地介绍海洋馆拯救濒危动物的呼吁,并希望人们遇到需要帮助的海洋动物时尽快与园方联系。

乐高公园就完全是孩子们的天地了,所有的模型都是用乐高积木搭建而成的,来自世界各地的人们都带着孩童来到这里尽情玩耍。在这里,似乎大家都可以放得更开,这个不同于游乐场的地方,可以让孩子享受童年,让成人找回童年,让18岁的我们又能够肆意欢娱,找回一些随年龄增长而失去了的东西。

一个月的旅行确实短暂,我感到收获良多,感受到世界强国的风貌,它有很多地方的确值得我们学习,这也确确实实达到了我当时对美国之行的期待。作为学习与经历,我很庆幸选择这里作为我梦想开始的第一个登陆点,它在我有些迷茫的选择之路上给予了我更真实的感触。

我会再来,在我并不知道的几年之后,为未来,更为纪念。

(作者:韩王喆　经济学院2015级本科生)

美国加州大学圣选戈分校交流感想

初到加州大学圣选戈分校(UCSD),印象最深的就是那蓝绸般的天了。或许是看了太多北京灰蒙蒙的天空,圣选戈分校干净澄澈的天让我感到神清气爽,精神大振。不过,这里的阳光也是很毒辣的,而且常年都这样毒辣,一年内的阴雨天屈指可数。圣选戈分校属于地中海气候,一年内绝大多数时间气温都保持在 20℃ 左右,真的是四季如春。下面我将介绍这一个月在学习、生活、旅游中的感受。

一、学校情况

圣选戈分校是一所位于美国加州的著名公立大学,为美国全国性第一级(Tier1)的大学,属于加州大学系统之一,位于南加州圣选戈市的拉荷亚(La Jolla)社区。由于环境优美,气候宜人,校区坐落在海滩边,《新闻周刊》(Newsweek)把圣选戈分校评为全美"最性感"的理科学习场所。成立于 1959 年的加州大学圣选戈分校拥有一个占地 866 公顷的校园。虽然成立只有短短的五十余年,却已位列加州大学系统内前三名,与加州大学洛杉矶分校(UCLA)在学术上不分上下。其亦为"公立常春藤"中的顶尖者,曾产生了 20 位诺贝尔奖得主,是全美学术发展重地。从大学研究拨款总额上,圣选戈分校高达 19 亿美元,位居全美第 5。总而言之,这是一所十分优秀的大学。

二、课堂情况

毋庸置疑,学习仍是此行中的重要事项。我在圣选戈分校上了一个月的课程,包括产品营销与管理(Product Marketing and Management)、组织领导力(Organization Leadership)和全球商务战略(Global Business Strategy)。三位老师授课都非常有趣,老师会以案例的形式给我们授课,并且让我们参与讨论。一开始我从对教授所讲的内容似懂非懂,到听懂他们的玩笑;从因为不解作业上交规则而被扣分,到完成兴趣性作业;从不敢开口参与讨论,到乐于表达自己的观点……我感激自己的生命旅程中能有这样一段学习经历,让我基于兴趣去学习,让我大大提升自学能力,让我每天很辛苦却又很充实。记忆最深的是为了做好最后一周的 PPT,我熬到了凌晨 5:00,我们一组的小伙伴们也都一起奋斗,一遍一遍地修改,一遍一遍地练习,最后我们在课堂上成功展示了 PPT,虽然有瑕疵,但我觉得这个作业我用心了,问心无愧。一次次的课堂讨论和课后作业,让我不断完善着自己的知识结构,这一个月让我受益良多。

三、生活状况

初到美国的生活是充满挑战的,虽然接受过多年的英语教育,但是真正使用到生活中还是第一次,所以多少会有一些担心和不自信。遇到的第一个问题就是难以用完整的句子表达自己的意思,多数时候说出来的内容是零碎的。不过在遇到情况的时候,加上肢体语言,完成正常的信息交换和交流问题不大,但这也让我认识到了在真实的全英语环境下我需要学习的东西还有很多。在一开始的一个星期里,英语对我来说不太像交流的工具,更多是一种训练和功课,因为在每次开口前,都会提前准备想要表达的内容,在听别人回答时也带着很多模糊和不理解,这让我的交流效率很低。不过由于住宿是选取了寄宿家庭(homestay)的形式,这让我在日常生活中也拥有了大量的交流机会,让我很快将用英语交流变成了一种常态,在使用英语时更加自然和流畅,可以说是真正将它变成了一种语言而不是一种负担。

我们的家离学校很远,每天要步行半个小时到公交车站,再坐 40 分钟的公交才能到达学校,而且美国是一个公共交通并不发达的国家,公交车往往是半个小时一班,一旦错过就要再等上半小时,虽然辛苦但我觉得这也是一种新的人生体会。我的房东会给我们准备晚餐,这一个月吃了很多在中国没有吃过的食物,学会了吃各种奶酪,喝了各种饮料,也算是在食物方面开启了一扇新的大门。每天还有一件快乐的事情就是逛超市,美国的超市很大,每天都能发掘到各种不同的生活用品,让我的生活更加便利。

三、游历内容

整个课程结束后我和小伙伴还去了洛杉矶、旧金山、盐湖城和拉斯维加斯,旅行时间很长,印象最深的是旧金山鱼人码头和黄石国家公园。旧金山渔人码头(Fisherman's Wharf)是美国旧金山的一个著名旅游景点,大致包括从旧金山北部水域哥拉德利广场(Ghirardelli Square)到 35 号码头(Pier 35)一带。许多商场、购物中心和饭店坐落在渔人码头地区。包括邓杰内斯蟹和蛤蜊巧达汤(clam chowder)在内等各式各样的海鲜在饭店里均有提供。对于蛤蜊巧达汤,我们慕名而来,特地品尝了一下,果然不错。码头人很多,我们闲逛了一下,看了看在木板上晒太阳的慵懒的海狮,清新的海风,温暖的阳光,立刻感觉非常舒心惬意。

在我看来,黄石真正与其他风景胜地不同的,是它那不加修饰的自然本色。赤裸着,它是一个实实在在的荒野。在这里,你不仅能看到它的美,还深深地感受到了它的纯真、自然。黄石河的水在阳光下泛起金钱似的光点,像少女的眼睛,俏皮、明亮。流水声像童子们的笑声,没有烦恼,在两岸山水画般的岩石上敲打出悦耳的音符。那河床在青草、山谷的拥抱中,舞者般扭动着灵活的腰身,撒娇般地向远处奔去。老忠实泉,却是一点都不打折扣,准时向天空喷出它的热情。黄石公园是一座时刻都有可能爆发的活火山,在地下几公里酝酿着巨大的能量,而在上面,它竟是一个如此沉静、温柔的美女! 汽车在公园内慢慢开着,美好的景色,一幕幕在窗前闪过。清晨时有些淡淡的薄雾,像是姑娘们舞着的丝带在山谷中飘着。天空是透透的湖蓝,我无法分辨,那是地上黄石湖的倒影,还是那湖水是地上的蓝天! 山上有许多山火烧过的死树。这是因为黄石公园每过几年都会因各种原因而燃起山火,公园管理部门却总是任其自生自灭。山火消灭了森林中的病菌和害虫,为新树提供了肥料。公园中的主要树种是扭叶松,它有着很坚硬而紧闭的松果,能经得起大火的燃烧。等浓烟散尽,它们就会神奇地崩裂开来,将储藏其中的种子播撒在被消毒的地面上。几年之后,这里将又是一片葱绿的森林! 大自然没有人类的干预,本来是那么完美和谐!

最后10天的旅游又让我领略到了一个不一样的美国。在美国印象最深刻的就是在公共场合接触的美国人。他们大多友好、文明,表现得文雅而又有修养。在美国的十字路口,司机们会远远地停下等你穿越马路;汽车道上虽然车子很多,但在40多天的游学旅途中,没有看到一次司机间的争道抢行;在商店、在机场,所有工作人员都很耐心地解答游客的问题并始终面带微笑,不会有任何的不耐烦;旅行中看到的高速公路是那么整洁、干净、宽阔,两边的绿化郁郁葱葱;在自助餐厅、咖啡馆,顾客总是会自己收拾桌上的残余垃圾,无须提醒。通过这些生活细节,表现出来的是美国人对环境的爱护、文明谦让的行为和尊重信任他人的精神。

在这次学习中,我们的团队也处处体现了和谐、奉献、团结的精神风貌,无论是在国外的学习还是游玩,都体现了较高的素质,赢得了国外教授的好评。通过学习,我看到了自己的优势和不足,希望在以后的学习中能学习他人的长处,提高自己的实力。

我也感受到美国有太多细节之处做得比我们好,这些零零碎碎的东西是找不到一个词去准确概括的。正因为这些太多的细微之处,决定了一个超级大国的地位。这里的超级大国不仅仅是说国家有多发达经济,更重要的是,美国是一个和谐、自由的国度。

(作者:何洁阳　金融学院2015级研究生)

我的大三暑假

作为一名大三的学生,在结束 10 周实习后的第二天,我就马不停蹄地奔赴美国了。前期准备工作是紧张的,时间并不多而且准备的东西又比较杂,所以直到出发那天,我的内心都是忐忑的,不确定自己是不是能够撑得过这 40 天的美国生活。在机场见到同学的一刹那,我就告诉自己,开始了,我的美国之行!

寄宿家庭

到达圣迭戈机场已经是当天的晚上九点了,出关后在取行李的地方看到寄宿家庭(homestay)的主人们拿着名单等着接我们回住处。我和我的小伙伴有幸被分在一个三口之家,男主人多马(Domar)、女主人耶西(Yessi)和一个刚满三岁的小男孩欧文(Owen)。从机场到住处的路程很远,多马开车的时候我们就逗小孩子说话,三岁的孩子还不会说整句的话,我也听不懂,但还是随声附和着,看着车窗外的房屋矮矮的,路灯稀疏,高速路上偶尔几辆车飞驰而过,我终于有了身在美国,地大物博、人烟稀少的镜头感。

半小时的车程后,我们终于抵达位于米拉梅沙(Mira Mesa)的住处,独栋一层,四室一厅,一厨两卫,一个后花园,一个停车库,这就是我们在圣迭戈的“家”了。家里除了我们,还有其他国家的学生,和日本、法国、匈牙利的姑娘打过招呼,感受到了日本姑娘的可爱,法国姑娘的高冷,匈牙利姑娘的亲切,和她们交流乐在其中。

一日三餐必不可少,除了午饭在学校吃之外,其余都在家里解决。由于耶西和多马都要早起去工作,所以我们工作日的早饭都是自己解决的,面包、谷物、牛奶、水果是标配,晚饭基本是多马给我们做,有时也会从外面买一些现成儿的给我们吃。印象最深刻的是每周末的早餐最好吃,因为多马亲自下厨,晚餐的西红柿肉末菜叶汤泡饭最酸,可能是美国人爱吃酸的。

每天早上 7:20 起床,8:10 出门,8:36 坐上 237,9:10 到校。固定的公交车时间,注定有了固定的早上的这一系列程序。在圣迭戈的四周学习生活里,每天步数都超过一万步,早上从家走到车站,晚上从车站走回家,加起来几公里的路也是一种锻炼啊。

学校情况

加州大学圣迭戈分校(UCSD)报到的第一天,寄宿家庭的主人开车送我们到学校。国外的大学都没有标志,以至于我都进学校了,却还以为在外面呢。校园很大,在去教室的路上就要爬坡,每天上学都是一种体能锻炼。

圣迭戈分校是一所位于美国加州的著名公立大学,为美国全国性第一级(Tier1)的大学,属于加州大学系统之一,位于南加州圣迭戈市的拉荷亚(La Jolla)社区。

学校里最著名的标志性建筑就是它的图书馆——盖泽尔图书馆(Geisel Library),坐落在 Price Center 旁边,是学生自习、借书最常去的地方。盖泽尔图书馆低层的缺点是人比较多,有些时候会比较吵。喜欢安静的同学们可以去图书馆较高的楼层自习,学生们可以选择在那里进行小组学习或者开会。在 Price Center 旁边还有一个 bookstore,主要销售各类书籍、学习用品、校园纪念品、生活用品等,算是一应俱全吧。在 bookstore 下面还有一家名为 Imprints 的打印照相店。

除了图书馆外,Price Center 也是一个值得介绍的地方。Price Center 是学生吃饭的主要地点,里面有各种美味佳肴,中国餐、日本餐、印度餐、泰国餐、墨西哥餐……应有尽有,当然也不乏星巴克、赛百味这种快餐。每天最期待的就是在学校的午餐,抱着吃遍所有菜想法的我,也差不多在四周后实现了这个愿望。

课堂情况

我们的课程共三门:产品营销与管理(Product Marketing and Management)、组织领导力(Organizational Leadership)和全球商务战略(Global Business Strategy),每个老师都特点鲜明。贝尔奇(Belch)教授是个幽默风趣的"老爷爷",第一次上课的经典台词"happy wife happy life"我至今还记得,在他的课上,理论与案例结合非常恰当,每次都能成功吸引到我。作为三门课程中最贴近本专业的课,我每次上课都打着百分之二百的精神。黄(Hwang)教授是一个华裔老爷爷,没想到在一个华裔老爷爷的课上我体会到了想象中美国课堂的感觉,他喜欢与学生互动,喜欢同学们在课堂上积极发言。老爷爷本身积极乐观,他经常说:"I can do it!"是他感染了我,对于一个即将面临毕业的准大四生来讲,再也没有什么能比坚信 I can do it 更好的了。奥尔森(Olson)教授是唯一一位女老师,她的课是另一种幽默风趣,语速非常快,有时我都听不懂她在说什么,然而来美国做的唯一一次展示(presentation)就是在她的课上做的,紧张与满足感都源于那次现场展示,也感谢神队友的加入。

四周的学习生活除了上课,还有讲座以及最后一天的市政府参观。学术性的讲座是对知识的深入探索,参观市政府是对圣迭戈生活的总结以及告别。

生活状况

为了改善我们的生活,我和小伙伴每周都会去超市大采购几次,住处附近有两个大型超市,TARGET 和 VONS 都是我们常去的地方。对于圣迭戈的物价,我觉得还是有贵有便宜的,超市里的食品有时也是不一样的价格,有没有会员卡,价格差别也挺大的。通常我们会买一些薯片、酸奶、水果,补充身体需要的各种维生素。特意多吃蔬菜也是我们注意的一点,因为在国外,蔬菜真的太少见了。

在圣迭戈,公共交通不算方便,工作日车还比较多,但是一到周末,有些线路就取消了,运营的车辆发车间隔有时是一个小时,如果去远一点的地方,倒好几趟车不说,每趟车都要等一阵子才来,这就极大地浪费了时间。如果有私家车就方便太多了,路上基本不堵,出行就不用愁了。没有私家车的我们只能打优步(Uber),也是美国很流行的一种出行方式,类似于我们的滴滴打车,费用比打车便宜,而且也省去了等公交的时间。

圣迭戈的人们都很友善、热情,因为这个原因我爱上了那里。每次上公交车,乘客和司机的互动都让我感觉非常温暖,商场里的服务员也是特别热情,就连早上碰到遛狗的老爷爷,都会主动打招呼,这在国内真是太少见了,向往这种人与人之间的坦诚和关爱,这种热情能够感染任何一个旅行者,放下内心的芥蒂,充分享受一下心与心零距离的交流。清晨一个陌生人的问候能让我一整天都充满力量;司机师傅的一句"thank you",让我发自内心地祝福他"have a good day";在我打完喷嚏后旁边陌生的老奶奶一句"bless you"立刻拉近了我与她的距离;商场服务员面带歉意的一句"Sorry, I didn't found that one",让我本就无心责怪现在却想反过来安慰他……在圣迭戈的四周里真的有太多这样子暖心的事情发生,我不愿离开,也是因为这些纯朴又可爱的人们。

游历经历

利用周末时间我和小伙伴一起去了中途岛号航母博物馆、奥特莱斯、海洋世界、拉荷亚海滩以及位于洛杉矶的环球影城。在课程结束后我又参加了 10 天美西的旅行团,去了拉斯维加斯、洛杉矶、旧金山这三大著名的美西城市。给我感触最深的是,大城市的人们没有圣迭戈人们友善亲切,表情冷漠,眼神直勾勾的,拒人千里之外的感觉。

【中途岛号航母博物馆】作为美国海军曾经的标识,中途岛号航母在经历 42 年的军旅生涯后得以退役,它参加过 20 世纪 60,70 年代的越南战争以及 90 年代的沙漠风暴行动等多项美国海军的军事活动。

【圣迭戈海洋世界】在世界闻名的圣迭戈海洋世界里,动物和人之间没有隔阂,海豚、海狮等憨态可掬的海洋动物们都是触手可及,有些动物们甚至就在没有围栏的绿地上散步。园区并不是很大,院内行走的路线明确简单。虎鲸以及海豚的表演非常精彩,千万不要以为海洋世界只是孩子们的天堂,它是所有游客的天堂。

【拉荷亚海滩】圣迭戈最著名的海滩,距离学校只有几站地的车程。无论是喜欢游泳还是冲浪,甚至是晒日光浴,拉荷亚海滩都是很好的选择,沿途风景也十分优美。我很羡慕住在海边的人们,风吹日晒、自由自在地生活。这里可以看到慵懒的海豹们在岩石上晒着太阳,味道虽然难闻,但是和小动物近距离接触的机会真是太难得了。

【环球影城】在这里汇集了多个电影主题公园,在体验美国高科技的同时也可以过一把欢乐谷的瘾。

【迪士尼】不论去哪一个园区,来到迪士尼的人们都是孩子。

【黄石公园】著名的黄石国家公园是世界第一座国家公园,位于美国中西部,横跨三州,被美国人自豪地称为"地球上最独一无二的神奇乐园"。最吸引人的是黄石公园显著的地质特征——地热现象。这里拥有世界上最多的间歇泉和温泉,最大数量、种类最多的哺乳动物,大量的生物物种在此繁衍生息。

【羚羊彩穴】10 天团里我最爱的景点,没有之一。传说这里从前是羚羊经常出没栖息的地方,因长时间受到洪流和大风的侵蚀,形成了地质史上最为独特的洞穴。它位于佩吉,是著名的狭缝型峡谷,峡谷中那些不可思议的柔美曲线加上岩石本有的矿物质,在阳光照射下呈现出橘、黄、红、紫、蓝等多种色彩,极其绚丽,故名羚羊彩穴。

【大峡谷】记得初中课文里就提到过"Grand Canyon",对书中的图片记忆犹新,如今亲身感受到了大峡谷的广阔无垠以及它的奇峰峭壁。科罗拉多河在其谷底蜿蜒流淌,静静地看着站在大峡谷上面为之惊叹的旅者们。

【旧金山】金门大桥、硅谷、斯坦福大学……提到这些名字,想必就会产生去那里走走的冲动了。

【拉斯维加斯】一个不夜城。我爱拉斯维加斯的夜晚,喜欢四个人在霓虹闪烁的街上行走,无拘无束,身旁车流人流川流不息,夜晚的拉斯维加斯有一种纸醉金迷的独特魅力。

个人感悟

大三的暑假,我放弃了很多,但在圣迭戈收获了更多。在我心里,圣迭戈才是美西最棒的城市,拥有最自来熟的市民,最不拥堵的道路,最晴朗的天空,最舒适的温度,最无拘无束的生活以及最棒的同学们。我爱这个班级,他让我在大学里第一次体会到了班级的概念;喜欢和每一个人打招呼,即使只是面熟而已。记得最后那次超大规模狼人杀,那是我第一次抽到狼人牌,兴奋的原因不是我终于抽到了狼人,而是我还有一次和他们一起玩的机会。每个人在我心里都自带光环,欣赏每个人的发光点……很庆幸,我的同学曾经是你们! 很高兴,遇见你们!

(作者:何宇珊 经济学院 2013 级本科生)

交流心得

一个多月的交换生活就这样结束了,那一刻,曾经盼望回国的心也开始不舍。不舍圣迭戈的蓝天白云,不舍自己在加州大学圣迭戈分校(UCSD)校园里每一处留下的身影,不舍这份独立又充实的生活体验。

初到圣迭戈,印象最深的就是那蓝绸般的天了。或许是看了太多北京灰蒙蒙的天空,圣迭戈干净澄澈的天让我感到神清气爽,精神大振。不过,这里的阳光也是很毒辣的,而且是常年都这样毒辣,一年内的阴雨天屈指可数。圣迭戈属于地中海式气候,一年内绝大多数时间气温都保持在20摄氏度左右,真的是四季如春。

过了这么久写这篇感想,记忆中只留下了那些或是撒过汗水,或是流过眼泪,或是充斥了笑声的日子。

美国的大学令我印象非常深刻。除了原来熟知的哈佛、麻省理工、耶鲁这些名字外,其他一概不知。到了圣迭戈分校之后,我对它的第一印象是:美丽的建筑,现代、气派,像花园般的校园宁静优美。第二印象是:图书馆藏书很多,数目惊人。很多学生泡在图书馆里,汲取知识,视书如命。第三印象是:学校有许多的传说与故事,历史悠久。第四印象是:学校里有很大的礼品商店。这些参观让我感受到美国大学校园浓烈的学习氛围与文化气息,这也许是国内大学所不及的。

毋庸置疑,虽是假期,但学习仍是此行中的重要任务。从对教授所讲内容似懂非懂,到完全听懂他的玩笑;从磕磕绊绊查词典看完一篇文章,到如鱼得水地完成作业;从不敢开口参与讨论,到乐于表达自己的观点……我感激自己的生命旅程中能有这样一段学习经历,让我基于兴趣去学习,让我大大提升自学能力,让我每天很辛苦却又很充实。

加州有独特的人文风格。加州人喜欢休闲的着装方式:一条热裤、一件T恤,简单大方;他们喜欢骑车上下学,戴上一顶安全帽就飞驰在马路上;他们都不喜欢打伞,喜欢拥抱阳光,觉得晒黑才健康;他们温文尔雅,行车避让行人,友好热情,遵守法律规范。在美国我也认识了很多朋友,他们带我到处游玩,去商场购物,去各式餐厅吃饭,体验美国式生活。不过,我还是习惯中国的生活方式,想念家里的味道。

这次我们一行人是住在寄宿家庭(homestay)的,而寄宿家庭的生活好坏与运气有很大关系,我很幸运,碰到的这家人非常和善,因此我自始至终和他们一起生活。我在他们家体会到了地道的"美式生活"：早上吃被我们戏称为"狗粮"的牛奶泡谷物麦片；晚饭时笨拙地拿刀和叉对付盘子里的鸡翅。美国的生活总的来说比国内的生活要悠闲，很多美国家庭和大家在《老友记》等美剧里看到的是不太一样的，《老友记》里更多的是表现繁忙的大城市里年轻人的生活，而更多的美国人则是拥有一栋房子，早上起来做好早饭、给孩子准备午饭。然后开车送孩子上学，自己去上班，一天工作结束回家吃饭，晚上看看电视。有些时候他们会去听音乐会或者去看芭蕾舞，周末的时候做做家务，隔一两个星期会到近郊去放松休息，冬天常去滑雪，感恩节假期去砍圣诞树……这一切都平常而幸福，而我能亲身体验一番，真是一件幸运的事儿。在学习之余，周末我们还和寄宿家庭一同出游，体会美国家庭的休闲娱乐。永远不会忘记和帕蒂（Patti）一起划船时的惊险刺激，我们一起挂好帆，系好安全线，收起木浆，所有的准备都是大家齐心协力共同完成，在浪花的冲击中扬帆起航。长大后由于学业繁忙，与家人一起出游的机会越来越少，没有想到在异国他乡能够再次感受到这种与家人出游的喜悦，我想我会永远铭记在心。翻看当时拍的照片，大家的喜悦溢于言表，这将成为永久的印迹。

有人说，旅行不过是换个地方按原来的方式生活，那么他一定是没有领悟到旅行的真谛。在一个完全陌生的国家，用一种完全不同的语言，吃完全不一样的食物，遇见完全不同的人，伸开你的双手拥抱一种完全不同的文化。这种体验是多么奇妙！你看到的不再是原来看到的，你听到的不再是原来听到，你的所思所想都会由于外界的不同带给你新的感悟。出国交流，收获的不仅是知识，更重要的是重新发现自己、丰富人生。感谢母校、敬爱的老师和朋友，是他们的帮助、关心和支持使我有出国学习的机会，让我在全新的环境中历练自我，使我的人生又多了一段难以忘怀的珍贵记忆。

（作者：刘聪铮　经济学院 2014 级本科生）

暑期交流

学校情况

加州大学圣迭戈分校(UCSD)坐落在美国加州圣迭戈,学校面积广阔,院系分类众多。第一天到的时候,学校的助理老师克莉丝(Chris)就带我们参观了校园,印象最深的就是学生中心门口的海神雕塑,他手拿三叉戟,身材高大威猛。我好像瞬间就明白了圣迭戈分校以此作为学校标志的原因。沿海城市圣迭戈常年受到大海的影响,而圣迭戈最好的学校便是这个城市里最受到海神保护的。学校最令我印象深刻的就是,我们所在的学院位于学校的北端,每次到教室前都要经过一片高大的树林,落叶厚厚地叠在一起掩盖了土地,鞋子踩在上面发出树枝折断的清脆声音,同时伴随着干树叶的清香,让一天的开始有了动力。

课堂情况

我们的课程有全球商业战略、组织领导力以及产品营销与管理,其中教全球商业战略的教授让我收获最多。这是一位上课肢体语言极其丰富的女教授,并且具有美国人表情上格外丰富的特点。她上课时,通过自己在中国切身感受的实际例子,结合她在美国的经验和发现,总能简单总结出中美文化之间巨大的差异。并且,最难得的是,她在课堂上启发我们,自己在生活中寻找中美文化差异,自己研究。最初我困惑于一堂有关全球商业战略的课为什么要花费大量时间去研究国家间文化的差异。最后我明白了,只有了解了不同国家人们文化选择上的偏好,才能真正知道市场的选择方向,获得最大利益。在选课题的过程当中,我被她的热情感染了,决定选择两个自己在国内绝对不可能当课题探讨的话题:性教育和国民心态对于使用枪支的影响。在探讨中美文化差异时,我大胆地向寄宿家庭发起讨论,得到了出乎意料的收获。或许回到中国我不会再有这样深刻讨论文化差异的机会,但是在美国学习过程给我的启发,会影响到我回到国内的整个学习状态。

生活状况

住在寄宿家庭中,对于一个在北京土生土长的姑娘来说,简直是天堂。从高楼大厦搬进了带私人游泳池、果园的大房子中,谁都会庆幸自己运气真好。当然其实最主要的还是寄宿家庭的主人,他们热情好客到让我真的感觉自己就像在家里。家里面除了男女主人以外,还有他们的两个女儿、两个儿子,一个管家和管家的儿子。

中国、墨西哥、美国的组合,神奇又和谐。早上男主人做早饭,大家从生疏紧张地打招呼,到最后开始各自给对方做早饭,逐渐默契,令人感动。记得开始的时候,我们四个女孩子看到这么大的房子很激动,头一次在果园里摘橘子、榨橙汁,一口气榨了三大桶。后来去海边冲浪,在家里烧烤,并且,我经历了在异国他乡最棒的生日。19岁,没有家里人的生日并没有预想当中冷清,它是惊喜,是无言的感动。

平时,我把家里面的每一个人都当作自己的亲人,打招呼,分享生活中的小事情。到最后分开的时候,男主人在送我们去火车站的路上说:"我从来都不喜欢短途旅行,因为那样离别的时候我会变得一团糟。"的确,短短一个月的生活,不仅用了心也交了心。告别的时候没能见到所有人最后一面,是遗憾也是庆幸。

游历内容

在圣迭戈从来不缺景点,生活处处都是风景。去了乐高公园、海豹沙滩、圣迭戈海洋世界、赛马场以及寄宿家庭旁美丽的冲浪海滩。一切都是如此的迷人。印象最深的就是海洋世界的触摸区,大家可以伸手去摸水池里的鱼,小鲨鱼、鳐,这些听起来很瘆人的物种也可以触摸。在离开圣地亚哥之后我报了美国西部十日游的团,去了旧金山、洛杉矶和拉斯维加斯,十天当中又结识了新的朋友,留下了一段难忘的回忆。

趣事分享:记一次惊喜的跨国生日

其实在来美国之前,就做好今年的生日不能像往年一样过的准备了。离开家里人以及身边的朋友,思乡大概会增添一些悲凉的情绪,但是真的没想到,今年的生日竟然如此令人难忘。美国的寄宿家庭和想象中不同,格外好客,这大概是我19岁以来最大的惊喜。

美国时间8月1日早上,带着一身起床气的我到厨房吃早饭,在走廊里偶遇了男主人罗布(Rob),他一脸疑惑地说:"Is today somebody's birthday?"当时没反应过来呆滞了一秒,随即罗布开始大笑。他问我今天要不要一起做个蛋糕。天哪!那一秒觉得这一整天都有盼头了,大家都期待着快点回家。好好学习了一整天之后,被接回家的我们跳下车就冲到了厨房。

罗布拿出了食材就开始做蛋糕啦!食用油、面粉、小苏打、糖、可可粉以及鸡蛋。不得不说一下,看到一个蛋糕需要放这么多糖,此时此刻的内心是崩溃的。在罗布做蛋糕之际,四个宝宝决定准备沙拉。鉴于巧克力蛋糕热量非常高,大家都懂得多吃蔬菜的必要性。分工去洗蔬菜、切菜、做沙拉酱。在这里提一下,罗布做沙拉酱的配方是绝密,味道堪比外面的餐厅(幸福感max)。

幸福的四个人做好一大碗沙拉,迎接从烤箱出来的蛋糕。蛋糕拿出来的时候不确定是不是已经烤熟,所以先把竹签戳进蛋糕中央试一试。然后就可以出箱装盘了。刚出锅的蛋糕真是烫手啊!不能心急。经过大家的一番装饰,抹上巧克力酱,撒上糖粉,再插上蜡烛,蛋糕就做好啦!Anyway,这大概是最棒的跨国生日了!

(作者:刘佳彧　　经济学院2015级本科生)

游美小记

今天已经是在美国的第 19 天了,不比刚抵达太平洋彼岸的激动与兴奋,最近我们已经慢慢熟悉了这里,坐公交不会坐过站或坐反方向,过马路也会记得压按钮,习惯了寄宿家庭(homestay)主人的墨西哥菜和教授们加挂了的语速⋯⋯

昨天下午放学以后,我们提前几站下了公交车,去了离我们住家公交站很近的索拉纳(Solana)海滩,尽管每天坐公交都会路过这片海滩,可能因为每次路过都是赶着上课,赶着回家,所以我们很少走到海滩边上。脱掉鞋子光脚踩在沙滩上的时候,还能感觉到中午太阳晒过的温度。离人不远就有一群海鸥聚在沙滩上,从沙堆里寻找食物,靠近它们的时候,它们也不会像北京胡同口的大树上受惊的麻雀般立即飞走,而更像是拄着拐杖的老人,一扭一扭地转身离开,神情自然到像早已知道你只是和它们开玩笑⋯⋯

一般下午四点左右,太阳还挂在中天,肆无忌惮地炙烤着大地和海洋,今天却出现了很多积云。这里气候不同北京,夏季干燥,不会下雨。看着云低低地压在海面上,海天相接的地方泛着一道淡淡的白光。还有一些光透过云层的间隙洒落在海面和沙滩上,形成一道道光柱,海面上的光柱像极了动画电影的某个场景,一个神圣的幻象。沙滩上被照到的人们像是被上帝选中的幸运儿要被带去天堂⋯⋯

下午六点,海滩边的草地上架起了乐队的乐器,伴着吱吱呀呀调整乐器的声音,来海滩戏水的家庭也在草地上铺上了毯子;老人坐在折叠椅上,微闭着双眼,呼吸和缓,不知道是不是睡着了;小孩子绕开铺好的毯子和坐在椅子上的老人,撒欢跑着;穿着泳衣的年轻人,带着没有擦干的头发和比人还高的冲浪板,席地而坐准备着享受一场音乐盛宴⋯⋯

如果非要说出对圣迭戈(San Diego)的印象,可能就是这样了吧,一些在像北京这样的高速运转的城市里想象不出的景象,在这里总是像初夏肆意飘散的柳絮一样,随处可见。新奇感和舒适感伴随着每天的生活。还有一周,我们暑期的课程就要结束了,在还没离开之前,我想尽可能地珍惜这里的生活,离开的时候带着有温度的回忆和满满的感动面对人生以后的挑战。

(作者:刘瑾　工商学院 2014 级本科生)

一个会让你爱上的地方——圣迭戈

2016 年 4 月,偶然听同学们说起经济学院的暑期交流项目。听过宣讲会之后,我被寄宿家庭(homestay)的住宿形式所吸引,决定参加这个项目。

7 月 16 日乘飞机从北京飞往西雅图,再转机到圣迭戈。经过十多个小时的飞行,终于抵达啦!先来介绍一下加州大学圣迭戈分校(UCSD)吧。

圣迭戈分校实际上不在圣地亚哥而在拉霍亚。这是圣迭戈附近的一个富人区。La Jolla 是西班牙语,宝藏的意思,j 发作英语 h 的音,ll 发作英语 y 的音,所以读作拉霍亚。地理位置很好,学校靠海。房东告诉我们,圣迭戈是美国富人养老的地方,所以生活品质很高,而且生活节奏比较慢,非常宜居。这里是西海岸,可以看日落。我和室友去海滩看过两次日落。太阳沉下去的过程很短,但是真的很美,值得一观!

对圣迭戈分校最直观的印象无非是"大"。学校占地面积 866 公顷。每天从校门口公交车站走到教室最少也要走 15 ~ 20 分钟,可想而知学校的面积真的很大。

在学校里,Price Center 位于学校中心,有 panda express,subway,burger king 等快餐,旁边也有 bookstore 用于销售书籍和学校文化衫之类。学校附近有两条公交环线,201 和 202,一个顺时针一个逆时针。环线上有很多小区,大多是圣迭戈学生住的地方。在 La Jolla Village 站台,有很多超市,还有一家电影院。两个环线坐到底站就是 UTC。UTC 是一个街区,有很多品牌,如果再远一些就要到时尚谷(Fashion Valley),比 UTC 更全一些的购物中心。

好了,大概的情况介绍得差不多了,我一共分三个篇章来总结一下自己的经历和体验吧!

初到圣迭戈及校园生活篇

北京时间 7 点 16 分的飞机,经过转机,到达圣迭戈是当地时间晚上八点。

第一天,我们的寄宿家庭的房子有一些问题,所以第一晚跟其他小伙伴同住了一天,第二天我们原本的房东来把我们接走。两位房东人都非常好!而且我们的房东本身就是圣迭戈分校的老师!她是一位墨西哥人,在圣迭戈分校教西班牙语。

上课第一天,学校会为我们办理校园卡,可以带回来,很有纪念意义!课表以及公交卡等都为大家安排妥当,非常贴心。虽然课程不少,但是慢慢还是可以感受到中美的课程差异。比如,所有的教授都会告诉我们,如果你有什么听不懂或者想问的问题,都可以随时问,而且完全不用站起来。课堂更自由,大家的参与度也都相对较高。

教市场营销的贝尔奇(Belch)教授很有意思,经常会给我们讲一下跟市场营销有关的小故事。讲一个我印象深刻的故事吧。他说有一年是他和妻子的结婚纪念日,他问妻子想要什么礼物,妻子说想要一个路易威登(LV)的包包。于是他就到了路易威登 LV 的专卖店去,看到里边的包价格都很高,店员过来问他需要什么,他说想买一个包送给妻子,有没有便宜一点的。店员拿了几个,但他还是觉得很贵,然后就问店员,有没有在打折的包,他让我们猜测一下店员是怎么回答的。大家都没有猜出来,他告诉我们,那个店员朝他微笑着说,路易威登从来没有打折。大家都笑了,之后他又让我们思考如果有打折那么会对 LV 的市场造成怎样的影响。我觉得这样的课堂很有趣,会让我们的思想变得很开阔,通过小故事,引发我们的一些思考。

奥尔森(Olson)教授去过很多国家,给我们分享了很多经历。她的课也是让我们分小组做演示(presentation),从之前的定题目、找资料、做 PPT,再到最后的演示,都是小组共同协作完成的,很有意义,这让我体验到了团队合作的重要性。

学校的地标建筑——图书馆,很有设计感。而且里边有可以让大家小组讨论的一个一个的小单间,学习氛围很好。在课程结束之后,发了圣迭戈分校的证书,暑期学习告一段落。

生活篇

因为是西海岸,没有机会看到日出,所以我们几个同学下课之后乘公交车到这里看日落。日落的过程很短,拍不到几张照片就结束了,很多美景都是要用自己的眼睛看啊!

房东第一天给我们做的早饭,麦片、水果加一些牛奶,很健康! 我发现美国的苹果真不好吃! 蓝莓和树莓很好吃。后来我和室友一起给房东做了一顿中餐。宫保鸡丁、可乐鸡翅、白灼虾,还有酸辣土豆丝。其实由于调料还是不太一样,我觉得做出来的味道还是和国内有差别的。不过房东和她女儿一边吃一边说:"Oh! It's amazing!"我和室友都很有成就感。小伙伴们也可以学做两道中国菜哦,在征得房东的允许后,尝试做一顿中餐,把中华美食文化发扬到美国。

游玩篇

我们参加项目的一行 11 人,报了同一个旅行团,走美国西部的线路,总的来说,还是挺不错的,很多地方值得一去。

这些天的学习和生活,是我宝贵的经验和财富。期间结识了很多很好的朋友,最想说的就是感谢,无论是在学校这边统筹安排的高老师,还是一起随行非常照顾我的琼姐,还有所有的小伙伴们,感谢大家!谢谢大家对我的照顾,能有这样的一次经历,很高兴。

(作者:刘懿　城市学院 2012 级本科生)

远游之乐

今年暑假,在经过与父母的交流和询问学长学姐之后,我参加了经济学院组织的去美国加州大学圣迭戈分校的暑期交流项目。一个月在我的大学生活中并不是一个很长的时间段,但就是这一个月的美国之行,让我受足了刺激,带给我的美好回忆和收获一生难忘。我所写下的一段段回忆,很少会涉及美国是一个怎样的国家,而会写与我在美国有过交流的一个个人和人与人之间发生的奇妙故事。

寄宿家庭

说实话,在出发之前,我曾无数次猜想过,我所寄宿的家庭会是怎样的。先前询问去过的学长、学姐所居住的家庭,他们都说很好,就是生活习惯和国内很不一样。但是未想到,我的寄宿家庭会如此令我快乐和难忘。我所居住的家庭是一个墨西哥家庭,可能你们不信,在我们四个大男生住进去之后,这个大别墅中的家庭成员足足有 16 个!第一天进入家中已经是晚上了,女主人和她的二女儿将我们接回了家,在经历十多个小时的旅行之后,女主人还给我们准备了夜宵,吃完之后,给我们讲了家中的各个规矩(其实没有什么严苛的,只是家人都是清教徒,家里比较传统)。家人们都十分友好,真正把我们看作家庭成员,让我们叫他们 mom 和 dad。在周末家人会邀请我们一起去教堂做礼拜,全家一块出行游玩,一起玩飞盘(不像中国父母或者长辈不想和晚辈交流玩耍),在泳池打泳池排球,和我一起过了第一个在国外的生日……但是最令我难忘的,是每次吃完饭之后的聊天,因为我们一群中国孩子不敢在老美面前讲英文,他们每次吃完饭后给我们找话题,天南海北什么都说,在遇到我们不太理解的词时,换着各种说法,甚至是手舞足蹈地跟我们交流……每个人都把彼此当作亲人。这种交流十分有成效,在我身上的表现就是打车回家的行程中和司机聊了一整路,连他都说我的英文在交流上是没有什么问题的。我可以骄傲地说,这个家庭,是这次游学家庭中最有人情味、最好的。

学习

在这里学习也是一种全新的体验,甚至可以说是我从未接受过的一种授课方

213

式。因为它不像是在上课，而是让全班进入讨论同一种课题的氛围中。我们的课程有全球商务战略、领导力以及产品营销与管理。老师上课会告诉你，在这个课堂上如果没有提问题，没有学生与老师之间的交流，老师就应该辞职离开教室，因为这样的授课是空虚的，是没有意义的。给我记忆最深的应该是产品营销与管理的老师，他是一位白人老头，他与人交流的方式和对事物的看法都很跟得上潮流，他知道自己在什么地方的思想落后于年轻一代，但是不被他认同的他就是不会去接受。他的讲课方法也令我受益良多，为了给中国学生上课，他在讲一个个的知识点、在与我们交流的过程中，加入了很多中国的企业及我们较为熟知的国际企业的案例。除此之外，老师有很多现身说法，从水的商标讲到自己的手机（终于在我们离开的前一天，他把跟了他多年的只能用来打电话发短信的手机，换成了智能机）。而且在与我们的交流中，他很关心我们的家庭情况。在聊到自己的家庭观的时候，他说："Happy wife, happy life!"并告诉我们，要把这句话奉为终生的座右铭。

朋友

我这次去美国最值得骄傲的事情，就是认识了好多朋友（可能我是整个团队中最小的几个人之一，大家都很关心我）。外国朋友首先是我的美国家人们。在我们的不懈努力下，我们让家人们在手机上安装了微信，所以直到现在我们依然有联系。然后是我的"舍友们"，与我们团队大多数人不同，我们是四个人在一个家庭，当然这也让我们很快就熟悉了起来。人一多，干什么事情就更加放心妥帖，不会感到孤单。在与家人的沟通上如果有什么问题，另外的人就可以帮忙解释。在美国，我认识了很多新朋友，最重要的是当初我们总是一起出去玩的五个人、带队老师高琼和她的两个舍友、我，还有一个技术男宋博飞。怎么说呢，或许是缘分吧，这个小团队本来是三个人，后来在偶遇同路的情况下变成了四个人（没有我）。在他们准备在美国的第一次"暴走"前，遇到了无事可做准备回家的我（是的，就是这样，所以，每次谈起这事，他们都会说我是被他们捡来的）。第一次暴走，我们逛了校园旁的海滩还有半个校园，在校园里还迷了路，最后靠着地图走了回去。然后每一次的出行我们都在一起，从海滩到老镇，从博物馆到购物街……共同计划路线，准备野餐，闲下来暴走到各个地方，不管什么街道路线，怎么开心就怎么走，旅行的开心，莫过于此。后来回国，我们仍然聚到一块，吃饭、聊天、准备着或许会有的下一次旅行。对于我个人，真的是感激和幸运，不管和谁，每次谈到这次假期项目，都会谈及这个小团队。我是一个特别愿意宅在家里的人，若是没有他们，我这次旅行的所见所闻便少了很多。我自己都无法想象会是怎么一个样子。

　　这个假期,或许是我学生时代最令我难忘的一个假期了吧。把自己晒成了一个黑人回到家里,晚上闭上眼满脑子全是在那里的经历,一点点,一幕幕。这次游学,我牺牲了很多,但收获了更多。在美国的生活提升了我的英语口语和生活自理能力。课上的交流,使我学会了更多的学习方法,在与学长学姐的交流中,我找到了大学的努力方向……家,大学,海滩,迪士尼,环球影城,蓝天,大海,太阳,梦……

（作者:马会元　经济学院 2015 级本科生）

圣迭戈暑期课程交流

一、学校情况

加州大学圣迭戈分校处于美国西南边陲圣迭戈市东北部的拉荷亚社区,紧邻拉荷亚海滩,环境好,校区面积大。作为加州大学系统的一个部分,圣迭戈分校在国际上有着较高的学术排名,在商科方面也享有一定声誉。学校的吉祥物是海之信使 Triton,希腊神话里波赛冬(Poseidon)和安菲特律特(Amphitrite)的儿子,这一吉祥物的图案和雕塑遍布在学校中的各个角落。不过,提到加州大学圣迭戈分校,许多人想到的标志物则是学校的盖泽尔图书馆,作为世界十大奇特建筑之一,这座被电影《盗梦空间》取过景的建筑自然成了校园里最引人瞩目的建筑。除了奇特的图书馆以外,校园里还有许多艺术品般的建筑设计值得一看,在日常的学习生活之余探索校园也是一件乐事。

二、课堂情况

在为期近一月的暑期课程中,课表中的安排主要被分为了三类,一类是常规的课堂教学,有三门关于商科的课程;一类是讲座类的通识课程,主要关于经济学的知识;还有一类是实地参观课程,学生在学校的带领下进行参观,从而直观地进行学习。

第一类课程中包含了管理类的组织领导力(Organizational Leadership)、商学的全球商业策略(Global Business Strategy),以及市场类的产品营销与管理(Product Marketing and Management)。组织领导力的黄教授是一位华裔教授,授课风格平易近人,语言十分幽默,经常在课上引导学生与他进行互动。此外,教授还使用了MBTI 测试对学生进行了个性化的评估,以量化的方式帮助学生了解自己的优缺点以及未来所适合的职业方向。黄教授留作业的方式相对国内的多数作业来说比较新奇,一般要求学生阅读课后布置的文字材料、网上的专业文献甚至他发给大家书籍,让大家撰写读后感。黄教授也鼓励学生和自己的朋友、家人分享自己在课上所学,复习学习内容的同时和更多的人交流思想。

全球商业策略课程的教授是一位特点鲜明的女士,奥尔森(Olson)。她留给我们最深的印象是生动的肢体语言和她对健怡可乐的喜爱。奥尔林女士有着长期在世界多国居住工作的经验,对包括中国在内的许多国家都有切身的了解。在她的课程中,我们可以在聆听许多国家独有现象的同时学习到不同的因素对于一个国家文化的影响进而影响到一国人民行为的情况,了解在未来的学习工作中如何与不同国家、不同文化背景的人接触,从而更好地适应国际化的环境。

在这三门课程中给我印象最深的是产品营销策略与管理的贝尔奇(Belch)教授。贝尔奇教授是一位有着丰富市场类工作从业经验和理论知识的老师,虽然已经有些年纪了,但是上课的材料依旧新颖,紧跟时代热点。这位教授能够很好掌控课堂的节奏,课程内容主次分明,理论知识讲授循序渐进。在课下我和贝尔奇先生进行了多次交流,每次他都耐心倾听,并给予我满意的回答。除了对问题的悉心解答,教授甚至还赠送给我包括所罗门在内等多名著名学者撰写的三本市场学的经典教材。这三本沉甸甸的教材在我看来,既是对我学习热情的认可,也是对于我未来更加努力学习的一种激励。

讲座类的课程基本围绕着经济学展开,圣迭戈分校为我们请来了许多名校的学者甚至著名专家来担任讲师。我原本以为这类课程多以介绍性的内容为主,但第一节以农业经济学为主要题目的讲座类课程就颠覆了我的预想,讲座内容涉及大量微观、宏观经济学,国际经济学以及统计学和数学知识,除了了解世界范围内农业经济的历史、现状,还对未来情况进行了一定的推导。这位讲师对于经济学各个子学科和数学的综合应用,让我见识到了名校毕业生的学术素养,为我今后的努力指明了方向。农业经济之后的讲座类课程,内容也都十分丰富,大多也从易到难,不同年级、不同知识储备的同学应该都能有所收获,并得到学术能力的提升。

除了传统的课堂教学,在第四周,学校也为学生提供了一次实地参观学习的机会。我们前往圣迭戈的一处政府机构,当地官员接见了我们,向我们介绍了城市的基本情况,并留给了我们大量的时间自由提问,同学们踊跃发问,问题从选举到医疗,从交通到军事,都得到了对方的认真回答。参观提高了我们对于圣迭戈甚至美国的认识,可谓与传统课堂教学相得益彰。

三、生活状况

在圣迭戈分校学习的这段时间,我与另一位同学住在当地的一家寄宿家庭里,寄宿家庭的选择充分尊重了我和室友在意向调查表中的要求与建议,由于我和室友都比较喜爱宠物但担心孩子,学校为我们联系了一户没有孩子的当地家庭,男主人是爱尔兰裔的饭店主厨,女主人则是墨西哥裔销售人员。除了我们外,寄宿家庭里还有三只活泼的小狗,在我们居住的时间内,这个家庭也同时接待了一位沙特的学生和一位芝加哥的实习生。由于男主人是饭店主厨的原因,我们对住宿期间的伙食十分满意,中式和美式的食物轮流出现,既有正宗的中国面类,也有美国的庭院烧烤,让我们在了解异域食物的同时也尝到了家乡的味道,感觉十分亲切。寄宿家庭的两位主人总体上十分热情,虽然工作较为繁重,但是还是很愿意和寄宿学生进行长谈,在我们整天没有外出计划的情况下还会主动多次邀请我们一起前往沙滩,我也因此有幸见识了经常出现在明信片上的加州阳光沙滩,和沙滩上奔跑追逐的狗群。整体上来说,在圣迭戈的这段时间,除了学习时间比较紧张以外,生活还是十分安逸的。

四、游历内容

作为美国海军太平洋舰队的重要港口,在圣迭戈的游历内容自然少不了与军事相关。虽然在出国前很久我就对圣迭戈的军事设施有所耳闻,但亲临实地后还是深感震撼。我的住处不远处就是一处海军陆战队的机场,日常在窗边就能目击美军现役的多种固定翼和旋翼战机,有些时候甚至能遇到平均 1 分钟左右观测到 1~2 架战机起降。在前往拉荷亚海滩等待落日的时候,我再度目击了大量现役的美军海鹰直升机,在学校中午来往食堂的路上有时还能够看到编队的大黄蜂机群,圣迭戈对于航空器爱好者的确是圣地。在一个以海军出名的城市,除了飞机,海军的舰艇自然也是十分常见的,城市西部的中途岛号航空母舰博物馆为游客提供了一个了解海军及海军航空兵历史的绝佳机会,在船上我看到了美军历代主要的舰载机,甚至可以钻入驾驶舱进行观察,也进入了船上的舰岛和舰舱,一睹从指挥官到洗衣工各层士兵的生活实景。对于真正的海军迷,即使对这艘退役的航母和上面的 F14 还不满意,乘坐城市轻轨向南去的时候还能时不时目击包括提康德罗加级在内的许多现役军舰,体验亲眼观察舰队带来的震撼。除了军事设施,圣迭戈是也有许多的自然和人文景观。自然景观方面,除了众所周知的阳光沙滩,这座城市还有遍布海豹、海狮的礁石,被松鼠、海鸥占据的草坪及椰树和杉树共生的森林。人文景观方面,由于圣迭戈临近美墨边境,又曾是西班牙殖民地,这里有大量的西班牙风格建筑,汽灯街、旧城区和巴伯亚公园都值得一去。特别值得注意的一点是,我们在圣迭戈期间正值圣迭戈国际动漫展(Comic – Con)举办期,在活动区域内能够看到装扮成各种科幻人物的动漫粉丝。只是由于活动太过著名,我建议在前往之前最好对于密集的人流有所准备。

（作者：米昱龙　经济学院 2013 级本科生）

与圣迭戈的初次见面

已经从圣迭戈回来快一个月了,回忆在那里的一个月时光,一切似乎还历历在目,真像一场美丽的梦……

十几个小时的飞机,我们抵达了圣迭戈,刚见到寄宿家庭(homestay)主人时还有点羞涩,不知道是该握个手,还是给一个大大的拥抱。初识主人,我们得知,主人是一对移民到美国近20年的俄罗斯老夫妇,有一个女儿,还有两个可爱的外孙,都在俄罗斯。家里墙上布置了很多女儿和外孙的照片,看到老人和孩子们隔海相望,有点心疼他们。

第一天去学校,加州大学圣迭戈分校(UCSD)那边负责接洽的老师格雷丝(Grace)首先带我们去办学校的ID,37人的小团队基本用时半个多小时就拍完照片拿到ID,不禁让人感叹美国人办事效率之高。在格雷丝的带领下,我们对圣迭戈以及加州大学圣迭戈分校有了初步的认识。圣迭戈是加州第二大也是全美第六大城市,同时也是美国的海军基地之一。圣迭戈分校是圣迭戈最好、校园面积最大的大学。走在校园里会发现,这是一所多元化的大学,有各个学科、来自世界各地不同肤色的学生,亚洲学生也很多,在校园、食堂、图书馆里随处可见。在校园里也经常会遇到中国学生在交谈,不禁感叹,中国留学生们遍布全世界,我们去国外接受更好的教育的同时是否也意味着我们的国家在世界上越来越受到认可和尊重?在圣迭戈的生活就在第一天游览完校园后悄悄地开始了……

初到圣迭戈分校,真的觉得校园像一个大迷宫,开始的几天总是担心走错路找不到教室,所以每天都提前很早出门。不得不说校园真的很大,并且有好多上上下下的坡路,所以经常看见在校园里滑着滑板的学生,以滑板代步,速度真的快很多。在这个超大的校园里,图书馆处于中心位置,也是我们识别方向、位置的标志性建筑。图书馆绝对称得上是学校乃至圣迭戈的视觉符号,其名为盖泽尔图书馆(Geisel Library),是为了纪念奥黛丽和西奥多·盖泽尔为提高学生的阅读率而对书库进行的慷慨捐助。看过《盗梦空间》的人一定对这座图书馆不陌生,它就在这部电影中出现过。从远处看,图书馆的整体造型就像一个太空飞船,外壁全是镜面玻璃,在阳光的反射下,非常夺目。图书馆南侧是一条蛇形小路,蜿蜒而上,这条小路使用颜色各异的石头拼成,在长年的风吹日晒下,石头被磨得很有光泽,在日光的反射下,真的宛如蛇的皮肤。进入图书馆内部,总共有七层,楼层越高越安静,在一层,你会发现有看书学习的,也有讨论小组作业的。我最喜欢图书馆的七层,在七层,你可以安静地看书,还可以 360 度环绕俯视整个校园的风景。与国内一些我了解的大学图书馆相比,我觉得圣迭戈分校图书馆的设计更加有艺术气息,内部设计也更加人性化,满足了学生的不同需求,空间也相对较大,能够满足一些喜欢安静和独立学习不受干扰的同学的要求。除了图书馆以外,还有一座建筑非常有特色,这座楼的楼顶一角处有一个倾斜的小房子,在远处看,你会觉得这个小房子非常突兀,似乎与整个建筑风格不搭,但也许这就是一种视觉的冲击吧,创造出另外一种独特的美。坐电梯直达楼顶,你会发现楼顶就像一个空中花园,穿过花园就是那个倾斜的小房子,小房子里面和一般人家的客厅没什么差别,应有尽有,但这个房子却是倾斜的,站在里面有让人眩晕的感觉。

第一周的课程安排并不很紧张,基本上是上午、下午各两小时的课程。教"产品营销与管理"课程的教授是个美国人,很喜欢他的讲课风格,时不时有一些小幽默。课程并不很难,教授的 PPT 讲义也很生动易懂。几堂课下来,我对产品市场和市场营销有了基本的认识,了解到一些美国品牌成功营销的案例,也发现美国的商家视中国市场为一块大大的肥肉,它们已垂涎三尺。而中国品牌在国外的营销却似乎都不太成功。教授分析说,中国品牌其实没有找到自己在国外市场的准确定位,所以失败在所难免。我不禁又联想到在寄宿家庭和主人的聊天,他说他曾经有一次在阿里巴巴上买东西,结果收到的并不是他想要的那个,感觉自己被欺骗了,再也不会去阿里巴巴买任何东西了。我试图解释可能只是商家发错货了,可他说那又能怎样,谁会去考察是谁搞错了,总之对它不再信任。美国也有很多电子商务的网站可以选择,阿里没有体现出它的优势所在,也没有提供优质服务让人认可,在美国市场运作并不太成功在所难免。另外一门课的老师是个华人老教授,年龄虽然大,但是充满了活力,每次上他的课都能获得很多正能量。几堂课下来也发现,领导力(leadership)这个东西其实并不是离我们很遥远,我们每个人在生活中不同的关系里面可能都扮演着领导者的角色,甚至我们每个人时刻都是自己的领导者。懂得如何领导自己,自然你身边就会聚集越来越多的人。

第二周开了一门新课,全球商务战略(Global Business Strategy),这门课的老师奥尔森(Olson)教授是一个在课堂上非常有激情的老师。相对于前两门课的教授,奥尔森教授的语速较快,加上讲授内容中专业词汇较多,开始时我们听着有些吃力。不过几堂课下来,觉得自己的听力还是很有提高的,慢慢也开始适应了相对较快的语速。当然重要的是注意力一定要集中,可能一个走神不知道就会落下几个要点。所以,在奥尔森教授的课堂上,不仅锻炼了听力,还考验了我们能否在一段时间内注意力高度集中。其实,我觉得奥尔森教授的课堂更像真正的美国课堂,她讲授的内容很灵活,每一个问题并不是直接陈述理论,而是从实际出发,列举很多她本人以及身边现实生活中的例子。例如在介绍各国文化差异对商业战略的影响的时候,她就会给我们展示好多她在世界各地所见所闻的照片,然后解释各国的文化差异所在。通过奥尔森教授生动的图文解释,很多要点会深刻印在我们的脑海中。此外,奥尔森教授还把班上的同学分成了几个小组,布置了小组作业,要求每个小组自选一个主题分析中美文化差异,并在第三周的课堂上进行小组展示。我们小组的四个人利用每天放学时间讨论主题,各自查找资料然后汇集在一起讨论,由于我们分工明确,做起来感觉事半功倍。在小组讨论的过程中虽然也曾有过意见不统一和小小的争执,但四个人中的任何一个都没有执拗于自己的想法,而是相互理解和学习,在这一次完成小组作业的过程中我们都真正体会到了团队合作的重要性和乐趣。

相对于前两周,第三周的课程相对紧张了一些,全球商务战略课程的小组展示在周三如期展开。我们小组第一个上台,还是稍微有一些紧张,我们的主题是分析中美之间消费者的消费习惯差异。通过我们之前搜集的资料,我们小组从四个方面分析了中美的消费习惯差异,并且结合了一些例子,小组成员四个人中有做开场的,有做对比分析的,也有做总结陈述的,分工非常明确。其他组的展示也非常精彩,从每一组的分析中都会了解到一些中美文化的差异,同时也会在其他人的发言中有所收获。就在这周,领导力(leadership)的课程结束了。在最后一堂课里,老师请每个同学总结一下在这门课的收获和感受。通过这门课,我觉得很大的收获就是我能勇敢地在课堂上用英文表达自己的观点。在这门课里,教授一直鼓励我们在课堂上要敢于发言,并且也在一直强调,在生活中每个人都可以是一个领导者,可以领导别人,更应该学会如何领导自己。在教授的不断激励下,我也在课堂上积极表达自己的看法,我觉得这就是自己能力上的突破。

在圣迭戈分校的最后一周,课程陆续都结束了,除了花一些时间购置回国的礼品,其余时间基本是用来完成各门课程的结课作业。第四周周四的下午是结业仪式,每个人都获得了项目结业证书,并且还同授课老师合影留念。虽然只有短短的四个星期,但真的感觉自己就是圣迭戈分校的一员。拿到结业证书的一刻,我感到无比光荣。四周的课程下来,会发觉其实美国的课堂并没有想象中那么高不可攀,只要认真听,都会理解教授想要传达的内容;只要认真阅读,很多知识都可以理解并内化为自身的知识储备。

除了课程以外,来圣迭戈最重要的就是旅游了。其实在没有作业的时候,每天下午下课都可以有个小小的旅行。我们一行人就利用第一周放学后的时间去了一次拉荷亚海岸(La Jolla shores)。下课后在学校乘30路公交车,只用10分钟就到达了那里。下车后走在通往海滩的小街上,仿佛身处电影之中,街边的冲浪店、小酒吧、小餐馆,无不吸引着我们的目光。一路步行到了海滩,只恨自己没有一套比基尼,不然绝对一头冲到海里。碧海蓝天细沙,作为一个在海边长大的孩子,不得不说,这里的海滩真的比国内的干净,海水很清澈,没有泳衣的我们玩得也很 high,各种拍照。沿着拉荷亚的海岸线一直往前走,在全部是礁石的地方,我们惊喜地看到了海豹。那里的海豹特别多,除了爬在礁石上睡觉的,就是走在寻找一块舒服的礁石去睡觉的路上的。看着海豹们笨拙的走路姿态和可爱的睡姿,简直停不下按动手中的快门。在这片海,我感受到了人与自然和谐共处的美好。

在游玩中,除了海边的美景,印象深刻的就是环球影城。环球影城位于洛杉矶,我们一行人利用一个没有课的周四开启了环球影城之旅。这趟旅行可谓精彩绝伦,坐上游览车,仿佛瞬间进入了好莱坞大片的场景之中,不论是 4D 影棚的视听感受还是电影特技的精彩再现,都让人惊叹不已,不得不承认美国在电影特效上的国际领先地位。

除了游玩,我们还到其他家庭感受了一下不一样的生活氛围。在第三周的周末,同学的寄宿家庭邀请我们去做客。这家的女主人是英国移民,人很好,非常热情好客,听同学说家里经常会邀请朋友过来开派对(party)。房东一家四口,家里除了我的同学外还有一个中国留学生和一个日本留学生。晚餐时,女主人做了美式的汉堡和沙拉,非常美味。晚餐时间大家坐在院子里享用美食,愉快交谈,真的觉得这是一个非常快乐的大家庭。我住的寄宿家庭因为只有两位老人,相对来说生活会比较平淡,并且由于是俄罗斯移民,所以在饮食习惯上与美国的家庭也有所差异。与我们的寄宿家庭相比,做客家庭更加开放和活跃。不同家庭之间的对比,也让我感受到了美国文化的多元化和不同文化间的碰撞。

在这里的四周时间,每天都丰富得让人觉得时间不够用,丰富到忘记时差,忘记睡觉。这短短四周已经足以让我热爱这座城市,我爱圣迭戈的明媚的阳光,我爱圣迭戈人们的热情友好,我爱圣迭戈的舒缓生活节奏。每天从清早到傍晚,这座城市都用它明媚的阳光给予我正能量,每天看着蓝天白云绿草,心情特别好。在圣迭戈,总是能遇见很多热心的人给你送去温暖,公交司机会耐心下车为你指路,超市的店员会很开心地和你聊天,出行时会遇到热心的朋友给你提供交通路线。太多太多记忆,都如同圣迭戈的阳光一般灿烂美好。

(作者:田琳　经济学院 2014 级研究生)

圣迭戈暑期交流感受

不知不觉,在加州大学圣迭戈分校(UCSD)一个月的交换已然结束。经历半个月的美西旅游,回到北京,依然会怀念在圣迭戈和小伙伴们一起玩耍、学习的时光。

北京时间 7 月 16 日,我们一行人在首都机场 T2 航站楼集合。那时候我对同行的同学们还不熟悉,也没有见过我的室友亲爱的王语盈同学。我对在圣迭戈的安排是迷茫的,但同时也充满期待。我从小在北京长大,上大学也是在北京,从来没有长时间离开过家,所以,这一次出行也是对我生存能力的一个考验。

从北京到西雅图要飞十几个小时,我当时还在随身的书包里带了单词书啊长难句什么的,想着慢慢长路,无聊就学习。然而做人不要太高估自己,本身坐飞机就很难受,屁股脊椎耳朵饱受煎熬,如此痛苦的状态下,真心不想再拿单词来折磨自己了。所以辛苦背上飞机的书就被放在行李架根本没有拿下来,经验教训是长途飞行,还是多下点电影比较实际。

终于我们一行人抵达了西雅图机场,经历了在飞机上冻死的经历后,我们在西雅图机场继续被冻死。无论去哪,带件厚衣服吧,朋友们! 在西雅图机场,刚下飞机,涉及入关的问题,从没来过美国的我还是有点小紧张和不知所措。但是要相信中国人的力量,到处有中文的引导和说中文的工作人员为你服务。问你问题的美国人态度也很亲切,还说喜欢我绣着龙的 T 恤,很可爱呢。

西雅图机场的航站楼很小,20 分钟可以逛一个来回,还顺便上个卫生间。但对我们是美国的初体验,在小商店看糖果就能看半天,也是有趣。在机场逛逛,吃吃睡睡,五个小时的转机时间就磨过去了,我们踏上了飞圣迭戈的飞机。

然而事实再一次证明,没有最冷,只有更冷。阿拉斯加航空公司将为您提供如阿拉斯加一般的冬日温度且不提供毯子哦。只能再次划重点,出门在外请带外套啊!

终于,折腾了十几个小时我们到达圣迭戈。等行李的时候,见到了寄宿家庭(homestay)的主人,他们举着名字牌在一旁等待。来接我们的是寄宿家庭的男主人,高高大大的美国白人,说话和善,爱笑,第一印象棒棒的,觉得是一个好相处的家庭。巧合的是,刘懿和陈天娇的寄宿家庭出了点问题,她们第一天不能住过去了,所以被安排到了我们家。我们友谊的小树苗,在这里就巧合地种下了。就这样,看着圣迭戈的夜景,我们回家啦。圣迭戈比我想象的要大也要繁华。

　　房东家是标准的老式美国人的住宅,二层小楼,有院子和泳池,一层还有篮球架。我们住在二层的一个房间,有两张小床和带有中国乡村风格的被子。只是床垫应该也有历史了,中间已经凹下去了,有一个大坑,并且非常软,一睡就陷了下去。我的颈椎也因为这个难受了一个月,我因此养成了没事抻抻腰的小习惯。让我印象深刻的是,房东家有好多小动物呀,三条狗狗,好几只鸟,一只兔子,还有乌龟和若干小鱼。鸟叫和狗叫交相辉映,多有贴近自然的感觉。

　　接下来说说上课吧。教授的授课水平和方式暂且不提,让我感受最深的是同学们的学习态度。让我看到了在首经贸难得一见的积极主动的课堂氛围,大家都在非常认真地听课,很少有人玩手机;其次是小伙伴们都在踊跃回答教授的问题并且主动提出自己的疑惑,大家对待作业的态度也都非常认真。几乎每节课教授都会留出答疑的时间,而这些时间往往是不够的,因为大家都在主动表达自己的观点,课堂的互动性很高。

　　还有作业,我们有一个演讲作业需要小组合作完成 PPT 然后上台演讲。我当时的组员有王雨盈、王悦、何洁阳。在前期准备过程中,我就感受到了大家认真的态度,并且演讲的过程中,我觉得大家真的非常棒,可以用英文清晰地表达自己的观点和见解,并且有一定的互动性和创新性,让我看到了我们首经贸学霸的能量。大家精彩的演讲也让我学到了很多。

　　然后我想说一说在圣迭戈这一个月的生活情况。说到吃呢,我感觉在美国,想吃各种高热量的汉堡、比萨、热狗,是随处都可以找到的。但与此同时,想吃各种健康低卡的蔬菜沙拉,也有多种多样的选择。在国内我们很少看到如此种类繁多的沙拉,可是在美国的超市,沙拉的选择非常多。各种口味和蔬菜肉类的搭配,可以保证我们健康低卡的饮食。由于上课的安排,我们中午只有一小时的午休时间,从上课的地方到吃饭的 price center 很远且需要下山。所以我基本是每天都会带一盒沙拉去学校当午餐,节省时间又比较健康,最开心的是,还能减肥。

　　说到玩耍,在圣迭戈就是各种看海,然后去中途岛号航母博物馆和海洋世界。中途岛号航母博物馆我感觉还是值得一去的,接受一下美国的爱国主义教育,也有助于我们体会美国文化。博物馆非常人性化的地方是有免费的中文讲解器,讲解非常详细,如果是军事迷,可以空出一天时间在那里慢慢地、详细地听讲解,非常有意思。如果不是军事迷,而且喜欢拍照,中途岛博物馆里有很多飞机模型,并且临海,有非常好的风景,很适合大家拍照。

　　然后就是海洋世界,主要是看各种各样的动物表演的地方,很有趣,虎鲸表演在国内也很难见到。所有的表演都是露天的,要注意防晒。如果坐在前几排很容易被水溅湿,要做好心理准备。

最后要说的是各式各样的海滩。圣迭戈的海真的很美,适合游泳、冲浪或者纯欣赏。落日也是美美的,一定要去崖边看一次落日,不会后悔的。小伙伴要记得去看小海豹和海边音乐会,去海边非常方便,每天下课以后自己走着或者坐几站公交车就可以过去,是非常好的休闲娱乐活动。

以上是我在圣迭戈学习一个月的感受,这一个月我真的非常开心,多亏了这么多会学习还英语好、有生存能力的朋友们,让我这段时间过得如此充实。感谢李雨桐小可爱,作为我们的组长,她真的是为民服务的小天使,是总能变出好吃的东西来的哆啦A梦。好感恩我认识了刘懿同学,志同道合就是这样了,跟着她永远能买到好东西。团队里有何洁阳同学是一件多么开心的事情啊,做事如此靠谱,出行规划多亏了这个宝贝。还有刘瑾,幽默担当,作为"薛之谦的老婆",坚定地挑起了团队里段子手的重任,爱你。当然啦,王悦小美女,当之无愧的团队灵魂,感谢你把我们团结在了一起。还有我亲爱的室友王语盈小宝贝,有思想的艺术家、有追求的实干家,让我佩服也让我学到了很多。这次美国之行,感恩遇到了你们,如此开心,如此难以忘怀,就是因为陪在我身边的是你们啊!我永远会记得这开心的一个半月的,感恩!

(作者:王婧超　城市学院2012级本科生)

My Summer Holiday in UCSD

What is the school like?

US News put out the latest ranks of universities in US yesterday, and I found that UC San Diego was ranked only #44 which is far lower than it used to be in last year. However, as I visited and had a short period of summer courses there this summer, I can't believe UCSD should be evaluated like this. It's completely different with what I experienced in the short 30 days.

So, how can I describe the 30 – day adventure I went through? Well I felt like I achieved a dream will I've been wishing for a long time. It is not the first time I visit to America but it's the first time I could immerse so deeply into the local environment and also have class taught by native professors.

The campus, almost tenfold larger than our CUEB and decorated with huge amount of plants and artificial landscapes such as spring and art works. The cafeterias located in different places in campus and supply various forms of meals. The most famous and popular dining hall is called price center which located right oppose to the library. It provides food service like a food court, so that everyone can enjoy themselves there for whatever cuisine they want. Chinese student can have some Chinese food in Panda Express and also try tacos at Mexican restaurant.

The library which showed itself in the famous movie Inception is the most amazing place in UCSD. It's kind of noble palace for student to dive in academic work freely. People often complained that the tuition of US University is too high to afford. However, the equipment's university would provide to us is so inaccessible which absolutely worth this price we paid for tuition. Especially for the library, such a seven levels building collects large amount of books you've ever imaged and out of imagination. Study rooms are so convenient and comfortable that I would like to spend whole day inside the library and enjoy my studying. The library taught me that study and absorb new knowledge is such a happy work in your life.

The student service system which is not typical to talk about for most people, however, left a deep impression for me. On the period I stay in UCSD, I lost my compass card which can let me take buses unlimitedly. I was nervous and hasty to find my card but nothing was found. Finally I went to the student service center uncertainly and asked them if they have any clues for me. They expressed their sorry and offer me to keep on eyes for my card. I left there hopelessly heard of these and prepare to purchase a new card instead. Yet this is America and you should believe that everything is possible there. The next day I received message read the service center have found my card, somebody picked it up and sent to the lost and found then they check the number behind the card and found it was my card! I was shocked of such a completed system they supply to their student!

In a word, UCSD is quite a young school with all its building bright, modern and fabulous. It reflects how hot and passion California state is and what a expectable future this school is facing. I am looking forward the next time to visiting there.

What does the class like?

I believed that most of our students attended in this summer school intend to experience how American class is like? How professor in American university treat their students? So did I. I have been to US for four times but all I have done before was nothing more than sightseeing and shopping. So I was so excited about my study life in such a typical American college. The classroom our summer school provided is a huge multimedia room with high-tech devices. The arrangement of chairs which arrayed stair by stair shows the different relationship of teachers and students between Chinese universities and American universities that in China, tables and chairs arrays like square so it's rigid for teachers to communicate with their students. However, in the US, the arrangement between teachers and students shows kind of equality.

The professors were also out of our expectation. They were so responsible to us that they offer us to pack up our smart phones and concentrate on the class. It's the most basic point teachers should highlight before their class but alway ignored by Chinese teachers who let us do whatever we want to do in class and seldom emphasize the discipline. Teachers of UCSD they understand that we pay the fee to come across the ocean is to learn something but not to waste our parent's money. They ask us to cherish such a precious opportunity to contact a completely different culture and its academic research methods. We had three courses during summer school. There was marketing, cross-cultural strategy and relationship. Marketing was a interesting lesson provided us a full vision of what can we do to sell a product. I major in advertising in CUEB, so marketing is very critical to me to master. Compare with other courses, leadership was the most relaxed class we have. The whole course provided was like a big conversation. We enjoyed talking to professor and from that conversation we understood how to learn the esteem. Finally, the cross-cultural strategy was quite a hard work than other two courses. The professor asked us to give a presentation on class focus on the difference metaphors between China and US. Our group was busy at preparing this hard work for two days overnights but acquired extraordinary experience to give presentation in English environment. We had fun a lot!

What is my life like?

I lived in a leisurely villa in a small community called University City and my homestay hostess was a kind woman called Judy. Judy treated us so nice that make me feel like home in her house. She had three pet dogs, several cages of birds and one cat. All those animals make her house like a tiny zoo. In her courtyard, there is a small swimming pool. She invited us for many times to swim in her pool but it's a pity that we didn't have chance to enjoy it at last. At the next day we arrived at San Diego and settled everything down, she offers us to have a family party with her family on the grass of the community park. In US, there are lots of free park available for people to walk around or hold some outside party. And on that day, a rock roll band was coming here to hold a concert and everyone enjoyed it a lot. Then our school began and we started to live a regular life every schooldays. We commuted to the bus stop early in the morning after 20min walk from home every day and shopped in grocery store to buy some salads for tomorrow lunch after school. I told to my roommate that the most happy hour I spent every day is at the store to buy food. I love American grocery very much!

Then I would like to talk about my cooking experience. Actually in China, I am not a good cook and I can only make some basic meal for myself. All of those are nothing special. However, now I am in America with so many special ingredients to choose, I can't help myself to try to make something new. First of all, I tried to make some sandwiches exactly like what the grocery sold. Avocados, beef dogs, smoked salmon and oiled olives were my entire favorite. Assorted with lovely cheese cream and some butter, there comes a great self-made sandwiches. In the same way, I could also make some bagels and burritos in Mexican flavor. After tried several of cold food, I asked Judy whether I can use her pot on fire and she agreed. Then I made some fried rice with egg packed around which always appeared in Japanese drama called omelet rice for the first time. I fried the rice with huge amount of ketchup and put into pieces of carrots, sausage and avocados. Then I had eggs unfold and make it coat those fried rice. It's a great try!

Where did I visit?

This part in this article might be the most favorite part for most of students. How was our entertainment like? Let me tell you!

San Diego owns perfect ocean resources. So its tourism may all revolve in the ocean. The nearest attractions around our college are the La Jolla beach which a golden place with smooth sand just like heaven. I love the beach so much that I almost went there every day after school for a walk. I felt the soft wind blowing to me and made me super high.

Actually San Diego has an extreme long coastline, so there are not only beaches but also sheer shores around. I've ever been to a shore with my friends and watched fantastic sunset there. No wonder somebody says that nothing can be more romantic than the nature. If you look down the shore, you may also see group of sea seals lazily lying on the rock. It's the first time for me to see such wild marine animals. I was so excited about that!

Speaking of animals, there are two famous parks located in San Diego and I visit there differently. One is the well-known marine park called sea world. It's an amazing places fulfill happiness and laughter. Numbers of shows were provided and you can choose whatever you like to enjoy. In sea world, there were also some amusement devices like roller coaster and water rides.

In contrast, the San Diego zoo looks much more "dry". The zoo located in a huge park called Balboa Park. This park was quite far from my home so I began my tour to there early in the morning. San Diego zoo is a great zoo established for exact 100 years. So it's its 100 years anniversary when I visited it. The zoo is amazingly huge and animals there are countless. I am a big fan of our national treasure panda, so when I got there I rapidly headed to the panda valley. As I expected, US people were also crazy about those cute creatures. I told them if they go to our Sichuan province, they may see hundreds of pandas reside in mountains. They don't believe me!

What I want to see at last is my tour to New York. NY has always been my dream place to visit and for this time, my dream came true!

It is the real metropolitan we describe compare with our developing Beijing. Skycrapes was just like trees and the whole city was like a forest planted with modern buildings. Someone says it's uncomfortable for people to live in such an over developed city. However, NY is so chic, so fabulous that may attract everyone to crazy for it.

I fell in love with NY when I first landed there. It absorbs you and makes you melt in its culture. The empire state of building, the statue of liberty, the metropolitan museum of art, and the museum of modern art and so on, NY has so many places you may not refuse to be close to.

I stayed in NY for only a week but it's the most meaningful week I have ever lived in my life. I made up myself in most fashionable style, I eat the most delicious food among the world and I pretend myself to be like a New Yorker.

I was so satisfied with my life in NY that I even set up a goal to come back here and become a real New Yorker in the future.

（作者：王语盈　文传学院 2014 级本科生）

记加州大学圣迭戈分校暑期交流项目

7月16日至8月12日,我们首都经济贸易大学一行30多人前往美国加州大学圣迭戈分校进行为期一个月的学习交流。这一个月的学习生活使我受益匪浅。下面,我将分别从学校情况、课堂情况、生活状况、游历内容等方面一一介绍。

学校情况

加州大学圣迭戈分校超级大,尽管第一天老师带着我们参观了校园和熟悉了路线,可是接下来的几天和小伙伴们穿行校园去上课还是会迷路。因为校园真的太大了,和中国的大学建筑风格也不太一样。这个大学感觉环境更加自然,有大片的森林,周围有海。我们经常下了课步行十几分钟就到了海滩。当地人很喜欢在海滩晒日光浴,去冲浪,玩儿滑翔伞,享受大自然。大学里有一个很美的图书馆——盖泽尔(Geisel)图书馆,它被称为世界十大奇特建筑之一,也是世界上最现代派的图书馆之一。它看上去就是由下面几根柱子撑起来的,上面是多边形的屋体。在里面看书自习真的是一种享受。图书馆一共有8层,楼层越高越安静,每一层的视野都不一样,透明的落地窗十分敞亮,能看到学校外的景色。如果是高层还可以看到海。每一层还设有小组讨论室,供三四个人在屋里讨论。图书馆旁有一条有名的蛇路,因其蜿蜒曲折,由一块一块六边形的石头组成,就像蛇皮,并且由于雨水的冲刷以及阳光的照射,这些六边形石头变成了不同的颜色,像极了一条逼真盘曲的大蛇。校园内还有其他奇特的建筑,比如斜房子,它只在每周二、四中午12点到下午2点开放,我们牺牲了中午吃午饭的时间去参观它。它坐落在一座楼上,但却歪斜在上面,让人看着有些眩晕。更眩晕的是,当我们坐电梯到达斜房子楼层,一踏进斜房子,就有一种站不稳的感觉,感觉天旋地转,真是奇特。我们上课的地方是 Global Policy Strategy Building,里面的桌椅设备和中国的大学教室不太一样。桌椅是一体的,椅子可以转,看起来十分惬意。桌子上面配有插线接头,十分方便,同学们可以带着自己的电脑或其他电子设备上课,这个设计可谓十分人性化。

课堂情况

这次我们有三门课程,分别是产品营销与管理(Product Marketing and Management)、组织领导力(Organizational Leadership)和全球商务战略(Global Business Strategy)。除此之外,我们还听了一些讲座。老师们各有特色。教产品营销与管理的贝尔奇(Belch)教授一定是一个十分爱妻的人,他在课堂上常常用他和他妻子的日常生活举例,并常说他的名言:"Happy wife,happy life!"在他的课上,他给我们分析了苹果、小米的营销策略,观看了在美国十分流行的运动品牌 Under Armour 的广告,开阔了我们的眼界,并且使学习的内容十分有趣,不会像纯讲理论那么枯燥,感觉讲的东西可以应用到实际生活中。领导力课程的黄教授感觉像个人生导师,总在说一些人生哲理。他的课也很有意思。他总是鼓励我们随时打断他,随时提问题,主动举手发言说想法。他给我们做了 MBTI 测试,让我们了解了自己是十六型人格中的哪一种,并且依次给我们分析每一个结果的意思,让大家按每一项的分值从低到高排成一队,有些同学多次站在极端值的位置。老师说:"这个同学有可能是未来的 CEO","这个同学一定平时总迟到"。我们中有两对情侣,老师总拿他们作为分析案例,分析什么样性格的人比较适合在一起。全球商务战略的奥尔森(Olson)教授是个可口可乐的迷恋者,每天都拿着一大杯可乐来上课,为此前两位老师还把她作为案例说明了品牌忠诚度问题。奥尔森教授给我们布置了展示任务,让我们自选一个角度阐述中美文化的不同。大家都十分有想法,选择了公共交通、婚姻(婆媳关系、个人情感、离婚)、宠物、车等方面,用 PPT、视频等方式做了主题演讲,让大家对自己研究的主题和其他主题都有了更深层次的认识和了解。几个讲座也十分精彩,其中哈佛博士给我们分享他自己研究的农业交易方面的知识,让我们十分敬佩。开放经济条件下的宏观经济学的孙教授中文真是厉害,他一开口,我们仿佛回到了中国,在异乡听到这么标准的中文还真是有些恍惚和不适应。

生活状况

我们的寄宿家庭是一对年轻夫妻,他们刚刚有了自己 4 个月大的宝宝。女主人是墨西哥人,男主人是亚裔,所以我们的伙食也是很融合的菜系。到的第一天,女主人给我们做了地道的墨西哥烤鸡,伴着奶酪碎和生菜叶,十分美味。平时主人还会给我们做一些偏中餐的东西,像熬鸡汤、蒸米饭。男女主人十分恩爱,经常一起运动,一起买东西,一起商量事情,一起看电影,一起玩儿游戏,并且男主人在照顾孩子方面也非常专业,这在中国实在是不太常见。中国的爸爸们在照顾养育孩子方面感觉比妈妈差很多。家里还有大小两只狗,好像很多美国家庭都是养一大一小两只。他们对狗非常好,把狗当作自己的朋友,把狗狗和自己的孩子放在一起,让狗狗照看孩子,十分温馨。

游历内容

这是我第一次来美国,自然和小伙伴们各处玩耍。在圣迭戈,我们赶上了圣迭戈大型的 Comic – Con,当天,很多穿着奇装异服的人在老城参加活动,还有一些明星也到场,十分热闹。我们参观了中途岛号航母博物馆,那里有航空母舰和一些舰船的模型。我们还去了海洋世界(Sea World),里面有很多表演,还有很多可以近距离接触海洋动物的机会。海洋世界很大,我们玩了一整天都没玩完所有的项目。圣迭戈最出名的应该是海,因为它在西海岸,有很多可以看太平洋的海滩。最有名的是拉荷亚(La Jolla)海滩,有好多海狮,它们就在海滩边嬉戏,跟中国把动物圈起来完全不一样。人们会跟它们合影,但不会打扰它们的生活和栖息环境,算是人和动物和谐共处。

这一个月的圣迭戈之行让我学到了好多,成长了好多,让我更加全面地看这个世界,不再只是道听途说,亲身经历的感觉很棒。感谢经济学院给了我这次出国交流的机会,让我受益匪浅。

(作者:王悦　财税学院 2014 级研究生)

圣迭戈分校暑期交流活动

我叫王子怡,是一名来自经济学院的大三学生。我参加了2016年由首都经济贸易大学经济学院举办的美国加州大学圣迭戈分校(UCSD)的暑期交流活动。通过此次活动,我收获颇丰,不仅开阔了眼界,而且培养了独立生活的能力。

初到美国,在一个完全陌生的环境下,自己觉得很空虚,缺乏安全感。还好寄宿家庭(homestay)的家长人很好,对我们要求也不是很多,我慢慢地就把这里当成了自己的家。寄宿家庭的家长叫朱迪(Judy),她家里完全可以称得上一个小型动物园,有三只狗,一只猫咪,十几只鸟,一只乌龟,十几条鱼。我非常喜欢小动物,尤其是狗。她家的狗分别叫沙米(Shamy)、蔡斯(Chase)和艾薇(Avy)。三只小狗有着自己不同的个性,沙米最黏人了,总喜欢让人抱着,在你坐到沙发的那一刻,它一定会立即窜到你的怀里。蔡斯是最贪吃也是最调皮的一个,有一次我们家的另一个女孩把刚刚做好的三明治放到桌子上,结果都被蔡斯给吃了。艾薇有13岁了,相当于人类的100岁,朱迪每天都会给它喂药吃,而且我们之前出去遛狗,只有艾薇不能去,因为它的腿不好,听到它哀怨的叫声,我的心都被揪起来了。

朱迪会带我们参加很多活动,像看电影和听音乐会之类的。我们几乎每天晚上都会看电影,比如《钢琴师》《百万富翁》《怪物史莱克》……这些电影既有关于第二次世界大战集中营的悲惨的故事,也有搞笑的喜剧片。音乐会是露天的,周围是一大片草坪,我们坐在餐布上一边听着音乐,一边喝着冷饮、吃着零食。躺在草坪上望着蓝蓝的天空,伴着优美的交响乐,所有的烦恼都会烟消云散……

来美国之前,我曾一度认为美国人大多数都吃垃圾食品,他们吃的东西卡路里都超级高,但是朱迪改变了我的看法,她做的每样菜都是低卡路里甚至是零卡路里的营养食品。朱迪做的菜,既好吃又有营养,她最拿手的就是各种蔬菜沙拉,在国内我是从不吃蔬菜沙拉的,但是在美国我却爱上了沙拉。朱迪总是在沙拉上面放上碎核桃和酸乳酪,核桃和酸乳酪拌上沙拉,口感是那种有层次的好吃,既有酸乳酪的奶香又有核桃的香脆,吃到嘴里吱吱作响。

在美国的这一个月,我们每天都要坐公交车去上学,我一开始总是担心会坐过站,因为美国的公交车都是有人拉绳才停,没人拉即使到站也不会停下。但是后来我就完全不担心这个问题了。因为我和我的小伙伴都下载了谷歌地图,不得不说,这个APP太强大了,它甚至可以精准显示出每趟公交车的到达时间。而且在公交车上可以完全精准无误地导航，只要看着它就不会担心坐过站这个问题。我们无论到哪里，只要有谷歌地图都不用担心找不到家，只要将目的地输入，它可以自动准确无误地规划出最短线路。要知道百度地图可做不到这一点，虽然也可以规划线路，但是错误一箩筐，而且如果离目标地过近的话，就完全导航不了了，百度地图的精确度完全无法跟谷歌地图相提并论。美国的公交车司机人都超好，我们有一次在还有 100 米的时候看到有一辆 41 路刚刚开到车站。本来以为肯定要等下一趟车时，没想到，它居然在车站停下了，而我们离车站还有一个红绿灯。那辆 41 路一直等到我们上车，它才开走，我们当时既惊讶又有些感动。

不得不提的还有在加州大学圣迭戈分校的课程，我们有三门固定课程，还有一些讲座。或许是因为要面对不同专业的学生进行授课，三门固定课程：全球文化、市场、领导力，很浅显，我觉得其实除了能练练听力以外并没有太大的用处。相反，四节讲座课倒是很有用的，讲的都是一些有关经济学的理论问题，这三门课的教授的学历背景和教学能力也是过硬的。

在美国的一个月，我们去了很多地方游玩，像海洋世界（Sea world），环球影城（Universal Studios）、圣迭戈动漫展（Comic – Con）……我和我的小伙伴在 Comic – Con 和很多角色扮演（cosplay）的爱好者合影。有一个男的特别辣眼睛，扮成了宠物小精灵第一部里的小霞。他穿着红色背带短裤，戴着红色蝴蝶结，腿上还有修长的腿毛，嘴边一大圈胡茬儿。我们当时特别想和他合影，但无奈他和周围的人在聊天，我们拍了两张照片就羞涩地离开了……海洋世界是我去过的最大的海洋主题公园，里面还可以摸鱼，那些小鱼吃着手上的死皮，很痒但是也很舒服。里面最棒的要数杀人鲸表演了！要想很爽的话，就坐在前四排，因为可以被水撩到，而且还是那种猝不及防的被撩，那真是透心凉，看完整个表演，我从头发到脚趾全都湿透了。在环球影城，我们玩了变形金刚，training studio，看到了吸血鬼、绿巨人、小黄人……通过去环球影城，我知道了提前做准备工作的重要性。来环球影城最重要的一件事就是——提前做攻略，不然，就会像我们一样。我们的经历绝对是血和泪的教训。我们上午 11 点到那里的，下午 6:30 走的，一共才玩了两个地方。也就是说将近四个小时玩一个地方，而其他做过攻略的小组玩了 6 个地方。这就是做攻略和没做攻略的差距。还好我拍了很多照片，要不然更亏了……我们排"变形金刚"排了三个多小时，而外面的时刻表写着"变形金刚"要等一个小时，排时刻表的那个人一定是脑子进水了，所以一定不要太相信外面时刻表上的信息，拿它做个参考就好。

通过在美国的这一个月的游历，我无论在生活能力上还是在学习能力上，都得到了提高，我看到了自己以前所没有经历过的生活环境。

（作者：王子怡　经济学院 2014 级本科生）

美国行

美国,相信不同的人听到这个名字会有不同的感受,或是新奇,或是激动,或是遗憾,抑或是向往。对我来说,美国象征着强大与先进,自由与民主,这是美国给绝大多数中国人留下的印象。不错,活了20年,大大小小的地方也去了不少,国门也出了不止一次,但是美国这个"在我们脚下"的国度,我却还未曾踏进,我不知道自己能不能接受与适应它。也巧,年初偶然得知经济学院有一个赴美交流游学的暑期项目,听了宣讲后发现自己真的是被吸引了。没人同行、人生地不熟、时间太短、太贵、去不起……这些以前阻止我飞去美利坚的因素在这里都得到了扫除! 机会难得,况且趁着学生时代年轻有精力,为什么不出去走走看看,真切地感受一次美国文化? 住在寄宿家庭,不同于旅游,能交一些中美的新朋友,提升自己的独立生活能力,最重要的还是能提升自己的英语水平,所有的箭头都在指向那个与我们相差15个小时的地方——美国第八大城市,圣迭戈。

学校情况

实话实说,我对于美国的了解也许只是一些皮毛,很多东西都是从互联网上得知的,更不用说美国的大学系统了。美国的大学,众所周知,绝大多数都跻身世界百强大学之内,名噪全球的也不在少数,这次项目的目的地——加州大学圣迭戈分校(UCSD),是首屈一指的名校,也是难得被我所知的极少数美国大学中的一个。圣迭戈分校是一个美丽的地方,被网上说成"西海岸最美的理科院校"一点也不为过。第一天被主人送到圣迭戈分校的时候,很神奇的感觉,像是进了一个社区或者说是进了一个小镇子——美国很多大学都没有碑啊匾啊之类的东西来证明你从这里开始就进入了这个大学,而是不知不觉中你就走进去了。

校园靠海,有着美不胜收的沙滩,海鸟与西海岸的日落极为和谐,把校园装点得像是个海滨公园。也正是因为靠海,学校的logo和招牌都是海神波塞冬之子Triton,手握鱼叉,吹着海螺,驾着海马车乘风破浪,就像这里的学生一样,无所畏惧。学校的国际学生很多,亚洲学生也有很多,其中韩国人和日本人较多,中国人也不在少数,所以有的时候行走在校园里听到有人用中文交流很是亲切。除此之外,学校的设施也是超级齐全,除了那个超级有名、外形独特、标志性的、一眼就看见、里面很安静整洁、能看到海的图书馆外,学校还有一个大操场、一个棒球场、一个橄榄球场,以及电影院、纪念品店、书店和有着数不清美食的食堂,还有很多地方因为时间关系没有去,但是学校真的是很大。说到食堂,里面有世界各地的美食,快餐就不用说了,各式各样的,希腊的、墨西哥的、韩国的,还有中式的,虽然都有些贵,但是味道还是比较正宗的。然后就是纪念品店,倘若要去的话,一定要到里面逛上一圈,各种各样的纪念商品琳琅满目,从衣服帽子到生活用品,总有一款可以带回国留念。

总的来说,学校很美很大很多元,教学楼设施齐全先进,环境也好得无可挑剔,在里面学习真的是一种享受。我们去的时候正赶上学校五十周年校庆,看到了一些往届著名的校友,真的很佩服他们,但是想想真的是与这里的培养分不开,我自己也窃喜能有机会在世界排名前二十的大学里度过这么一段难忘而极有意义的时光,虽然自己距离成为这里真正的一员还有很长的路途,但是在这里的一个月会成为我努力前进的动力,不是吗?

课堂情况

来到这里主要的目的还是上课,这是毋庸置疑的。我们在 GPS(Global Policy Strategy)中心上三门课:市场营销、领导学和商务战略。课堂不同于中国的大学课堂,虽然早有耳闻,但是亲身经历还是第一次。课堂上老师鼓励大家提问题,鼓励大家打断老师的讲话质疑他,鼓励大家讨论和表达自己的看法,无论对与错。刚开始的时候,大家还有点拘谨,就是老师说什么都对,都没问题,但是老师不太喜欢中国孩子的这种性格,于是就慢慢地引导我们敢于去问、去质疑。后来我们的课堂在一个月里变得特别活跃,有时候遇到了感兴趣的问题我们还会争先恐后地举手回答,发表自己的看法,我觉得这样非常不错,既活跃了气氛,又让我们对问题或者是话题有了更深刻的理解。下面说说这几个老师吧。市场营销的老师是个看上去很年轻、很有活力的老教授,尽管满头白发,却依然精力十足,用各种各样的例子与我们讨论,让课堂变得特别生动!他特别喜欢调侃自己的老年机,最后,教授还是"经不住"时代的诱惑,换了一个 iPhone SE,还给我们"炫耀"了一把,真是特别好玩的一个"老顽童"。至于我们的领导学老师,虽然和前面提到的市场营销教授都是耄耋之年,但是显得更为沉稳。他是华人,在抗日战争时期移居到了美国,后来出书当了教授,慢慢也美国化了,中文虽说比英文差很多,但是还算"马马虎虎"——他经常用中文说的一个词语。有时候我们用中文讨论,他也能听懂一二。令我印象深刻的,不只有他的"马马虎虎"、"life is good"这几句口头禅,还有就是他教会我们如何认识自己。我觉得领导学这门课有点像哲学课,总能让我们学会悟出一些东西。最后我们做的 MBIT 测试是整个课的高潮,这个测试让我们更好地认识自己、分析自己、改正自己,让我们感到惊讶的是这个测试竟然很准,真的学到了很多方法让自己变得更好,变得更能适应这个真实的自己。最后是全球市场管理课,这门课更像是一门中西文化分析比较课,奥尔森(Olson)教授是个爱喝可乐的奶奶,头上永远有一个太阳镜,各种颜色的衣服让人觉得她很时尚。她去过很多地方,包括中国,甚至还在中国居住生活过一段时间,所以对中国相当了解。她能准确地说出中美之间差异的来源,然后追本溯源地给我们介绍具体的差异所在。我们在她课上的小组展示,也成了了解彼此的一次很不错的机会。非常感谢教授能让我们更加了解美国以及我们国家的历史。

总之,这里的课堂会让我们学到很多,很活跃也很专业,老师和教授们都很负责,让我们在短短的一个月时间里学到了不少东西。这大概就是美国教育发达的原因吧。希望以后还有机会,多一些时间继续体验这里的课堂。

生活状况

坐了最长的16个小时的飞机,支撑自己清醒到美国的是对美国生活以及寄宿家庭的憧憬和期待。在圣迭戈机场下了飞机,我们睁着倦乏的双眼找着那个写着wuwentao的牌子,将牌子拿在手里的是一对母女,完全不是我想象中的美国人的样子——黑头发,黑眼睛,棕皮肤,很健美。这就是我们的女主人米斯蒂(Misty),旁边一起来的就是她17岁的女儿佩奇(Paige)。我们略微尴尬地寒暄了几句,就想去住处看看。坐在车上环顾这个名为圣迭戈的城市,一切都是那么陌生,心中充满了好奇。我们简单地在车上做了交流,她们给我和室友大致介绍了一下家周围的建筑和交通,很快就到了住处。很显然,这也不是我想象中的美国人的住家,不是别墅加院子和游泳池,而是一座公寓里的一间很普通的复式小房子。一进家门,4岁的亚历克斯(Alex)就冲了出来,别看他小但是很有精神,比中国同龄的小孩子要活泼好动得多。然后19岁的罗伯特(Robert)静坐在餐桌前上网,他是gay(同性恋),父母完全理解他,尊重他的生活。男主人不在,因为他是微软的高级工程师,长期出差在华盛顿,很少在家,因此我们在他的家里没有办法上网,因为他们是微软的网络,安全级别很高但要授权才可以使用。家里还住着一个27岁的菲律宾姐姐,她在这里学厨师,每天都很辛苦;还有一个24岁的日本姐姐,在这里读语言学校,准备过一年来这里读研。晚上我们把为寄宿家庭准备的礼物——中国的工艺品和茶叶送给了米斯蒂一家——这种做法很符合中国人的观念。她异常喜欢,赶紧拍照发到了Facebook上,我们也很高兴。

后来男主人因为一些特殊原因,在家里休息,我们也因此有幸可以和男主人聊很多。有一天晚上吃完饭,男主人主动过来和我们搭话,说今天怎么样,我们说今天上了领导力(Leadership)的课,然后男主就开始跟我们聊"领导力"的话题,因为他在微软是一个"领导",他用比较通俗的说法和我们谈论如何当一个好"领导"。他说就像水和绿茶你选哪个一样,总有人会选和你不相同的,但你要去学会说服或是慢慢改变这种彼此的不同。他告诉我们他高中绩点只有1.6,三次考大学都遭遇失败,但最后靠自己的努力一点一点进入到了微软,所以学位不是一切,很多中国大学生就是在为了学历活着,这是很愚蠢的,要活明白。

他说十年前,他们第一个接收的外国人是一个中国的二十多岁的小学老师,在美国教汉语,那个人说我奶奶说美国人都很胖的,你们怎么不胖?男主人借此说,他知道很多美国人和中国人都对彼此的国家有着"道听途说""主观臆断"的误解,问我们来美国这些日子有没有什么"被澄清"的东西。

我们提到了快餐,大街上看不见麦当劳和肯德基。他说很多外国人认为美国到哪里都是快餐,虽然现在也是,但是比几年前要好很多,科技教会我们健康,任何食用的东西都标着卡路里,我们也会尝试着改变,比如我真的觉得中餐非常好吃!

我们提到了枪支与治安问题,很多中国人认为美国不安全,尤其是晚上,匪徒会向你借钱或者一言不合就开枪。他说枪支是用来保护自己和捍卫自由的,很少有人会开枪,在圣迭戈更是非常安全,也许在洛杉矶会有点不安全,但没有你们想象的糟。的确,我来到美国这几天觉得治安还是可以的。

我们提到了素质,美国的司机很好,尤其是公交司机简直堪称暖男,遛狗的人也都爱护环境,售货员、清洁工等陌生人之间很是和谐,互相问好、微笑,彼此帮助。他说美国人被教育成这样的,法律要求他们这样,那他们就这样,很率直,没有特别坏的想法,乞丐也是尽量不去碍你事。我说这是两个国家最大的差距,不是经济和政治,不是军事和科技,是道德水平,是素质和涵养,这决定了一个国家、一个民族的未来。

我们提到了 pokemon go,这的确是个疯狂的游戏,他让你走出去认识更多的人,一起做一件事情。让商家有了新的广告,因为道馆和补给站吸引更多的人来这里,这是 APP 改变我们的地方。

我们还提到了猫狗,发现美国街上很少见猫,全是狗。他说美国人爱狗,视它为伙伴、情侣、孩子,任何人都爱,所以很多地方都会用到狗。

这是我到美国这几天最长的一次不间断的英文交流,将近一个小时,我发现学习英文环境真是超级重要。在国内是背英文和应付考试。因为有一个脑译的过程,所以不流畅,英文环境的锻炼就是使这个过程缩短。语音其实是次要的,同屋的日本姐姐英语发音蹩脚到那样还和男主人他们谈笑风生呢!

总之,在寄宿家庭,和小家伙玩得不错;喜欢男主人暖男一枚,是智商情商高墨法混血的大帅哥;女主人是身世复杂的中意混血贤内助;罗伯特穿衣搭配很时尚,我特别喜欢,不愧是学艺术的;佩西这样的女孩子,没有 17 岁的叛逆,反而因为亚历克斯的关系学会承担很多这个年龄本没有的东西,很喜欢她的性格,我称她为"女神";和日本姐姐还有菲律宾姐姐学会了做简单的菜,在这里的家常菜很有墨西哥风味。

游历内容

我不得不说圣迭戈太美!这里可以玩的东西一个月根本玩不完!

因为学校临海,我们经常去海边,拉荷亚的海豹沙滩上,海豹不怕人,就像这里的松鼠和鸟类一样,从来见人不逃跑,人类也不去伤害或者吓唬他们。看了日落,那真是一道绝美的景观;去了海洋公园,原来真的可以和海洋动物这么近!第一次摸海豚、小鲨鱼和鳐鱼,很滑很舒服;去了老城,感受到了墨西哥风情;去了圣迭戈野生动物园,曾经的世界第一依然美如画,而且我们很幸运正好赶上了 100 周年庆典;去了圣迭戈国际动漫展,这里集结了世界上各种著名动漫和影视剧里的人物,集结了很多动漫爱好者,我们真切地感受到了那种美式的热情!我们还去了中途岛号航母博物馆和胜利之吻雕像,这里是美国海军的重要港口,我们了解了海军的历史;我们还驱车去了环球影城,真的名不虚传,非常赞!

在加州购物很贵,因为不对外国人退税,而且税还是很高的,所以要购物还是去奥莱,那里东西便宜很多。美国的水可以直接饮用,所以不怎么买水,只是热水很难搞到的,美国人很爱喝苏打水和碳酸饮料,他们在快餐店里点水接水全凭自觉,因为在美国很多事情都要靠自觉,从过马路司机礼让行人到公交车上不检票,不得不佩服诚信在社会运转中的重要性。

在结束了一个月的学习后,我和一些小伙伴报了美国当地的旅行团,在西部玩了十天左右。去了很多经典的地方,如星光大道、黄石公园、旧金山的金门大桥、巧克力工厂、不夜城拉斯维加斯……每个地方都有不同的感受,也有不同的独家记忆,要是一一叙述的话估计可以出一本书了……所以说有些东西是文字记录不下来的,也是很难一言尽之的,还是要自己去感受不同的地方、文化和人们,那会是一次不同的经历,你也会因此而悟出很多、感触很多!

写在后面

最后,我不得不说我超出了很多字数,但是还依然有很多话和感受没有和大家分享,只怪文字太局限,所以说,走出去吧!多去感受和经历,相信这次美国之行不会是最后一次,我依然还有很多东西要去学习和体会。感谢首经贸,感谢经济学院给我们一次经历、一次难忘的旅行,抑或说是一堂精彩绝伦的学习课,让我们结识了很多好朋友,将我们这些不同年龄、不同专业、不同地域的人变成无话不说的好朋友;让我们结识到美国的至亲家人,会有分别时的不舍和再相见时的激动和泪水,我相信这才是这次游学真正给予我的财富,这是任何一次旅游或上任何一节课都带不来的东西。会再见面的,也许还是美国,也许就是明年夏天。

(作者:武文韬　金融学院 2014 级本科生)

暑期项目——加州大学圣迭戈分校纪实

学校情况

在到达圣迭戈的第三天,我们正式开始了在加州大学圣迭戈分校(UCSD)的学习生活。来到学校的第一天上午,我们进行了一些必要的注册工作,随后这里的负责人格雷丝(Grace)带领我们参观了校园,向我们介绍了校园生活中经常需要去的地点和学校有名的建筑,例如图书馆,它是这所学校的标识,是电影《盗梦空间》的取景地,也是世界最奇特的图书馆之一。图书馆不仅外表酷炫,内部设施也堪称完美,沙发、自习桌无处不在,处处充满着学习的氛围。

此次项目我们一共上了三门课,分别是贝尔奇(Belch)教授讲授的产品营销与管理、黄(Hwang)教授讲授的组织领导力和奥尔森(Olson)教授讲授的全球商业战略。三位教授上课各有千秋,贝尔奇教授注重授课内容的条理性和严谨性,黄教授注重与学生的沟通交流,奥尔森教授则是通过与实际生活经历的结合来阐述她的观点。这里上课的时间分别是上午的10点至12点和下午的1点至3点。上课的地方是一间十分宽敞的阶梯教室,座位从三个方向环绕讲台,方便每一位学生看清和听清老师所讲的内容。在这里上课,老师不介意被学生打断,他们喜欢学生在课堂上与他们互动和问问题,这是一个非常好的锻炼口语的方式,同时在课下会要求学生阅读一些背景材料以方便理解课上的内容。当然还有最基本的一点,除非教授有要求,那么手机和电脑是被禁止使用的。

中午我们基本上是在学校内用餐,学校内部有着足够多的餐品供我们选择,例如墨西哥卷饼、台湾小吃、日式拉面、印度咖喱饭以及非常著名的中式快餐连锁店Panda Express和美式快餐店汉堡王(Burger King)。有些店面排队的人较多,例如Panda Express,因此如果想节省时间,附近也有便利店和咖啡店为学生提供各类小吃和咖啡等饮品。点餐也是一个考验和锻炼英语能力的方式,第一次点餐的时候听得非常费力,有时候看不懂菜单也表达不出自己想要什么,之后点的多了也就找到了些方法,基本的交流也就没有问题了。

校园内十分干净整洁,同时也遍布着各式各样的教学楼和办公楼,每一栋楼都有其独特的建造风格,无论是楼内还是楼外的设计,都可以说是一道风景。例如图书馆和一座建在房子一角上的小屋子就很有看点。图书馆自不必多说,造型奇特,馆内藏书众多,且设施设备一应俱全,任何人都可以自由出入,是学习的最佳场所。那间倾斜的小房子,是曾经在这里就读的学生设计建造的,外观看起来摇摇欲坠,但走进屋里时却感觉很踏实。校园内的道路上下坡比较多,有时还能碰到一些拐弯很多的地方,因此在校园内也能经常看到踩滑板代步的学生。

生活状况

我们住在当地的寄宿家庭(homestay),基本上是 2~4 人为一个家庭,寄宿家庭的情况会有一些差别,例如有的同学家里住着十几口人,而像我的家庭里就是一对老夫妻。这对老夫妇给予了我们很大的自由,我们有独立的洗漱间,可以自己使用厨房,还可以晚上在客厅用电视看看奥运会、电视剧。平时,我们也会和他们聊天,都是一些很生活化的话题,或者是中美之间的文化差异,他们非常喜欢聊天,也喜欢尝试新的事物,即便他们年龄已经比较大了,但总感觉他们有着一颗年轻的心。

圣迭戈可以说是地广人稀,当地人出行基本都用私家车。但幸运的是,这里的公交线路也十分发达,公交车非常准时,只要预计好时间,每天基本都会乘上同一班公交车到达学校。在第一天注册报到的时候,我们每人领到了一张使用期一个月的公交卡,有了这张卡基本不用担心出行问题了。有时实在不知道该坐哪辆车或者不知道该在哪站下车,也可以直接询问当地的公交司机,他们会非常友好且热情地回答你。当然,如果去比较远的地方,还有机会尝试这里的轻轨列车。

游历内容

课余时间我们会去参观一些圣迭戈的景点,也会去商场购物。例如这里的海滩就是必去的地方。在海滩上,我们震撼于海洋一望无际的浩瀚和海鸥与人类相处的和谐。同时,我们也深刻感受到了这里清新的空气、炫目的阳光,也看到了这里蔚蓝的海水、种类丰富的动植物,有些海滩上可以近距离看到海豹,有的海滩专门留给了狗和主人玩耍嬉闹,有的海滩上随处可见沙滩排球,这些都让我们进一步地体会到了美国当地的文化和风土人情。

之后我们还游览了圣迭戈的老城(Old Town)。旧城位于圣迭戈现在的下城(Down Town)附近,交通十分方便。在这里,随处可见样式别致的小庭院,也有很多墨西哥风情的小店和餐馆,更有诸多色彩丰富、样式独特的纪念品,在这里,无论是房屋的陈设还是商品的设计,都将传统特色和现代创新融为了一体。

之后我们还去了巴博亚公园(Balboa Park),这是一个集古老的西班牙建筑、植物园、博物馆以及艺术品市场为一体的综合性公园,充满了人文与艺术的气息,也有露天的表演场地、免费的音乐会,伴随着宏伟的交响乐,飞机从后方的天空缓缓飞过,给人十分震撼的感觉。公园里还为每个国家都建立了一座小的院落,房子正上方有国家的名称,通过一个小院落展示着这个国家的人文特色。

最能让人感受到美国高科技发展的非环球影城莫属。环球影城在洛杉矶,这是我们去过的人最多的地方,可以用人山人海来形容。在这里我们能看到哈利波特、小黄人、变形金刚等非常著名的好莱坞影视作品中的人物形象,更能亲身感受到这里现代化的 3D 特效,特效的效果让人仿佛置身在影片中,难辨真假。

(作者:徐天炯 经济学院 2015 级研究生)

圣迭戈暑期交流项目感想

一、校园篇

在加州大学圣迭戈分校(UCSD)为期一个月的学习,让我深深感受到了美国与中国截然不同的教育理念。美国课堂相对活跃,教授讲课时会随意走动,甚至坐到学生面前与大家进行互动,而且讲课一般都会结合实际案例进行分析,案例贴合实际且具有新颖性,还会不断启发学生切换不同的思维方式。市场营销与管理的贝尔奇(Belch)教授人很和善,他是我们见到的第一位老师,他在市场营销领域已经研究多年,学识极为丰富,提出了很多前沿观点。我印象最为深刻的是他所提及的战略营销,强调战略营销在执行营销计划的前期就应执行,贯穿于市场营销的整个阶段。黄(Hwang)教授是一位华裔教授,来自福建,他教授我们领导力课程。可能是对于中国学生比较了解,或者是课程培养的需要,整个课程阶段他都在引导我们大胆在课堂上表达自己的观点,将英文说出来而不只是听,不断强调听与教的区别,引导我们自主学习,并且告诉我们要善于表达自己和提出疑问。而奥尔森(Olson)教授风趣幽默,她讲授全球战略这门课程,指引我们发现中美差异,运用文化差异模型去分析,实践相关商业战略。美国的教育方式非常值得中国借鉴,能够提升大家独立思考、自主表达的能力,这些对于我们未来的职业发展极为重要。

加州大学圣迭戈分校在美国西部享有盛名,它的地理位置很奇特,整个校园坐落在一座山上,这可能跟圣迭戈的地形有着很大的关系。每一个学院风格各异,不同楼宇不管是外观还是内部都有很大的不同,并且楼宇的设计很大程度上体现了所学专业的特色。圣迭戈分校最具特色的建筑莫过于它的图书馆,整个设计犹如世界博览会上的中国馆,很气派,在圣迭戈分校学习一定要去图书馆自习,体验图书馆给你带来的不一样的感觉。去图书馆会经过一段崎岖的山路,山路上铺满了颜色各异的石子,辅导员告诉我们这是久远以前就存在于圣迭戈分校的石头,它们经过多年来风吹日晒铺在路上形成了蛇形路。这里的小斜房也很有名。小斜房位于图书馆旁边楼宇的屋顶,整个房子的设计是倾斜的,走进里面,家具等物的摆放也是倾斜的,很奇特。

学校有两个大型餐厅,一个是 Price Center,另外一个是 Pine Cafeteria,Pine 自助餐厅是具有西式格调的自助餐厅,菜品很好吃,水果和冰淇淋自助吸引很多女生，并且没有任何时间限制！

二、生活篇

在美国生活最大的感受是：美国公交车与中国公交车有明显的不同，设计很人性化。整个车厢前车轮和前视镜之间的空间可以存放两辆自行车，既不影响司机的视线也不会影响通行，设计极为合理；司机座椅后方有两个并行的残疾轮椅置放地，如果没有残疾人可坐两排乘客，若有残疾人上车，乘客会自动起身，司机会将座椅下方的紧固绳拉出，把轮椅四个轮都固定在车窗边；公交车后排车座下方有四个可以存放滑板的低位架；当乘客在某一站下车时，需要提前拉公交车座位旁边的黄绳，车载广播会发出"Stop Requested"，提醒司机这站有人下车。美国西部的行车道都是中间高两边低，停靠于路沿边会使得公交车倾斜，乘客下车门那一面车门会变低。最为高科技及人性化的公交车设计莫过于有残障人或者行动不便的老人时，司机会将车停靠于最接近路沿边，然后拨动开关将车体位置降低至路边人行道的高度，或者放下车门处的通行板与人行道地面连通，残疾轮椅或者老年人助走器可以便利通过，不需要任何辅助。

我们分配到一家很好的寄宿家庭（homestay），金姆（Kim）和肯恩（Ken）人很好。金姆（Kim）来自英国伦敦，她具有典型的英伦人风范，擅长烹饪，一个月以来没有一顿晚饭是重样的；下午闲暇时光，她会坐在沙发上一边看书一边喝下午茶。肯恩来自于澳大利亚，乐观开朗，经常为我们营造欢乐的氛围。女儿弗洛里亚（Floria）和儿子亚历克斯（Alex）都是美国籍，他们家庭听起来好像特别复杂，其实美国很多家庭都是如此，美国就是这样一个由世界各地移民组成的国家。我们很幸运地能参加他们举办的周末 party，美欧亚非不同人种的大聚集，大家没有任何约束地玩到一起，深感不同文化交融，那真是一种无法言说的感受。最后很遗憾，没能参加他们的惊喜生日 party，金姆说很遗憾，她应该尽早和我沟通调整时间，听到这话很让人感动。一个月来与他们的相处真正了解了美国的家庭生活以及西方人与我们的文化思想差异。在奥尔森教授的课堂演示（presentation）上，大家都把自己来美国所感受到的中美或者中西差异进行了展示，让我们真正理解了文化差异的缘由和历史沿革。

三、游历篇

一个月的项目结束，我们离开了圣迭戈，飞往纽约。其实这次去美国，自己最想去的地方就是华尔街了。曾经看央视财经频道播出的华尔街纪录片，全8集，详细地介绍了华尔街的历史沿革、发展演进以及未来规划，当时就令我对这个金融圣地心生向往;另一方面,暑期交流学习,在圣迭戈已经待了一个月之久,对于西部环境和文化已经有了初步的了解,利用剩余时间去东部感受不一样的气氛是极好的选择。刚进入纽约,就深深感受到美国东部大都市的气息。我们从肯尼迪机场出发去新泽西的路上,经布鲁克林大桥进入曼哈顿下城,夜晚的纽约真是不愧于"不夜城"的称号。当时我们到下城已经 11 点多了,曼哈顿丝毫没有夜晚的气息,街道上人头攒动,酒吧餐厅都在排队,仿佛在宣告着夜生活就快开始了一般。由于车很多,造成交通阻塞,仅从曼哈顿下城到上城,我们就走了一个多小时,到达新泽西都 1 点多了。接下来,我们就开始了七天美东行。

第一天是纽约市区游,导游分为五个模块让我们一览大纽约的风采。第一个模块是高度,那就是去游览最具标志性的建筑——帝国大厦。通票是先到 80 层在室内观光拍照,然后上到 86 层观景台在室外俯瞰整个曼哈顿市区,最高层是 102 层,需要另付额外费用才可以登顶。第二个模块是精神,坐游轮远观自由女神像。自由女神像是美国自由民主精神的象征,是美国的标志。第三个模块是金融,那就是我期待已久的华尔街。我们从 101 区进入,一路观赏了特朗普(Trump)大厦、摩根大通银行、纽约交易所等,见识了第一代皇家柱和第二代之间的区别。三一教堂伫立在华尔街街道尽头,标准哥特式建筑总是让人不由得产生敬畏的感觉,其高度和设计的华丽令人赏心悦目;乔治·华盛顿的雕像屹立在联邦储备银行门前,高大威猛。当时在华尔街碰到某公司的公开上市,巡警在纽交所门前布下了三层护栏,但是由于时间原因,我们并没能看到公司的挂牌上市全过程。最令大家意外的就是华尔街铜牛并不在华尔街上,由于它太有名,人们争相和它拍照,严重影响了华尔街的正常交通,所以将它放置在了百老汇后街,即使如此依旧吸引了来自世界各地的人们赶来与它合影,毕竟它是华尔街的重要象征之一。第四个模块是军事,我们去参观了大无畏号航母,其展示了美国强大的军事力量。第五个模块是文化,那就是最有名的大都会博物馆,是一个仔细参观需要花上 90 天的大型博物馆。该博物馆涵盖了来自世界各地极有名的文化代表性物品,比如埃及的木乃伊、希腊的神话人物、耶稣的神杯和凡·高的画卷以及米开朗琪罗的神作等,博物馆顶层还可以俯瞰中央公园全景。这五个模块不仅是纽约的象征,也可以说是整个美国的象征!后面六天游览了华盛顿、尼亚加拉大瀑布、千岛湖、费城和波士顿,参观了哈佛大学、耶鲁大学和麻省理工学院,东西不同的文化交相辉映,造就了美国的独特气质。

此番去美国,不仅体验了校园和美国家庭生活,而且从最西部的墨西哥边境跨越到最东部的千岛湖加拿大边境,深刻感受了美国东西不同的文化气息,这 36 天的美国生活令我终生难忘!

(作者:袁璇　经济学院 2014 级研究生)

我在美国的 39 天

其实最初参加加州大学圣迭戈分校(UCSD)的项目挺意外的,只是出于好奇去听了宣讲,那时暑假还没有找到合适的实习去处,时间比较充裕,回去跟父母商量一下,他们就同意了,于是就决定要参加这次美国之行。从美国回来后,还是很庆幸自己当时脑子一热报了名,是这次机会让从来没有过出国想法的我第一次走出国门,来到太平洋彼岸另一个美丽的国度,了解到一所美丽的校园——加州大学圣迭戈分校(University of California, San Diego),接触到许多可爱的教授,认识了诸多有趣的小伙伴。于我而言,如果没有这段经历,可能就很平淡地度过大学四年,然后考研,然后工作。而这份经历的意义在于让我在以后的生活里多了份期待,期待再一次能跨越 15 个小时的时差来到这个地方,期待有一天能去到世界任何地方。

很幸运,在此之后,能有这么多美好的回忆与大家分享。

一、校园与课堂

圣迭戈分校的校园很大,每天下了公交车我们都要绕过几栋建筑,穿过一个小广场,沿着上坡走过一片树林,再走上十几分钟的路程,才能到达我们上课的教室。当然,这只是学校很小的一部分。在一个没有课的上午和几个上完课的下午,我们探索了校园里的图书馆、倾斜的小房子以及几个学院楼。真的很羡慕这里的学习环境,每栋建筑都有自己的特点,不仅校园优美,并且主要的学院都有自己的图书馆,一层是自习室,有舒服的椅子和宽阔的空间,二层以上是本学科的藏书,一个学院的图书馆几乎和我们一个学校的图书馆一样大。教学楼附近还会时不时有个咖啡厅,经常遇到几个学生边享用咖啡边讨论问题,颇为小资。总之,这是个很适合学习生活的校园。

说到课堂,可能就是学校的灵魂所在了吧。要是没有在课堂学习的经历,我也只是那走马观花的校园游客中的一员。教授们人都很好,总是鼓励不爱发言的我们。第一节市场营销(Marketing)课上,教授就对我们说:"Come on, you are in America."在这里的课堂上,我们总被渴望发出自己的声音。每个想法都值得思索,每个人都值得尊重——这可能是我最大的感触吧!它让我真正开始理解、学会包容。黄教授(Professor Hwang)是领导力(leadership)这门课的讲师。从一开始这门课就充满了正能量,甚至有浓郁的鸡汤味。他讲领导应有的品质,告诉我们要自信、乐观、为他人着想。虽然我并不认为自己有做领导的特质,但他说的那些品质却是我们生活中每一个人所需要的。黄教授的课也是我在课上发言最多的课,对他的乐观精神,我是比较认同的。另外,不得不提的就是奥尔森教授(Professor Olson)关于文化差异的课程,她从生活中常见的现象入手,对比不同国家来解释文化差异。在她的课上,我们围绕课程内容做了一次演示(presentation),收获了一次愉快的小组合作经历。

二、寄宿家庭与生活

寄宿家庭,是在圣迭戈学习生活中不可或缺的一部分。正是在寄宿家庭的生活,才让我有机会更好地了解当地人的生活,也增加了许多练习口语的机会。还记得刚刚到达圣迭戈,主人来机场接我们,车子沿着海边驶入街道,海边有星星点点的灯光,很美。就这样,我们开始了在这里的生活。

我们所在的寄宿家庭是当地很普通的一户家庭,家里有四间卧室,一个小花园,一个泳池。房子里淡棕色的色调很舒服,还有很多独特细微的装饰,不难发现主人有一颗热爱生活的心。

街道上,每栋房子都有自己的风格,这和大城市里千篇一律的高楼十分不同。最喜欢每天早上从家到学校公交车上这 40 分钟的路程,喜欢看这座整洁的城市像画卷一样铺展在眼前:穿过一个个街区,驶过山路,绕过政府广场,再路过 UTC,静静欣赏这座城市展示给我的一切,于我,这是一天里最平和宁静的时光。

平日里除了去学校学习,我们也会规划各种各样的出游活动。利用周六、周日和每天下课后的时间,我们几乎去遍了像海洋世界(Sea World)、中途岛号航母博物馆(Midway Museum)、老城(Old Town)、巴博亚公园(Balboa Park)这些有趣的地方。海洋世界里我们看了虎鲸表演,玩了激流勇进和过山车;在中途岛号航母博物馆参观了美军退役航母;参观了老城区;在巴博亚公园拍了美丽的照片。当然,我们也去了许多叫不出名字的海滩,去看海豹、看日落、看海浪拍打岩石。乘坐一种叫 trolly 的小火车,两个小时可以到达美国和墨西哥边境的一家奥莱,越往南走,越能感受到浓郁的墨西哥风情。一个没课的周四,我们半个班的同学一起租车去了洛杉矶的环球影城,里面逼真的 4D 效果给我留下深刻印象,往返路上的一局局精彩狼人杀也给我留下了难忘的回忆。

还有许许多多的地方,还有许许多多的细节,在圣迭戈的这一个月,临走时难免会有不舍。女主人把我送到老城的火车站,对我说他们会想念我,家里的 Gato(主人家的宠物猫)也会想念我的。

I do too.

三、美西旅行与难忘时光

结束了为期四周的课程,我们正式开始了美西的旅行。我们需要在洛杉矶参团,参团前一天,我们乘火车离开圣迭戈。之前,在国内不怎么出去玩的我,这次要和小伙伴规划从美国的一个城市到另一个城市,心里还是有按捺不住的紧张与激动。我们乘坐的 Pacific Surfline,是太平洋沿岸的一条火车线路,有一段路程离海很近,在车厢二层,透过大大的车窗就能欣赏到窗外美丽的海景,视野极佳。一路上,由于睡眠不足造成的疲惫一扫而光,真是一个令人兴奋的开始。

参团后,乘着旅游大巴,我们穿过一大片无人的荒漠,离开加州,来到美国西部。不同于繁华城市的房屋林立,美西更多的是未经雕琢的自然风光。我们参观了干净整洁的盐湖城、色彩斑斓的羚羊彩穴,热气腾腾、草木葱郁的地质公园黄石,风蚀效果显著的布莱斯峡谷,这些都是很美很震撼的自然景观。唯一美中不足的是参团每天要跑好几个景点,很多地方来不及长时间停留,经常在意犹未尽时就匆匆离开了。

前几天在森林、草原、荒漠中穿梭,后面几天我们来到了有名的赌城——拉斯维加斯。这座城市完全可以用奢华来形容,光是参观那些有名的酒店,观看酒店前的焰火、喷泉表演,就用了我们一晚上时间。每个酒店都会有一整层的赌场,这些豪华酒店的住宿不贵,主要靠赌场盈利。之后,我们参观了旧金山,乘铛铛车、坐游轮、游览金门大桥。短短几天游览了很多景点,留下很多美好的回忆。

美好的时光总是短暂易逝,当飞机再次降落在首都机场,我感到这一个多月的经历像一场梦。一场梦结束的时候,我在期待另一场梦的开始。

(作者:岳缘　财税学院 2014 级本科生)

圣迭戈暑期交流项目

一、学校情况

2016年暑假我参加了经济学院组织的美国加州大学圣迭戈分校(UCSD)暑期交流项目。圣迭戈分校成立于1959年,是加州系统三所大学之一,虽然建校只有短短的五十余年,但是已经成为美国顶尖的以研究科学为主的大学之一。刚到学校,就发现美国的大学校园和我们国内的大学非常不一样,没有围墙是它的最大特色。格雷丝(Grace)最先领我们进行注册,然后带领我们参观了美丽的校园。

圣迭戈分校的中心地标建筑是盖泽尔图书馆,格雷丝给我们介绍的时候专门提到它像一个巨大的飞船。它是电影《盗梦空间》的取景地,也是我见过的最神奇有趣的图书馆。图书馆的层数很多,外表覆盖蓝色玻璃,站在图书馆的自习位置向外眺望,能环视校园的优美景色。我们喜欢在图书馆前面照相合影。进入图书馆里面,一下子就被其图书资源和电子资源的丰富给惊讶到了,光是中文书籍的藏书量几乎占据了一整个楼层,书籍的种类甚至比我们学校的图书馆的相关种类还要丰富得多。

因为我们上课的教室在山上,每天去上课时我们都要走很长的一段路,然后还要爬很高的坡,一起去的同学甚至开始效仿圣迭戈分校的学生买了滑板,开始练习滑滑板上下坡,节省了很多时间。校园非常大,单靠脚力根本逛不完,食堂旁边的大草坪总能看到三三两两的学生坐在上面抱着电脑写作业、做小组讨论或是中午的时候躲在树荫下吃饭,非常惬意闲适。

二、课堂情况

这次我们的课程进度还是比较紧张的,学校报到的第一天上午,格雷丝带我们参观完校园后,下午我们就开始正式上课。开始的第一周只有两门课程,分别是贝尔奇(Belch)教授的产品营销与管理(Product Marketing and Management)和黄(Hwang)教授的组织领导力(Organizational Leadership)。

贝尔奇教授是美国人,他说话语速很慢也很清楚,在他的课堂上我们要学习的是品牌营销策略,他给我们介绍了很多世界有名的大品牌,还进行比较和分析,总结出来一些普遍的规律。给我印象最深的是他从美国的角度为我们解读中国知名品牌小米和华为的崛起,大量数据和信息的分析甚至比我们在国内获取的还要多,对我们这些中国品牌的发展,他还做出了预言。

黄教授是华裔,与其他美国教授不一样的地方是他非常了解我们中国学生的心理和中国学校的教课方式。他是一位对自己的生活和职业充满极大热情的教授,很喜欢微笑。在课堂上,他总是积极地鼓励大家发言、提问,想办法给每个人提供发言学习的机会,对学生有很强的感染力,所以大家都很喜欢他的课程。因为他的课,我知道了要成为一位优秀的商业领导者需要具备哪些素质。最后他还给我们做了有趣的测试,帮助我们更了解自己,以利于我们未来更好地进行自己的职业选择规划。

奥尔森(Olson)是我非常喜欢的女教授,她教授的课程叫全球商业战略(Global Business Strategy)。她的性格活泼开朗,讲到兴奋处忍不住手舞足蹈。她非常了解中国文化,他们一家人曾多次来过中国。每次听到她和我们比较中美文化的不同的时候,我们都会随着她会心一笑。在她的课堂上,我们分成了各个小组,按顺序做了一次演讲,题目就是关于中美文化等方面的比较。

美国大学的课堂和我们中国的大学课堂授课方式截然不同:在美国上课的时候,我们每一门课程之前都会发一份 Syllabus,正式上课之前我们都要仔细地研究,上面有教授的联系方式、上课内容、计分方式以及每节课要预习的内容等。看完 Syllabus 我们就能大致了解怎么去上这门课程,如何准备资料、怎么做作业等。在中国的大学课堂上,大部分都是教授在课堂上讲课,学生在底下听课,属于填鸭式教学,把已经总结好的知识直接灌输给学生。中国的学生其实是不怎么喜欢主动回答问题的,往往是老师明确点名后学生不得不回答。美国的大学课堂,教授非常重视你和他们的互动,期待你有独到的见解和想法,教授讲课的时候你可以随时打断进行提问,不论什么问题教授都很乐意且有耐心为你一一解答。我们分别在不同的教室上课,有的教室座位安排就像环形的办公会议桌,教授走来走去和我们交谈提问,彼此间离得很近,方便随时交流探讨问题。美国大学课堂的气氛轻松又活跃。

三、生活状况

学校给我们安排住进了当地人的家里,每个人都是随机分配的,大家分住在不同的家庭。有些是美国本土的人家,也有英国移民、墨西哥移民、菲律宾移民家庭等,我和经济学院的学姐被分配到了一对俄罗斯移民(一对老夫妇)的家里。一下飞机,老太太举着个牌子已经在等我们了,不过她们浓重的俄罗斯口音让我们刚开始听得非常不习惯,特别费劲。

房东夫妇俩为人随和,给予我们很大的自由度。只要我们在家的时候,他们每天都为我们亲自下厨做饭。在他们家的几周生活,有幸体验了他们为我们烹饪简单的西餐,有俄罗斯菜、日本菜等。尤其是他们做的俄罗斯汤给我留下了很深的印象,味道真是特别到难以形容。他们家是个白色的独栋小别墅,我和学姐分住在两个屋子里,有很大的私密空间。他们家还有个小院子,种的有仙人掌和葡萄,房东太太经常摘下新鲜的葡萄给我们吃,香甜可口的葡萄还招来了小浣熊晚上偷偷光临。

周末的时候,我们也会陪着老头老太太一起去购物买菜,我们还去中国超市买食材回来给他们做老北京炸酱面、可乐鸡翅、西红柿炒鸡蛋和酸辣白菜,夫妇俩都特别喜欢吃,赞不绝口。因为经常随老房东俩出去转,所以知道买菜种类多又便宜的地方是叫 Harvest,是阿拉伯人开的超市;买一般吃的零食什么的去 Target;买书包我们专门去的 Marshall,那里经常打折;买保健品,要去 Costco。

四、游历内容

我们不上学的时候业余生活非常丰富。放学后,作业不多的时候,我们约上三五个小伙伴乘公交车一起到拉荷亚海滩(La Jolla Beach)去看海豹们搔首弄姿,一起观日落。一共去了两次海滩,第一次到海滩边照相奔跑,第二次专程去看海豹。海天之间蔚蓝纯净,白色的大海鸥和漂亮的大海鸟翱翔起舞,加州的太阳播撒在海滩上的时候,反射起一道道银白色的光辉,美丽动人的西海岸海滩留给我无尽的回忆。成群的海豹懒洋洋地躺在岩石上晒着太阳,舒服地伸懒腰,喜欢翻滚来翻滚去,或者和同伴打闹着玩,好不热闹。

除了上课时间,业余时间都被我们安排得满满的。那时候正好碰上圣迭戈在举办国际动漫展。我们跑到市中心去玩,看到好多人打扮成漫画里的各种动漫人物前来参加,有超人、猫女、犬夜叉的扮相,特别好玩,处处都是路人在找他们合影留念,他们都很配合。

高老师专门包车带我们去洛杉矶的环球影城游玩。环球影城是一个再现电影主题的游乐园。我们一到那里最先去玩的项目就是哈利波特,里面有身着霍格沃茨校服的乐队演奏曲子,还可以排队乘坐小过山车。我们穿过一个个深邃的通道,看到墙上挂着人物画,可以像哈利波特电影里面一样说话和动来动去,好像真的穿越到哈利波特的魔法世界中去了。还有最经典的项目之一——侏罗纪公园,各种形态生动的恐龙在侏罗纪丛林走动喷水,最惊险刺激的就是游船突然从高空俯冲入水,害得我们全身湿透成了落汤鸡,吓得心脏怦怦直跳。

环球影城里面的电车之旅也真的惊险刺激,乘坐电车的时候会一路上遭遇大地震、洪水、木桥塌陷、大白鲨追尾,坐在车上被金刚攻击,还有《速度与激情》中的街头赛车等电影情节,4D 的视觉震撼让你如身临其境。

(作者:张晓航　法学院 2012 级本科生)

在路上

暑假伊始,我参加了由经济学院主办的前往美国加州大学圣迭戈分校(UCSD)的暑期交流项目。远渡重洋,这是我第一个一直在路上的假期。不一样的生活体验也给我带来了新的成长。美国与中国学习模式、文化格局、地域生活上的不同,使我拥有了与众不同的收获。这次交流活动不仅使我学到了经济方面的知识,还感受到了异域的文化风情,在不断适应美国生活的过程中,我也不断地提升自己解决问题的能力和与人相处的能力,这些也是我选择暑期交流项目的主要原因。

关于学习

在美国的课堂上,教授给我们拓展了很多市场、领导力、文化差异方面的理论知识,与此同时,我们也会在教授的引导下,结合时事热点问题进行案例分析。譬如,中国的"网络约车"行业所发生的一系列变化反映了怎样的市场原理,中国的电信、餐饮品牌想要走出国门面临着哪些困境……这样的案例分析教会我们怎样以国际化视野审视现实问题,为我们今后的学习提供了更加广阔的思路。除了三门主修课程外,加州大学圣迭戈分校还为我们提供了很多类型的讲座课程。授课教师的学术功底相当深厚,课程方式也与我习惯的国内课堂大不相同,给我留下了深刻的印象。在一门名为农业经济发展与结构转型的讲座课程中,教授综合运用微观经济学、国际经济学、数学等方面的知识,给同学们讲解全球农业经济发展状况与趋势,讲解循序渐进、由浅入深,引导我们运用不同学科的知识分析实际问题。另外,美国式开放课堂与中国式封闭课堂不同,美国的课堂更重视学生,我们可以在课堂上充分表达自己的想法,教授也会积极引导鼓励我们的创新思维,我经常可以在课堂上见识或者体会到不同人之间思维碰撞的火花,这给了我们锻炼机会和新奇的文化体验。

圣迭戈分校的图书馆也是值得一去的地方。图书馆是学校视觉的焦点,迷宫一般的建筑构造,曾在很多电影里留下过它的身影。馆内图书借阅区与自习室是合为一体的,每层都设有相当数量的座椅为学生们提供自习。辩论区配有任意书写讨论意见的白板,方便学生们讨论学习。馆内设施齐全,复印设备随处可见,每走几步就能看到一个信息查询机,学生们可以在这里查询网上资料和图书信息。这里的藏书丰富程度也不用说,各个领域的书籍、学习资料都可以找到,一本书从几十年前的旧版到最新版均有收藏,很多看起来应该放在博物馆的大厚皮藏书也可以随意借阅。

关于文化

"尊重与敬畏"是美国文化留给我的总体印象。他们将尊重与敬畏融入社会中,谨慎礼貌地保持着很多事情的平衡和平等关系。美国人尊重彼此,陌生人目光偶然对视的一个微笑,总会打动来自异国他乡的我。公交车司机会在乘客上车前,将公交车台阶压低,以便于乘客上车并在乘客刷卡时报以温暖的笑容以及诚恳的感谢语,乘客会在下车的时候诚心地说一声"thanks, driver"。大多数服务人员都是热情洋溢的,这些热情会表现在对服务对象的每一句问候、每一个笑容和每一个动作上,这是人与人之间彼此的尊重。

与此同时,美国人十分尊重残疾人。在我去过的每一个公共场所,公交车、电影院、游乐场等,残疾人与正常人拥有同等或者更高的权利。在这些公共场所,会配有专门的设置和优先规定,以便残疾人更便利地生活、游玩以及应对特殊情况,每个细节都很用心,使残疾人的生活得到了保障。中国的残疾人设施还在发展中,对残疾人的关注度也是不够的,虽然很多场合拥有残疾人设施,但往往实用性不高,而且在残疾人最基本的出行方面也有很大的局限性。

美国人敬畏自然,在圣迭戈总会看到很多小动物。项目的最后一天,我们去了海豹沙滩看落日,人与自然和睦相处,白色的海鸟飞回了海岸,长喙的海鹰在海边徘徊,皮肤光滑的海豹在礁石上享受着阳光的最后温暖,人与动物在这片海滩上一同等待落日,动物们的吵闹声和人群的喧闹声交织在一起。那时候,我体会到了同一个地球的真正意义。朋友给我讲述了一个故事,他的寄宿家庭(homestay)主人并不富裕,但每年都会买一卡车的生活用品送到美国偏远穷苦的地区去,免费赠送给穷人们,当朋友询问他做这些事情的原因时,他说,我不怕警察,我不怕恶徒,我只敬畏我心中的神。

关于旅行

我总是希望可以走得更远一些,2016 年,我离开自己最熟悉的地方,横跨整个太平洋来到美国。我觉得旅行的意义在于那些遇到的"小确幸",这些小确幸像是旅行中的小温柔,终在我们的生命里留下温暖的印记。在圣迭戈的最后一天,我见到了生命中最美的夕阳,在人和小动物们共同的等待下,阳光在海面上一点一点退去,周围的聒噪随着空气的温度渐渐消退。第一天来美国的时候,主人带着我们来到这个海滩,最后一天,我们来这个海滩与这个城市告别,有人和我说,这叫作又回到最初的起点。这座城市给我最后的记忆是对阳光的依恋,带有咸味的海风,小动物的气息,以及我们的告别。项目结束之后,我们离开了圣迭戈,在美国开始了旅行。

旧金山这座城市建在高低不平的山地上。我们在这里看到了金门大桥。金门大桥的北端连接北加利福尼亚,南端连接旧金山半岛。红色钢塔耸立在大桥南北两侧,相当于一座70层高的建筑物。我站在桥的中间,海风凛冽,伴随着白雾穿过桥身,发出咆哮的声音。桥是大海红色的发带,与海天的深蓝浅蓝交相呼应。之后我们穿过了沙漠,到达拉斯维加斯。白天的拉斯维加斯弥漫着慵懒的气息,夜晚则完全不同,充满刺激的赌博、性感的女郎、迷人眼的各种show。我坐上世界上最大的摩天轮,看这个城市繁华奢靡的夜景。千千万万的灯光照亮了这个城市,点缀着它的与众不同。其实,黑夜也赋予了它宁静,我静静地听到了它的心跳声,强大而有力。活力和新鲜感给予了它年轻而狂野的轮廓。这里就是拉斯维加斯。这些旅行中的小确幸化成的记忆,会变成我生命中重要的一部分,在探索未知及在迷茫不知所措的时候成为我前进的动力。

关于成长

除了知识的积累、思维的拓展以及眼界的开阔之外,我还学会了很多其他的东西。对我来说,课堂上,在几十个陌生的同学面前用英语畅谈自己的想法不是一件容易的事情。当我第一次试探着向教授提出问题时,尽管表述的可能并不清晰,但这次尝试增强了我的信心。此后的几次发言,随着我流利表达次数的增多,我的自信和勇气自然而然地得到了提升。来到美国我们就应该大胆尝试以往没那么容易做到的事情,不断地突破自己,挑战自己,在失败中寻找提升自我的方法,这样才能让自己有所收获。我还学会了要做一个有梦想的士兵,我知道很多时候我不够优秀到做一名将军,不够优秀到成为第一名,但是我意识到有梦想要去努力,并且相信努力会变得更好,会创造出更好的自己,最终成为自己的英雄。

感谢这次美国之行带给我的收获。

(作者:张艺凡　经济学院2014级本科生)

西行记

——记人生第一次游学美国

2016 年 7 月 16 日早 10 点，我上了赶往首都国际机场的出租车。坐在车里，带着即将与新同学见面的激动，我一步步走近新世界的大门。经历了 20 多个小时的长途飞行，旅途的困顿并没有让我感到懊丧，反而更增添了几分对新生活的期待。

生活篇

下了飞机来到机场的出口，我看到一堆人拿着不同的纸牌子等待着"认领"我们这些异国游客。起初，由于听说了许多留学生在国外寄宿家庭的悲惨境遇以及对于"寄人篱下"的恐惧，我对于自己的寄宿家庭并没有太多的期待。望向出口的那一刻，我在心里默默地想，准备好迎接之后长达一个月的家养小宠物生活吧……提了行李和室友一步步走向主人们的时候，看着周围那些异样的眼光真是觉得应了当初外教的那句话"one man zoo"，觉得自己像在动物园里被展览的猴子，来往的人都像看热闹一样看着我们……估计是从来没有见过这么多黄种人组团出没吧……走到主人堆中，在他们手中的纸板上逐一寻找着我们的名字，终于看到了。

房东很漂亮，我心里想至少她很养眼。回家的路上，我发现她是一个十分热心而细致的人，一路上怕我们孤单，怕我们对之后和她一起生活放不开，便一直和我们讲话，讲她之前收留学生的经历，告诉我们不要想家，她会把我们的生活安排得丰富而有趣，一定会让我们爱上这里。果然。她听说我喜欢音乐，便带我们去看了老鹰乐队的演唱会！老鹰乐队！——那是每一个热爱音乐的人都梦寐以求能见到的，黄舒骏曾为了满足好友的遗愿在现场听得热泪盈眶！每一首歌都是经典不可逾越！她还带我们去海洋世界，带我们出海，参加篝火晚会，在海边烧烤。她告诉我们，在圣迭戈这个城市你会感到你被这个世界温柔以待。有一次我在公交车上遇到了一些麻烦，身边的陌生人便纷纷凑过来安慰我，替我想办法，弄得我一时间有些懵，以前从未有过在公交车上与陌生人交谈的经历，身旁的人见我没有反应，以为我不会英语便掏出纸笔写了一张字条给我，上面写着："我遇到了麻烦，请帮我拨打 911。谢谢！"那一刻因为这些来自陌生人的善意，我深深地觉得自己真的是被这个世界温柔以待的。

校园篇

来美国的主要目的自然是游学,刚刚讲了游,现在便说说学吧。来到加州大学圣迭戈分校(UCSD),我的第一反应便是:这个学校真的好大!我在里面待了四个星期,到最后还是会迷路……圣迭戈分校在美国的高校中排名居于前列,最有名的便是它的计算机专业和生物化学专业,由于本人方向感极差,所以从来都没有找到生物化学院在哪里,也就没有参观到。计算机中心则就在我们上课的教学楼后面,下课的时候我有幸去参观了一次。由于去的时间不凑巧,前台导游的人不在,好在圣迭戈分校的学生都很热情,一个生物医学系的学生看我是游客,便主动担任了我的导游。他告诉我一楼的那些巨大的机器里面藏着科研的最高机密,很多科研项目的计算都要靠它完成,一般不能靠近。周围大大小小的房间除了工作人员的办公室之外就是各种实验室,在里面学生会通过电脑建模来对课题进行研究。这里会对科研人员提供各种信息技术上的支持,功能十分强大。

除了参观之外,美国的教育模式也深深地震撼了我。虽然之前也知道美国的教育方式与中国大相径庭,但是亲身经历了才深深地觉得不可思议。与中国老师不同,美国老师们会经常使用一些生活中经常接触到的例子来让我们对课程的内容有进一步的认识,而国内我们似乎更习惯引用一些经典的例子。另外,美国的老师们上课总喜欢提问,可他们提问似乎并不是为了确定我们有没有回答正确问题,而是想要探寻我们在课堂上是怎样思考的。

美国的教授们总是会让我们感到惊喜:教授全球战略的老师给我的感觉与其说是在给我们上课,倒不如说她是在向我们展示她对中国的研究成果。她对中国的一切都充满了好奇心,中国的饮食、宗教、习俗以及中国人。她似乎有些把中国神奇化了,作为一个土生土长并且多少带有一些大中华情节的中国人,我都在怀疑中国到底有没有她口中说得那么好?而另外一个教授曾在中国研究中国经济长达三十年!一口流利的中文……同学们说话词不达意的时候,他就索性叫同学们用中文提问,他用英文作答,两种语言之间无缝切换、毫无违和感……教授用的好多成语,我作为一个中国人,还是参加过中国高考的人,居然都没有听过,感觉还挺高级……默默地插一句,对此我表示,我对不起我的语文老师们,汉语水平居然让外国人秒杀了……

总之,美国之行给我带来的除了旅行的愉悦,更多的是对美国这个国家的重新认识,让我充满震撼。在这短短的四个星期里,我经历了公车上的惊悚,却也由此感受到了这个城市的温暖;我经历了独在异乡的无助,却也体会到了同胞的关怀;

我经历了中美差异带给我的尴尬,也收获了两种文化碰撞下的友谊。所以,对于美国,我留下的是留恋,带走的是憧憬。这段经历将在我之后的生活中,不断给予我生活的力量,尽管生活不是处处开满了玫瑰,但是总有美好的瞬间在不知名的站点等待着我!

(作者:郑甲楠 经济学院 2015 级本科生)

黄昏帷幕,圣城惜别

每一个城市,都是有它独有的脾气的,或恢宏壮丽,或温婉和煦。我却不曾想到一个月的圣迭戈之旅,会令我在分别时,为它的温柔如此黯然神伤。

——题记

这趟求学之旅对于初次独自离开家的怀抱的我来说并不轻松,开始时更是忧心忡忡。对于未知的事物,人们或多或少都会有一丝恐惧在心中的。然而在这一个月的学习生活中,我不断地挑战自己、锻炼自己,不但增强了各方面的能力,还与这座城市结下了深厚的情谊。那么就按照常规的流程,分四个方面来讲述这次旅行的故事吧!

一、游历内容

圣迭戈是一座让人非常舒适的城市,其历史在美国也算是相当悠久的老城了。由于美国占领了墨西哥的部分领土,这个位于美国边境的小城的老城区遍布着墨西哥风情的建筑物和餐馆。眺望遥远的边境线,隐隐可以看到墨西哥的国旗迎风飘扬。

这里各色的习俗风情着实令我们感慨万千。在圣迭戈,你可以去第二次世界大战中著名的中途岛号航母参观,也可以去据说是世界最好的水族馆一览海洋动物的风采。然而给我印象最深的,还是海豹沙滩的生机勃勃与嬉闹。美国人的人文素养是很高的,海岸边的海水极其清澈,还会有很多海豹爬到海边的沙滩和礁石上睡觉晒太阳。人和海豹相互融合,互不打扰,形成了一幅人与自然完美交融的图景。海滩离我们的学校并不遥远,每当放学没事,我便会约上女友,或坐在海边吹风谈笑,或换上泳衣与海浪搏斗一番。在圣迭戈的最后一晚,我有幸看到了沙滩的落日。那璀璨的金黄色光辉照耀着整个沙滩,海鸟与海豹竞相高声鸣叫。在那一刻,你可以忘掉所有的不快与烦恼,尽情融入这幅美景之中,哪怕只能成为这幅巨画之中的一小部分。这里值得游玩的地方还是很多的,不过唯有那最后一晚的海滩,在那一刻留住了我的灵魂。

二、学校和课堂情况

美国与中国最大的区别之一可以算是两国学习体系的区别了。我们这个一个月的项目是以学习为主的,工作日的白天都是在学校度过的。一个月的学习中我印象最深的就是加州大学圣迭戈分校(UCSD)的图书馆了。整个图书馆恢宏壮丽,据称是电影《盗梦空间》第三层梦境的原形。图书馆有上下几层,图书种类非常齐全,不仅包含了各种书刊、报纸、学习资料,甚至连乐谱、漫画等都应有尽有。美国人对书是非常尊敬的,这点从书店里书的价格便可略知一二。书是人类智慧的结晶,也是人们学习知识的不二途径。美国大学的图书馆,让你有种非常想进去安静读书的冲动,这可能是一些中国大学所没有的。美国教育的最大特色,就是课堂上的气氛活跃。美国老师一上来就告诉我们,上课一定要积极回答问题,有问题一定要说,老师们甚至鼓励我们上课时问一些刁钻的问题为难他们。而中国的课堂多是寂静的,同学们一般都毫无生气,只是坐在下面听,有问题课下再找老师问。我觉得美国的这种课堂才真正是学习的地方,他们的上课模式在某些方面非常值得我们去学习。美国的期末考试也和国内不一样,主要是以小组课堂展示为主,伴随着平时课堂表现来评分。每个人只要发挥自己的特点,哪怕不擅长考试或表演的同学也可以得到比较好的分数,比国内的应试制度我个人认为好上不少,这样有利于学生们的全面发展,而不是以考试一方面的成绩高低论输赢。

三、生活状况

我想,圣迭戈之所以令我感到依依不舍,还有很大一部分原因就是这个城市居民的热情好客感染了我,特别是我们居住的家庭。我们这个项目不是住在大学宿舍,而是居住在当地人家里,我们称之为寄宿家庭(homestay)。居住在当地人的家里,使得我可以更方便地接触他们的文化。我居住的家庭是一个非常大的家庭,共有16口人,非常热闹。在日常生活中,我们不断交流,从开始的陌生、连说带比画,到最后分别的依依不舍,我们的口语愈加流利,无论是这份来之不易的异国情缘还是自己英语口语能力的提升,我都觉得弥足珍贵。通过这一个月的接触,我了解到他们的喜好和生活习惯。美国人基本不喝热水,哪怕是在早上都会喝凉的牛奶,但是他们不会闹肚子。我的家人在吃饭之前,都会很认真地祈祷,这项工作开始是他们展现给我们看,后来就变成了我的任务:吃饭前为全家人祈祷。美国人是有信仰的,而我基本上不信奉什么宗教。但是在这一个月中,我感受到了信仰的力量,信仰会起到约束的作用,因而他们自觉自律;信仰会给予人力量,因此他们的内心无比强大。

在美国,房价是很便宜的,国家的福利政策也使得老人们的生活并不紧迫艰难,儿女也不用为老人的生活过多忧虑。因此,在我眼前展现出的美国人的日常生活是不同于中国人的,他们的工作并不繁重,因而通常心情愉悦;他们会有更多的时间参加社区活动或家庭聚餐,提升亲人们和朋友间的友好程度。这些与众不同的生活方式,令我感到新奇的同时,也引发了我对未来生活的很多思考。

四、人文情怀

美国人的职业素养、生活态度,是我在这一个月的生活中最有感触的。他们是一个非常推崇平等的国家,因此在生活及工作中哪怕是公交车司机也会对我们笑脸相迎,和乘客互相笑着打招呼。所有的人都不会觉得自己比别人低或高一等。一次我在超市购物,服务员之间的气氛让我感觉到她们真的是在很开心、很享受地工作、生活着,她们对工作投入热情,所以她们的业绩会越来越好。我想,这或许是美国实力蒸蒸日上的原因之一吧。美国人尊重并将相当多的关爱给予残疾人,汽车礼让行人随处可见,甚至数次让我怀疑这些行为在美国是不是有法律上的规定?无论如何,在这样的环境下生活,真的可以算作一种享受吧。

时光飞逝,日月如梭。一个月是我们人生中短短的一瞬间,昙花一现,稍纵即逝。我很庆幸当初鼓起勇气参加了这个项目,更庆幸在离去的时候脑海中留下了很多无比珍贵的回忆。

(作者:钟鸣宇　经济学院 2014 级本科生)

2016 暑期交流

2016 年暑期,我和 30 多个小伙伴们一起,离开祖国,远渡重洋,在遥远的美利坚度过了一个难忘的假期。一个多月的交流学习生活让我收获良多。

圣迭戈是加利福尼亚州第二大城市,全美第八大城市,南临墨西哥,以其优美的自然风光和多元的文化环境闻名于世。加州大学圣迭戈分校是全美顶级的公立大学之一,在这里我们度过了丰富多彩的四个星期,完成了 3 门商科课程的学习。

课程篇

第一门课是市场营销,贝尔奇(Belch)教授是一个白人美国老头,他向我们展现了市场营销这门学科的全貌:从市场营销的概念和重要性开始,一步步地带我们了解消费者行为、市场定位,乃至产品与营销策略等一系列的概念和理论。这门课让我们更深入地了解什么是市场导向的公司战略,如何从消费群体入手,分析人们的需求,以顾客的需求为中心制定战略和设计产品。

第二门课的黄(Hwang)教授是一名华裔心理学学者,教授领导力课程。这个幽默的华裔教授从学习方法开始,为我们展现了一套自我探索乃至影响他人的原则和方法。第一个模块是自我领导的部分,黄教授反复地为我们强调自我领导的重要性,对自我行为和领袖品质的把握是领导他人的第一步。第二个模块是对他人的影响,在这个部分,我们深入地探讨了对他人的原谅和鼓励机制。黄教授讲课一个最重要的特点就是互动性非常高,每个部分之间都会停下来让我们发表自己的看法或者提出不同的观点。在中国的课堂上,很难遇到老师这么重视师生交流的教学方式,再加上国内上课同学们也都比较沉闷,所以一开始大家都不太习惯。在老师的鼓励下,我们都一个接一个发言,开始在全班面前用英语表达自己的观点。对我来说,这种鼓励让我对自己口语的信心增强了不少。

第三门课的奥尔森(Olson)教授是一位可乐不离手的白人老太太,教授全球商业战略。她在课上自带弹幕的吐槽令人不时捧腹。她从历史和环境的视角为我们剖析了不同文化的产生背景和形成方式,对不同文化之间的比较让我们大开眼界。

寄宿家庭篇

我和文韬的寄宿家庭(homestay)恰巧就在市中心附近的一个公寓里,濒临海港,透过卧室的窗户就可以看到湛蓝的海水和点点船帆。家里的女主人是中国和意大利混血,在一家医疗公司工作;男主人在微软公司工作,经常在外出差,是法国和墨西哥混血。他们有三个子女:小儿子亚历克斯(Alex),4岁,是一个典型的α人格,无时无刻不处在亢奋状态;女儿佩西(Paige),17岁,是一个贤妻良母型的漂亮姑娘,是我室友的女神;大儿子罗伯特(Robert)是一个拥有温柔眼神的19岁大男孩,后来我们才知道他是同志(同性恋),他父亲跟我们聊天的时候也跟我们提到过:他希望儿子能够勇敢地做真实的自己,并以自己的身份为傲。这也让我们不禁感受到了美国文化的开放和包容。同时,家里的访客也不只我们两个人。在另一个房间住着一个日本人和一个菲律宾人。在这个中、美、法、墨、日、菲元素并存的家庭里,我们度过了愉快的四个星期。

圣迭戈就是这样一个多种族文化并存的城市,在这里不同种族的群体随处可见。有一次,在公交车站,我和室友正等着早上的公交车,一个黑人正坐在一旁,背着双肩包,戴着一对耳机,低头查看着手机。突然,他抬起了头,看了看我们,对我说了一句:"过得怎么样?"我吃了一惊,随后便跟他攀谈起来。其间,他突然跟我说了一句"你看上去真漂亮",我吓了一跳,以为他也是同志,后来发现,他指的"漂亮"是指我的黄皮肤。他的前妻是一个韩国人,认为他的黑色皮肤也"很漂亮"。他问我对黑人怎么看,我说黑人很好啊。他问我是不是日本人,我回答是中国人。他说你们中国人似乎不喜欢我们黑人,我说怎么会呢,中国人不歧视任何种族。他说"That is cool."

行程篇

结束在圣迭戈难忘的四周生活之后,我和班上其他几个小伙伴,共计11人,参团开启了美国西部十日游。

我们从洛杉矶出发,一路经过拉斯维加斯、圣乔治,到达犹他州的州府盐湖城。在这里,我们参观了犹他州政府和摩门教教堂。在我看来,摩门教可能是基督教中较为激进的一派,不像其他教派看你不入教可能就不会管你了,或者佛教认为佛只渡有缘人,摩门教的传教者会比较热情地向你介绍教义并希望你入教。

从盐湖城出发,我们在著名的黄石公园度过了两天。黄石公园是世界最著名的国家公园之一,地底下有一座活火山,曾在几十万年前喷发过,并且随时可能再喷发。因此,黄石公园地热活动频繁,热泉随处可见。此外,这里生态保护十分完好,野生动物从幼小可人的松鼠到呆萌的大块头野牛都随处可见。

拉斯维加斯坐落在内华达州,作为一座建在沙漠中的城市,各种喷泉等水上景观却到处都是。同行的同学戏称这里喷的不是水,是钞票。作为世界闻名的赌城,这里到处充斥着金钱和欲望,夜生活之丰富让我们为之瞠目。

　　这40余天的经历说短不短,说长不长。身在异国他乡的我们在与不同文化人群的碰撞中更多地思考了不同文明之间的关系。勇敢地用英文进行自我表达的同时,也锻炼了我们的生活能力和心理素质,令我们受益匪浅。在这里,真心推荐其他的小伙伴在明年参加这一项目,也祝首经贸经济学院和各大海外高校的交流活动越办越好。

　　　　　　　　　　　　　(作者:周章亚　会计学院2014级本科生)